W9-DES-288

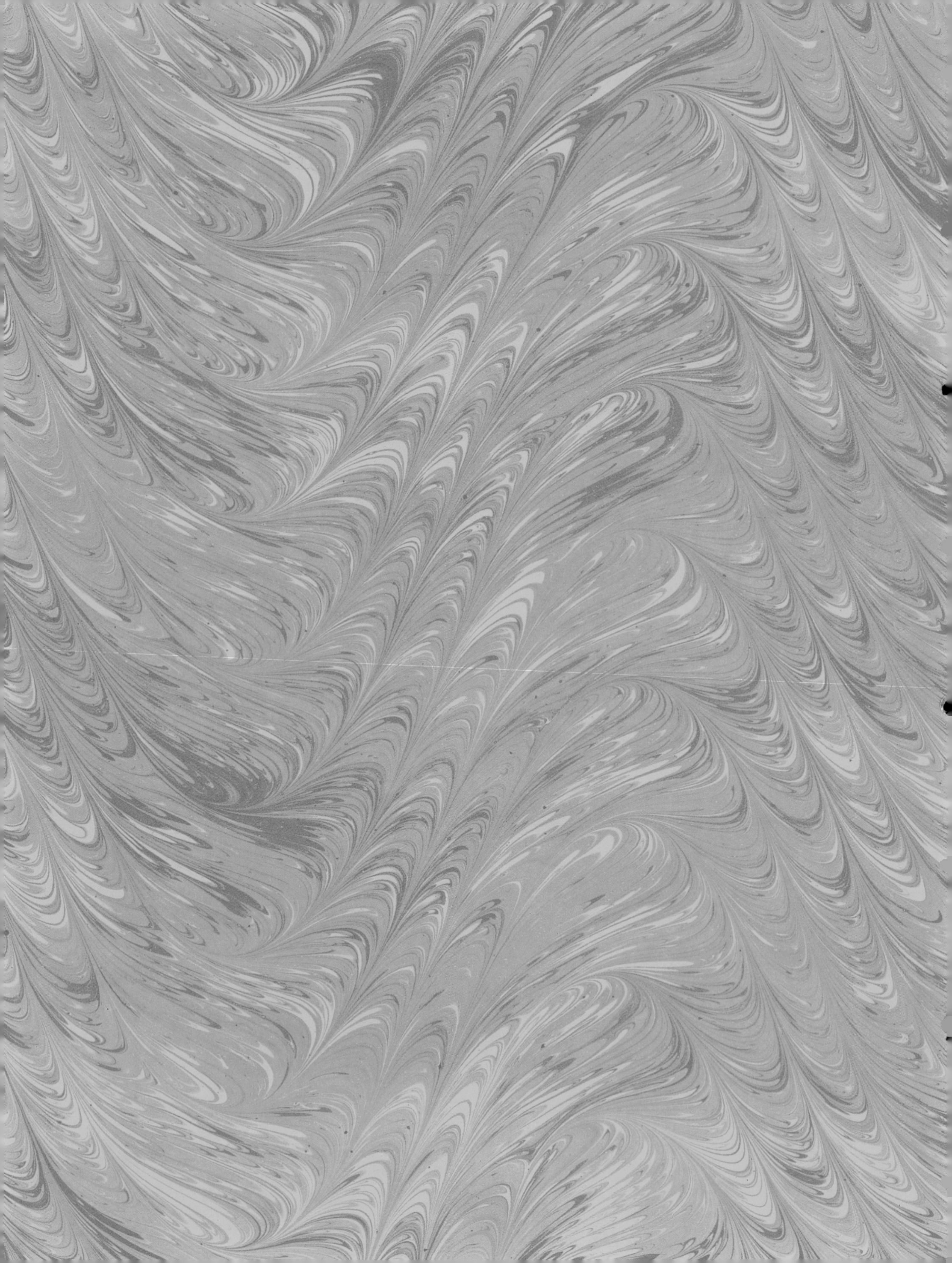

HARCOURT

TROFEOS

UN PROGRAMA DE LECTURA Y ARTES DEL LENGUAJE DE HARCOURT

¡A SUS MARCAS!

AUTORAS
Alma Flor Ada • F. Isabel Campoy

Orlando Boston Dallas Chicago San Diego

Visita *The Learning Site*

www.harcourtschool.com

Copyright © 2003 by Harcourt, Inc.

All rights reserved. No part of this publication may be reproduced or transmitted in any form or by any means, electronic or mechanical, including photocopy, recording, or any information storage and retrieval system, without permission in writing from the publisher.

Requests for permission to make copies of any part of the work should be addressed to School Permissions and Copyrights, Harcourt, Inc., 6277 Sea Harbor Drive, Orlando, Florida 32887-6777. Fax: 407-345-2418.

HARCOURT and the Harcourt Logo are trademarks of Harcourt, Inc., registered in the United States of America and/or other jurisdictions.

Acknowledgments appear in the back of this book.

Printed in the United States of America

ISBN 0-15-322664-1

5 6 7 8 9 10 048 10 09 08

HARCOUNT

TROFEOS

UN PROGRAMA DE LECTURA Y ARTES DEL LENGUAJE DE HARCOURT

¡A SUS MARCAS!

Querido lector:

¿Estás listo? Pronto vas comenzar un viaje emocionante. Te sorprenderá lo mucho que vas a aprender a lo largo del camino.

Las historias, poemas y artículos de **¡A sus marcas!** te llevarán a muchos lugares interesantes. Algunos de estos lugares son del pasado, algunos son del espacio sideral y otros son de lugares remotos. Conocerás muchos personajes extraordinarios y leerás acerca de datos interesantes. Estamos seguros de que algunas de las historias te causarán mucha risa.

A medida que leas este libro, aprenderás a ser mejor lector. Aprenderás acerca de muchos temas nuevos y fascinantes. Disfruta de todo lo que aprendas en este maravilloso viaje de lectura.

A sus marcas, listos, ¡lean!

Atentamente,

Las autoras

Las Autoras

TEMA 1

CUÉNTAME UN CUENTO

CONTENIDO

Cómo usar las estrategias de lectura 10

Presentación del tema 12

Ficción histórica/Estudios sociales
Papá cuenta una historia a Chita 14
Texto de Elizabeth Fitzgerald Howard • Ilustraciones de Floyd Cooper

Destreza de enfoque Resumir

Relacionar textos

Cuento amerindio/Estudios sociales
Coyote acomoda las estrellas 36
Versión e ilustraciones de Harriet Peck Taylor

No ficción/Ciencias
Noche oscura y estrellada 52
Texto de James Muirden • Ilustraciones de Terry Widener

Destreza de enfoque Comparar y contrastar

Relacionar textos

Cuento popular mexicano/Estudios sociales
Los pájaros de la cosecha 60
Texto de Blanca López de Mariscal • Ilustraciones de Linda Cane

Fábula/Estudios sociales
El cuervo y la jarra 86
Fábula de Esopo • Ilustraciones de Cira Cosentino

Destreza de enfoque Resumir

Cuento popular/Estudios sociales

Lon Po Po 94

Traducción e ilustraciones de Ed Young

Destreza de enfoque Comparar y contrastar

Obra de teatro/Estudios sociales

¡Qué ruido! 118

Texto de Eva Jacob • Ilustraciones de Holly Cooper

Relacionar textos

Cuento popular/Estudios sociales

¡Qué ruido! Un cuento judío 136

Versión de Pleasant deSpain • Ilustraciones de Diane Paterson

Destreza de enfoque El propósito del autor

TEMA 2

Buenos vecinos

CONTENIDO

Presentación del tema 144

Ficción histórica/Estudios sociales

El poni de Leah 146

Texto de Elizabeth Friedrich • Ilustraciones de Michael Garland

Destreza de enfoque Hecho y opinión

Relacionar textos

No ficción explicativa/Estudios sociales

¡Yipi yei! 168

Texto e ilustraciones de Gail Gibbons

Canción/Estudios sociales

¡Oh, Susana! 188

Canción popular • Obra de arte de Thomas Hart Benton

Destreza de enfoque Idea principal y detalles

Relacionar textos

Ficción histórica/Estudios sociales

Un pueblo en auge 194

Texto de Sonia Levitin • Ilustraciones de Cat Bowman Smith

No ficción explicativa/Estudios sociales

La ciudad más antigua de nuestra nación: San Augustín, Florida 216

Texto de Austin Reaves

Destreza de enfoque Hecho y opinión

Relacionar textos

Ficción informativa/Estudios sociales

Helado de chocolate 222

Texto de Diana Appelbaum • Ilustraciones de Holly Meade

Poesía/Estudios sociales

Canción al trabajo 256

Texto de Gary Paulsen • Ilustraciones de Ruth Wright Paulsen

Destreza de enfoque Comparar y contrastar

Relacionar textos

No ficción explicativa/Estudios sociales

Si ganaras un millón 262

Texto de David M. Schwartz • Ilustraciones de Steven Kellogg

Anuncio/Estudios sociales

La pegatina perfecta 292

Destreza de enfoque Idea principal y detalles

TEMA 3

¡Viva el mundo!

CONTENIDO

Presentación del tema 298

Poesía/Estudios sociales

Yo estoy a cargo de las celebraciones 300

Texto de Byrd Baylor • Ilustraciones de Peter Parnall

Destreza de enfoque Resumir

Ficción realista/Ciencias

El regalo de Alejandro 324

Texto de Richard E. Albert • Ilustraciones de Sylvia Long

Relacionar textos

No ficción explicativa/Ciencias

Semillas dormidas 342

Texto de Mary Brown

Destreza de enfoque Causa y efecto

No ficción explicativa/Ciencias

Ecología para los niños 348

Texto de Federico Arana

Destreza de enfoque Localizar información

Narrativa informativa/Estudios sociales

El armadillo de Amarillo 370

Texto e ilustraciones de Lynne Cherry

No ficción explicativa/Estudios sociales

Mapas del mundo 394

Texto de Barbara Taylor

Destreza de enfoque Causa y efecto

No ficción explicativa/Ciencias

Visitantes del espacio 400

Texto de Jeanne Bendick • Ilustraciones de David Schleinkofer

Destreza de enfoque Localizar información

Manual del escritor 419

Glosario 442

Índice de títulos y autores 452

Cómo usar las estrategias de lectura

Una estrategia es un plan que te ayuda a hacer algo bien.

Tal vez ya has usado algunas estrategias al leer. **Quizás observas el título y las ilustraciones antes de iniciar** la lectura. Después **piensas en lo que quieres saber.** Si aplicas las estrategias correctas, te convertirás en un mejor lector.

Consulta la lista de estrategias en la página 11. Aprenderás a usarlas cuando leas este libro. Consulta la lista cuando leas para recordar las **estrategias que usan los buenos lectores.**

Estrategias de los buenos lectores

- Decodificar/Fonética
- Hacer y confirmar predicciones
- Crear imágenes mentales
- Preguntarse
- Resumir
- Leer más adelante
- Volver a leer para aclarar
- Analizar el contexto para confirmar el significado
- Analizar la estructura y el formato del texto
- Ajustar el ritmo de la lectura

Sigue estos consejos para evaluar tu comprensión:

✔ Copia la lista de estrategias en una tarjeta.

✔ Usa la tarjeta como separador en tu lectura.

✔ Al terminar la lectura, habla con un compañero acerca de las estrategias que usaste y por qué las usaste.

TEMA 1

CUÉNTAME UN CUENTO

CONTENIDO

Papá cuenta una historia a Chita 14
por Elizabeth Fitzgerald Howard

Destreza de enfoque Resumir

Coyote acomoda las estrellas 36
versión de Harriet Peck Taylor

Noche oscura y estrellada 52
por James Muirden

Destreza de enfoque Comparar y contrastar

Los pájaros de la cosecha 60
por Blanca López de Mariscal

El cuervo y la jarra 86
por Esopo

Destreza de enfoque Resumir

Lon Po Po 94
traducción de Ed Young

Destreza de enfoque Comparar y contrastar

¡Qué ruido! 118
por Eva Jacob

¡Qué ruido! Un cuento judío 136
versión de Pleasant deSpain

Destreza de enfoque El propósito del autor

El poder de las palabras

Papá cuenta una historia a Chita

- soldado
- coronel
- zarzas
- tropecé
- intruso
- urgente
- estiradas

En "Papá cuenta una historia a Chita", un padre le cuenta una historia a su hija. La historia trata acerca de algo que le sucedió a él cuando estaba en el ejército. Muchos hombres y mujeres valientes han servido en las fuerzas armadas de sus países.

Un **soldado** que sirve en el ejército debe elevar su mano para saludar a un oficial. El oficial que está frente a los soldados es un **coronel.** Ése es su rango o posición en el ejército. Puedes saber que es un coronel por el águila plateada que lleva en el hombro.

Estos soldados están fatigados, muy cansados. Han marchado por una tierra húmeda donde crecen las **zarzas**, unas plantas espinosas. Su paso por las aguas los obligó a caminar más despacio, pero nunca frenaron su marcha.

Los soldados deben ayudarse unos a otros, deben ser solidarios entre sí. Si un soldado dice: "**Tropecé** y caí, necesito ayuda", es porque realmente está en una situación difícil y se le debe ayudar. Sólo un **intruso** no ayudaría a un soldado herido. Cuando se presenta una situación **urgente** como ésta, los demás soldados deben reaccionar rápido; todos con las manos **estiradas** ayudan a que se atienda de inmediato al herido.

CONEXIÓN
Vocabulario-Escritura

¿Cómo deberían comportarse las personas en una situación **urgente?** Haz una lista de tres cosas que las personas deberían hacer.

Género

Ficción histórica

Una ficción histórica es una historia que se desarrolla en el pasado y describe personas, lugares y eventos que ocurrieron o que pudieron ocurrir.

En esta selección, busca

- **el escenario de una época y un lugar real.**
- **eventos inventados y detalles.**

cuenta una historia a Chita

Texto de Elizabeth Fitzgerald Howard

Ilustraciones de Floyd Cooper

La hora de estar con Papá

Después de la cena, es la hora de estar con Papá.

—Apúrate, Mamá, apúrate —dice Chita.

A Chita le gusta ayudar a Mamá a lavar los platos de la cena. Ella se apura a lavar las cucharas y tenedores, *plin, plin.* Tiene que ser muy cuidadosa al secar los platos y tazas de porcelana.

Papá está sentado en su sillón, junto a la chimenea. Tuvo un día de mucho trabajo, pues atendió a muchos pacientes. Algunos vienen hasta su consultorio, junto a la sala de la casa. Otros le piden que los atienda en su casa. Para llegar a casa de sus pacientes, Papá usa una carreta, jalada por nuestro caballo Henry.

Pero ahora Papá lee mientras descansa y espera a Chita.

Después de la cena, es la hora de estar con Papá.

Papá, cuéntame una historia

—¡Papá, estoy lista!

Chita se sienta en su pequeña silla, cerca del sillón de Papá.

—Papá, cuéntame una historia. ¿Qué historia me contarás esta noche?

—Papá, por favor —le pide Chita—. Cuéntame de cuando eras soldado y llevaste ese mensaje y de cuando ganaron la guerra.

Papá sonríe.

—Está bien, mi muchachita. Te contaré de aquellos emocionantes tiempos. ¡Pero tú me ayudarás a contar la historia!

Papá es muy valiente

—Hace tiempo, cuando era muy joven, decidí convertirme en doctor. Como necesitaba dinero para entrar a la escuela de medicina, me alisté en el ejército y me enviaron a luchar en la guerra contra los españoles. Acababa de llegar a Cuba, cuando el coronel nos llamó a todos.

"Señores" nos dijo, "no tenemos suficientes soldados para tomar la colina. Además, se han agotado los suministros. Necesito que un hombre muy valiente lleve un mensaje secreto a nuestras tropas al otro lado de la isla. Será un viaje largo y muy peligroso. Hay muchas serpientes y pantanos..."

—Y lagartos, Papá —dijo Chita en voz baja y con una risita.

—Es cierto, Chita. Además, la colina estaba llena de zarzas y espinas. Entonces, el coronel preguntó: "¿Quién puede ir? ¿Quién es mi soldado más valiente?"

—¡Y ése eras tú, Papá! Tú dijiste "Yo iré" —gritó Chita con orgullo.

—Bueno... yo quería parecer valiente, así que dije: "Yo iré, señor". El coronel me entregó una bolsita de piel con una carta en su interior, una cantimplora llena de agua, un mapa y a Majestuoso, un hermoso caballo negro con una larga cola que ondeaba al aire. Salí inmediatamente, sobre Majestuoso. Hacía un calor terrible bajo aquel sol tropical. Cabalgué por vastos campos de altos pastizales. De pronto, Majestuoso se detuvo sin razón. Algo se arrastraba por el suelo, entre el pasto, *suis...suis...*

—¿Era una enorme, enorme, ENORME serpiente, Papá?

—¡Así es Chita! Era una serpiente grande, de color café, y tan larga como esta sala. Alzó la cabeza, nos miró con sus ojos brillantes como cuentas de vidrio y se lanzó contra nosotros. Pero Majestuoso levantó a tiempo las patas delanteras y serpenteó por el campo, mientras yo agitaba mi espada y gritaba, tratando de ahuyentarla. Eso confundió a la serpiente y la hizo escabullirse en otra dirección.

—¡Viva Majestuoso! ¡Viva Papá! —gritó Chita—. ¿Entonces seguiste tu camino?

—Así es. Cabalgué, y cabalgué, y cabalgué… el sol brillaba y hacía un calor cada vez más y más ardiente. Después de un rato, llegamos a un verdoso, espeso y resbaladizo…

—¿Pantano, Papá? ¡Eso es, habían llegado a un pantano!

—¡Uf, Chita! ¡Uf! Tenía que cruzar el pantano para llegar al otro lado de la isla. Pero Majestuoso se negó a continuar. Traté de convencerlo, pero se quedó inmóvil y sólido como una roca. Me sentía muy molesto. Así que bajé de su lomo y le dije: “Adiós, caballo. Vete a casa”. Majestuoso dio media vuelta y regresó al campamento del coronel. Yo empecé a caminar en aquel lodazal. Sujeté con fuerza la bolsita que me había dado el coronel. ¡Cielos, estar ahí era terrible! Me hundía cada vez más. De pronto, al llegar a la mitad del pantano…

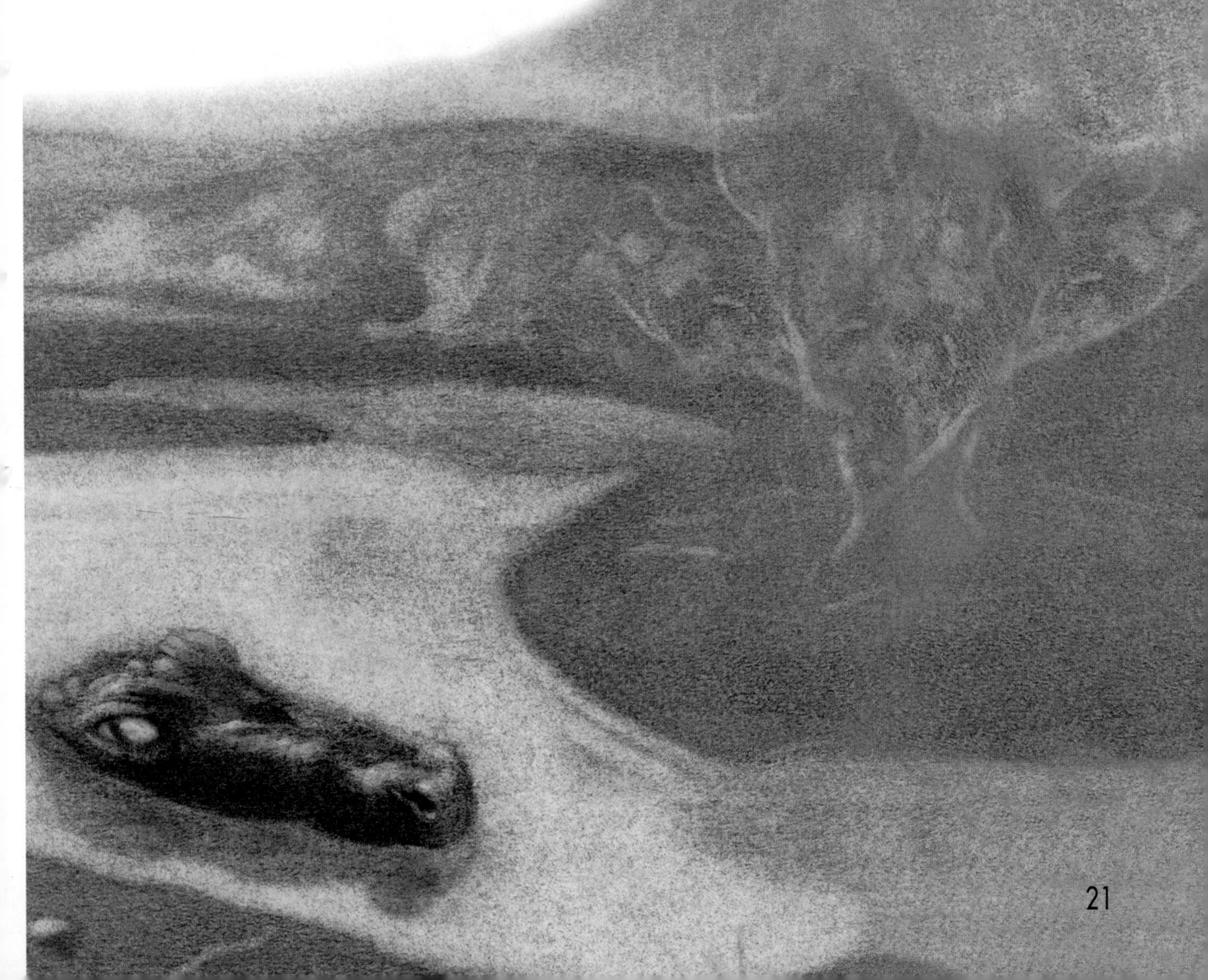

—¡Salió un caimán, Papá!

—¡Sí, Chita! Aquel lagarto me miró y nadó hacia mí. Abrió su enorme hocico. Era tan grande que pude contar sus afilados dientes. ¿Qué podía hacer? Metí la bolsita con la carta dentro de mi camisa, con la esperanza de que no le pasara nada. Luego tomé una bocanada de aire, me sumergí en el agua y empecé a nadar. Me costó mucho trabajo avanzar en el fango, con aquel caimán persiguiéndome, *sas...sas...sas...*

—¡Y nadaste debajo del caimán, Papá! —dijo Chita con una risita nerviosa.

—¡Justo debajo de él, eso es! Por fin llegué a la otra orilla. Había perdido mi espada y mi cantimplora, pero…

—La bolsita con la carta estaba a salvo, ¿o no?

—Sí, Chita. Pero, ¡ug!, estaba pegajosa y llena de lodo. Por fortuna, pude llegar a una cascada. Me paré bajo aquella fresca caída de agua y lavé todo el fango de mi ropa. Pero tenía otro problema. Estaba a punto de oscurecer.

—¿Y estabas un poquito asustado, Papá?

—Sí, pero sólo un poquito, Chita. Aunque también estaba mojado y cansado. Sin embargo, frente a mí estaba aquella colina.

—Aquella gran colina —dijo Chita—. Toda cubierta de zarzas y espinas.

—Me preguntaba si podría pasar entre aquellos espinosos arbustos. Pero tenía que hacerlo de cualquier manera. Así que trepé y me arrastré. Me arrastré y trepé. Las zarzas y espinas arañaron mis brazos y piernas. Continué arrastrándome y trepando bajo la luz de la luna, hasta que por fin, casi a la medianoche, llegué a la cima.

—Y fue entonces cuando viste aquel enorme nido, ¿verdad?

—Oh, sí, Chita. A la luz de la luna pude ver algo que parecía un nido de pájaros. Pero estaba vacío. Yo estaba tan cansado que decidí aprovecharlo. Como pude, trepé al nido, me acurruqué y me quedé dormido.

—Entonces oíste aquel estrepitoso ruido, ¿no, Papá? —dijo Chita, casi susurrando.

—Así es, Chita. De pronto me despertó un horrible chillido. *¡Chiiiirrrr!* "¡Ayuda!", grité. Casi se me cae la piel del susto. ¡Un águila gigante estaba muy enojada porque había un intruso en su nido!

—¡Cielos, Papá! ¿Tú estabas en su nido?

—Voló hacia mí con sus garras estiradas. *¡Chiirrr! ¡Chiirr!* Yo estaba aterrorizado. Trepé al borde del nido para salir de él, pero tropecé y empecé a rodar colina abajo. Estaba golpeado, arañado y muy lastimado… al final, cuando casi había llegado al pie de la colina…

—Estaba a punto de amanecer y percibiste un olor, ¿no, Papá? —lo animó Chita.

—¿Qué era ese olor, Chita?

—¡Era el humo de un campamento, Papá!

—Sí. ¡Había muchas tiendas de campaña y… eso es, una bandera de Estados Unidos!

—¡Eran soldados estadounidenses! —gritó Chita emocionada.

—¡Tienes razón, Chita! —dijo Papá—. Me acerqué al oficial a cargo. "Señor", le dije. "Soy el soldado McCard. He traído un mensaje urgente del coronel", y le entregué la bolsita con la carta. "Gracias", dijo el oficial. Sacó la carta y leyó el mensaje. Luego me miró fijamente. "McCard, es usted un soldado muy valiente", me dijo. "Enviaré de inmediato los refuerzos que me pide el coronel".

—El oficial envió más soldados. Y tú ibas con ellos —dijo Chita—. ¡Qué valientes! Pero estoy segura de que tú eras el más valiente, Papá.

¿Es cierta tu historia?

Chita se levantó de un salto y abrazó a Papá. Luego tomó un viejo casco de un gancho y se lo puso en la cabeza. Luego tomó un gastado cinturón de una repisa y lo puso alrededor de su cintura.

—¡Éste es tu casco de soldado, Papá! ¡Y éste es tu cinturón!

Enseguida, llena de orgullo, se acercó al escritorio de Papá y abrió un pequeño cajón.

—¡Y ésta es tu hermosa medalla, Papá! —dijo Chita, radiante.

Luego tomó una medalla de bronce, atada a un listón rojo, blanco y azul, y se la puso en las manos a Papá.

—Tienes razón, Chita —dijo Papá con una sonrisa y un dejo de nostalgia en los ojos, mientras le daba vueltas a la medalla una y otra vez entre sus manos.

—Papá, ¿es cierta tu historia? —preguntó Chita. Cada vez que aprende algo nuevo, Chita le pregunta a Papá si es cierto.

—Bueno, mi muchachita —dijo Papá—. Una parte es verdad y otra no lo es. Pero éste es un verdadero casco de soldado y éste es mi verdadero cinturón. Y esta medalla me la dieron por haber sido un valiente soldado en la guerra contra los españoles.

Luego tocó la nariz de Chita con la punta de su dedo.

—Pero, ¿sabes qué otra cosa es cierta?

—¿Qué, Papá?

—¡También es cierto que eres una buena niña y que mamá te espera porque ya es hora de dormir!

—Eres muy gracioso, Papá —dijo Chita y le dio a Papá un gran abrazo de buenas noches.

—¡Buenas noches, Papá!

—¡Buenas noches, Chita!

Reflexionar y responder

1. ¿Por qué a Chita le gusta escuchar a Papá contar esta historia?
2. ¿Por qué Papá le pregunta a Chita qué viene después?
3. ¿Por qué Papá salió corriendo cuando vio al águila con sus garras estiradas?
4. ¿Crees que los eventos sucedieron exactamente como Papá los cuenta? Explica tu respuesta.
5. ¿Cómo te ayudó una estrategia de lectura al leer esta historia? Da un ejemplo.

CONOCE A LA AUTORA
Elizabeth Fitzgerald Howard

Elizabeth Fitzgerald Howard usa los recuerdos de su infancia en Maryland para escribir sus historias. Le encanta mencionar a los miembros de su familia en sus libros. En *Papá cuenta una historia a Chita,* ella presenta a *Chita,* la prima de su padre. A Elizabeth Howard le gusta que sus pequeños lectores descubran sus semejanzas con otros niños y lo que los hace diferentes y especiales.

CONOCE AL ILUSTRADOR
Floyd Cooper

Floyd Cooper dice que una inagotable imaginación le es muy útil en su trabajo. Cuando lee una historia por primera vez, le gusta pensar en el contenido por un rato. Luego imagina lo que sucede: el lugar, el clima, el paisaje, los olores y hasta los sonidos.

Floyd Cooper aprendió a dibujar la figura humana en séptimo grado, cuando uno de sus profesores le dio un libro acerca del cuerpo humano. Algunas veces, Cooper usa fotografías para dibujar personas. Otras veces, les pide a sus amigos que le sirvan como modelos. Además de ilustrar libros para niños, Floyd Cooper ha pintado retratos de personas e ilustraciones para tarjetas.

Chita y su papá, Harry S. McCard

Elizabeth Fitzgerald Howard

Floyd Cooper

Visita ***The Learning Site***
www.harcourtschool.com

Hacer conexiones

Compara textos

1. ¿Por qué Papá agregó detalles imaginarios a la historia que le contó a Chita sobre sus experiencias como soldado?
2. ¿Por qué la historia se divide en varias partes con subtítulos como "Papá, cuéntame una historia"?
3. ¿Cuál es la diferencia entre *narrar* una historia, como lo hace Papá, y leerla en un libro?
4. Piensa en una historia que alguien de tu familia te haya contado acerca de su vida. ¿En qué se parece a la narración de Papá? ¿En qué es diferente?
5. ¿Crees que Chita le pedirá a Papá que le cuente la misma historia de nuevo? Explica tu respuesta.

Escribe un subtítulo

CONEXIÓN con la Escritura

Las ilustraciones de una historia muestran los sucesos mencionados en el texto. ¿Cuál es la ilustración que más te gusta en "Papá cuenta una historia a Chita"? Describe con tus propias palabras lo que sucede en la ilustración. Usa un organizador gráfico como éste para planear tu descripción.

Ilustración, página ____		
Personaje	Escenario	Evento

El papel de héroe

Muchos héroes han ayudado a Estados Unidos a convertirse en una nación grande y libre. Recopila información sobre un héroe y prepara una representación de su papel en la historia. Di lo que hizo por el país. Practica tu representación y compártela con la clase.

King

Franklin

Crea una cartelera

CONEXIÓN con las Ciencias

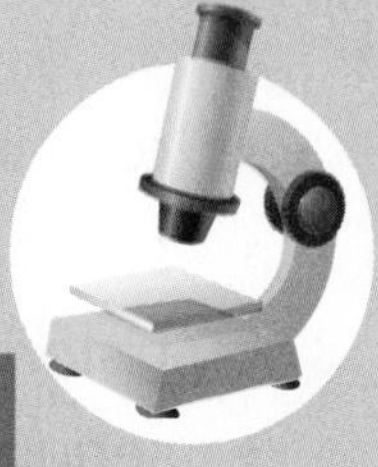

Los caimanes son parientes cercanos de los cocodrilos, pero en realidad no son iguales. Investiga las diferencias entre los caimanes y los cocodrilos. Haz un desplegado para la cartelera acerca de estos reptiles. Puedes incluir una tabla o dibujo rotulado con las diferencias. También puedes mostrar dónde se encuentran estos animales.

Resumir

Destreza de enfoque

Resumir significa contar con tus propias palabras las ideas más importantes de una historia. Lee este resumen de "Papá cuenta una historia a Chita".

Papá cuenta a Chita la historia del importante mensaje que le encomendaron cuando fue soldado. Él cuenta que se encontró con una enorme serpiente, nadó debajo de un caimán y durmió en el nido de un águila. Cuando Chita le pregunta si la historia es verdadera, Papá responde que una parte es verdad y otra no.

Cómo hacer un buen resumen

DEBES

- contar las ideas y los sucesos más importantes de la historia.
- seguir el mismo orden que la historia.
- hacerlo mucho más breve que la historia.
- contarla con tus propias palabras.

NO DEBES

- incluir datos que no sean importantes en la historia.
- incluir datos que no aparecen en la historia.
- incluir tus ideas u opiniones.

Visita *The Learning Site*
www.harcourtschool.com

Ve *Destrezas y Actividades*

Preparación para las pruebas
Resumir

▶ **Lee la historia.**

La historia de la abuela

Cuando la abuela era niña hubo una gran inundación. Marco nunca se cansa de oír su historia.

—El agua subía y subía —cuenta la abuela—. En la calle, el agua me llegaba a los tobillos, luego a las rodillas, y subía más.

La abuela dice que las personas tuvieron que usar botes y canoas para recorrer las calles. La mejor parte de su historia es la del cerdo que apareció nadando en la calle principal.

Responde las siguientes preguntas.
Usa los datos de la historia.

1. ¿Qué oración no se incluiría en un buen resumen?

A La abuela nos contó del cerdo que nada en la calle.

B A Marco le encanta esta historia.

C Yo no creo que los cerdos en realidad puedan nadar.

D La abuela le contó a Marco de una gran inundación.

Sugerencia
Recuerda que un buen resumen no debe incluir ideas ni opiniones personales.

2. Escribe un resumen de la historia en una o dos oraciones.

Sugerencia
Cuenta los sucesos más importantes de la historia con tus propias palabras.

El poder de las palabras

Coyote acomoda las estrellas

- exhausto
- hábil
- contemples
- orgullo
- afanó
- obra
- dispersó

¿Pueden hablar los animales? ¿Pueden celebrar fiestas? En ocasiones las historias narran situaciones que no suceden en la vida real. Lee para saber acerca de estos animales y sus talentos.

Corro velozmente, nunca quedo **exhausto**. ¿No te gustaría correr tan rápido como yo?

No importa si corro rápido o no. Soy un escalador **hábil**. Tengo talento para treparme a los árboles.

Yo no necesito correr o trepar. Puedo volar hasta la punta del árbol más alto o a través de un profundo cañón. ¡Quiero que me **contemples**!

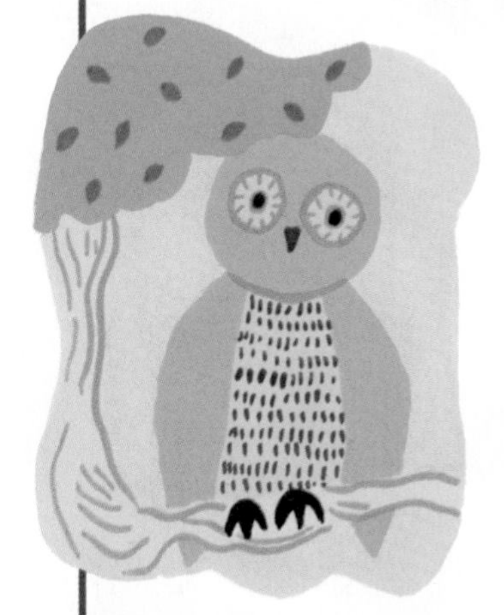

Los estoy observando. Veo que todos hablan con mucho **orgullo** de las cosas que pueden hacer. Cada uno de ustedes es feliz, cada uno se **afanó**, en hacer las cosas bien. Me gustaría invitarlos a una fiesta. Será una celebración especial con muy buena comida.

Los animales organizaron la fiesta usando sus habilidades especiales. ¡Hicieron una gran **obra**! Cuidadosamente repartieron moras y nueces para celebrar sus habilidades. Luego de festejar reunidos, cada uno se **dispersó** y regresó a su hábitat particular.

CONEXIÓN
Vocabulario-Escritura

Escribe un párrafo breve que describa un animal que sea **hábil** en alguna actividad, incluye palabras que digan cómo se ve el animal al moverse.

Coyote

Texto e ilustraciones de
Harriet Peck Taylor

Género

Cuento popular amerindio

Un cuento popular es una historia que ha sido contada de generación en generación.

En esta selección, busca

- **un personaje principal hábil.**
- **una explicación de cómo algo surgió.**

acomoda las estrellas

Hace muchas, muchas lunas, hubo un coyote que vivía en un cañón a la orilla de un río veloz. Coyote pasaba los días vagando por los campos, espantando mariposas y olfateando flores silvestres. Muchas noches se quedaba despierto mirando el cielo estrellado.

Una noche de verano, mientras descansaba en la hierba fresca con su amigo Oso, a Coyote se le ocurrió una idea:

—¡Voy a subir al cielo a descubrir sus secretos!

Oso se rascó la cabezota y preguntó:

—¿Y cómo lo harás?

—Yo puedo llegar allá sin ningún problema —respondió Coyote.

Y es que Coyote era muy hábil con el arco y la flecha. Reunió un montón de flechas y empezó a dispararlas al cielo. La primera silbó al atravesar el aire y fue a clavarse en la luna. Coyote lanzó una segunda flecha que se clavó en la primera. ¡Swiiing! hizo la primera. ¡Swuuuung! hizo la siguiente, y luego lanzó otra y otra más, hasta formar una escalera con las flechas.

Entonces Coyote empezó a subir. Subió y subió durante varios días y noches hasta que por fin llegó a la luna. Luego durmió todo un día pues estaba exhausto.

Esa noche, a Coyote se le ocurrió otra gran idea: con las flechas que le quedaban tal vez podría cambiar de lugar las estrellas que lo rodeaban. Disparó la primera, que golpeó una estrella y la mandó al otro extremo del cielo. Coyote descubrió entonces que podía poner las estrellas donde quisiera.

Sacudió su cola esponjosa y dio un aullido de felicidad: haría figuras en el cielo para que todos las vieran.

Primero decidió hacer un coyote, así que disparó sus flechas una tras otra hasta que las estrellas se acomodaron en forma de coyote. Luego se acordó de su amigo Oso y colocó las estrellas en forma de oso.

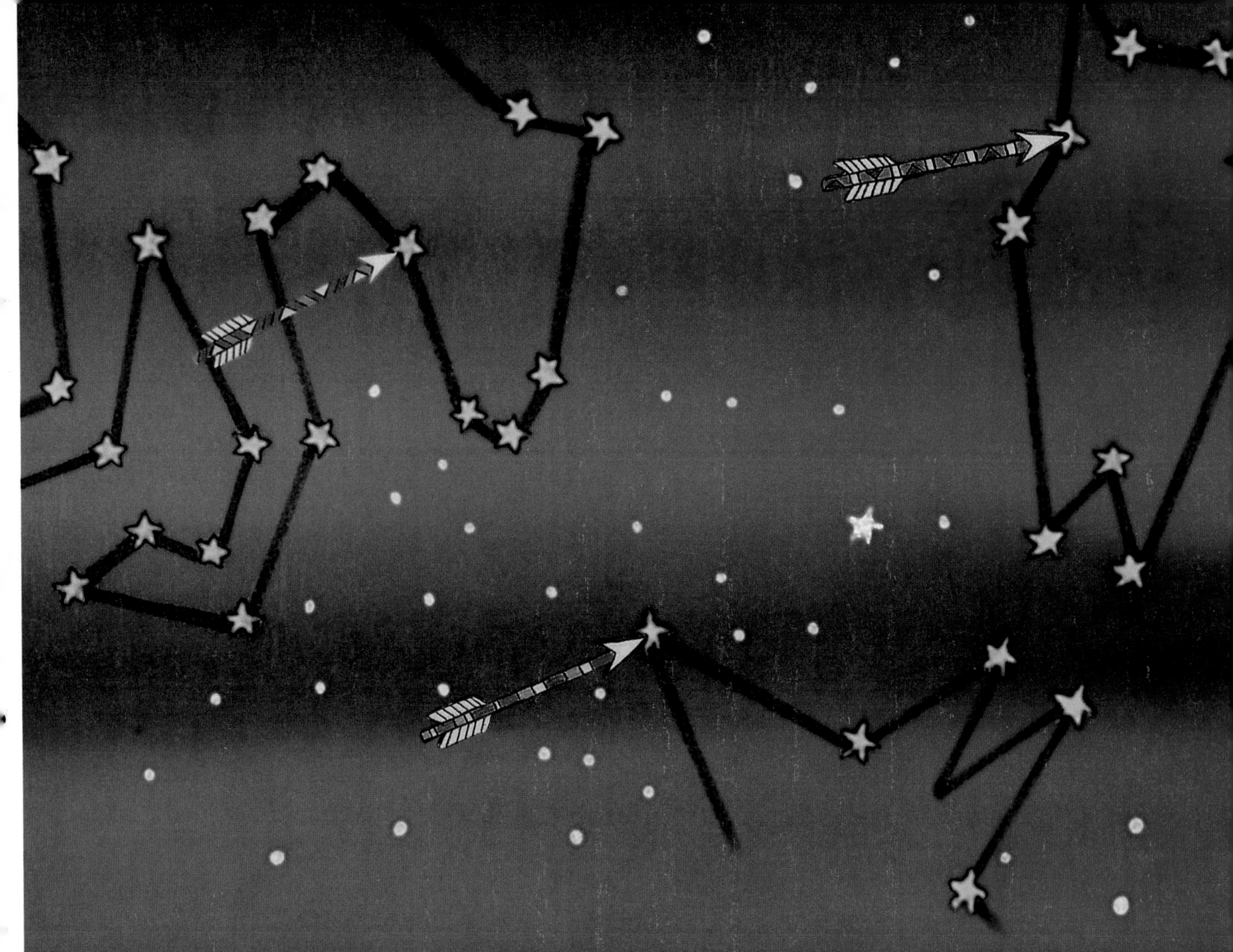

Coyote se afanó toda la noche creando imitaciones de todos sus amigos: Puma, Caballo, Cabra, Pez, Búho y Águila. Con las estrellas que le sobraron hizo un gran camino que atravesaba el cielo. Cuando terminó, empezó a bajar por su escalera de regreso a la Tierra.

Esa noche, cuando apareció la brillante luna por el este, Coyote contempló su obra y soltó un larguísimo ¡Auuuuuu! El viento dispersó su aullido entre las sombras del cañón. Pájaros y animales despertaron de repente y escucharon atentos el misterioso sonido. Parecía llamarlos. Acudieron de los cañones y mesetas, de las colinas y llanuras en busca del sonido.

Los osos salieron precipitadamente de sus madrigueras. Corrieron las ardillas, y los conejos bajaron las colinas brinca que te brinca. Los gatos monteses marchaban con cautela y los erizados puerco-espines caminaban pesadamente por el sendero. Gráciles galopaban los venados, mientras por el desierto se arrastraban lentamente los lagartos. Chapoteaban los peces plateados al nadar río arriba. El poderoso Puma y algunos rebaños de búfalos se unieron al viaje.

La majestuosa Águila graznó sobre las montañas iluminadas por la luna. Uno tras otro desfilaron los animales atraídos por la mágica voz de Coyote.

Por fin apareció Coyote en lo alto de una roca. Los animales formaron un gran círculo y todos guardaron silencio. En los ojos de Coyote brillaba una chispa de orgullo cuando dijo: —¡Pájaros y animales, y todos los que se han reunido aquí! Les pido que miren al cielo, verán que las estrellas están acomodadas en forma de distintos animales. Yo hice una escalera hasta la luna y desde allá disparé mis flechas para formar las figuras que ven ahora.

Cuando los animales levantaron la vista, se elevó un coro de ladridos y exhalaciones, chillidos y graznidos, que llenó el aire. —Hice un coyote y a mi amigo Oso. También verán al misterioso Búho, a la majestuosa Águila, a la Cabra, al Caballo, al Pez y al poderoso Puma. Ésta es mi obra y espero que quienes la vean recuerden a Coyote y a todos los animales del cañón.

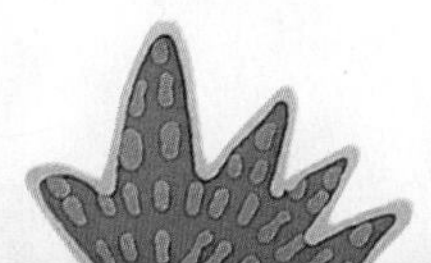

Los animales celebraron una gran fiesta para Coyote y cantaron y bailaron toda la noche. Luego decretaron que Coyote era el más listo y el más hábil de todos los animales.

Coyote estaba tan agradecido con todos que prometió:

—Siempre seré su amigo y el amigo de los hijos de sus hijos.

Por eso, hasta el día de hoy, si escuchas con atención en la quietud de la noche, cuando la luna está saliendo, podrás oír el aullido mágico de Coyote, quien te invita a que te asomes a la ventana, contemples las figuras de las estrellas y sueñes.

Reflexionar y responder

1. ¿Cómo acomoda las estrellas Coyote? ¿Por qué lo hace?
2. ¿Por qué los animales celebraron una gran fiesta para Coyote?
3. De acuerdo con la historia, ¿por qué aulló Coyote?
4. ¿Qué figuras habrías formado tú con las estrellas?
5. ¿Cómo te ayudó una estrategia de lectura a leer esta historia?

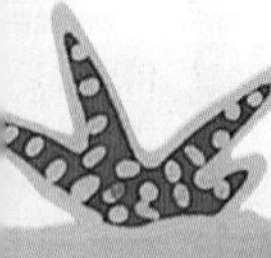

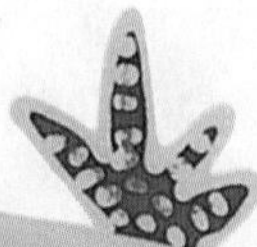

Conoce a la autora e ilustradora Harriet Peck Taylor

"Coyote acomoda las estrellas" fue mi primer libro. Es mi propia versión de un cuento tradicional indígena que explica cómo se formaron las constelaciones. Mientras lo escribía, conocí a un coyote de verdad. Todos los días me seguía cuando salía a pasear. A veces aullaba cuando me veía. Un día no lo vi, así que traté de aullar como él para llamarlo. Para mi sorpresa, el coyote respondió con un aullido y salió de donde estaba. Verlo de cerca me ayudó a dibujar las imágenes del libro.

Hice las ilustraciones con una técnica llamada *batik*. El *batik* se hace aplicando cera caliente sobre una tela y después pintura de colores. Es muy divertido porque puede agregarse un color sobre otro hasta crear muchos tonos diferentes. Intenta crear tus propios *batiks*, pero pide la ayuda de un adulto.

Harriet Peck Taylor

Visita *The Learning Site*
www.harcourtschool.com

Género
No ficción explicativa

Noche oscura y estrellada

Texto de James Muirden

¿Alguna vez has tratado de contar las estrellas? Puedes ver cientos de ellas en una noche oscura. Pero hay muchas más que no puedes ver porque son tan tenues que sólo es posible verlas con un telescopio.

Los astrónomos son personas que estudian las estrellas. Algunos creen que puede haber cien millones de millones de millones de estrellas en total (es decir, ¡100,000,000,000,000,000,000!).

El telescopio fue inventado después del año 1500.

Secretos de las estrellas

Las estrellas parecen diminutas desde la Tierra. Pero si pudieras visitar una de ellas, lo que hallarías sería . . .

. . . una enorme y ardiente esfera de gas incandescente, muy parecida a nuestro Sol porque, en realidad, ¡el sol es nuestra estrella más cercana!

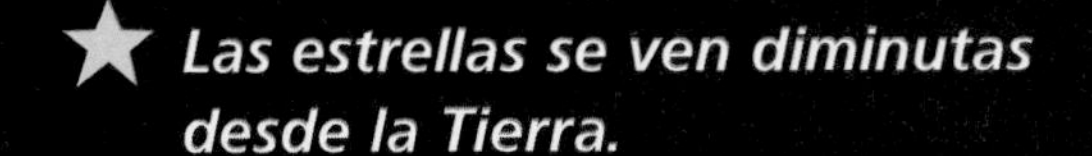

Las estrellas se ven diminutas desde la Tierra.

Si pudieras mirar más de cerca, podrías ver esto.

No es un paseo fácil

El Sol tal vez sea un vecino cercano, pero aun así se encuentra a 93 millones de millas de distancia. ¡Tardaríamos unos 150 años en recorrer esa distancia en auto!

Pero si el Sol estuviera más cerca nos asaríamos porque despide tanto calor como 1,000 millones de millones de millones de millones de calentadores espaciales encendidos al mismo tiempo. La temperatura en el centro del Sol es de aproximadamente 27 millones de °F.

Estrellita, estrellita

Además, el Sol posee un brillo deslumbrante. JAMÁS lo mires directamente, ni siquiera en días nublados. Su luz es tan fuerte que podría dañar tus ojos.

A pesar de ello, el Sol no es especialmente caliente o brillante comparado con otras estrellas. Y aunque podríamos colocar un millón de planetas como la Tierra en su interior, tampoco es muy grande.

Algunas de esas luces diminutas y titilantes que puedes ver en una noche estrellada son gigantescas. ¡Tan grandes que pueden contener un millón de estrellas como nuestro Sol!

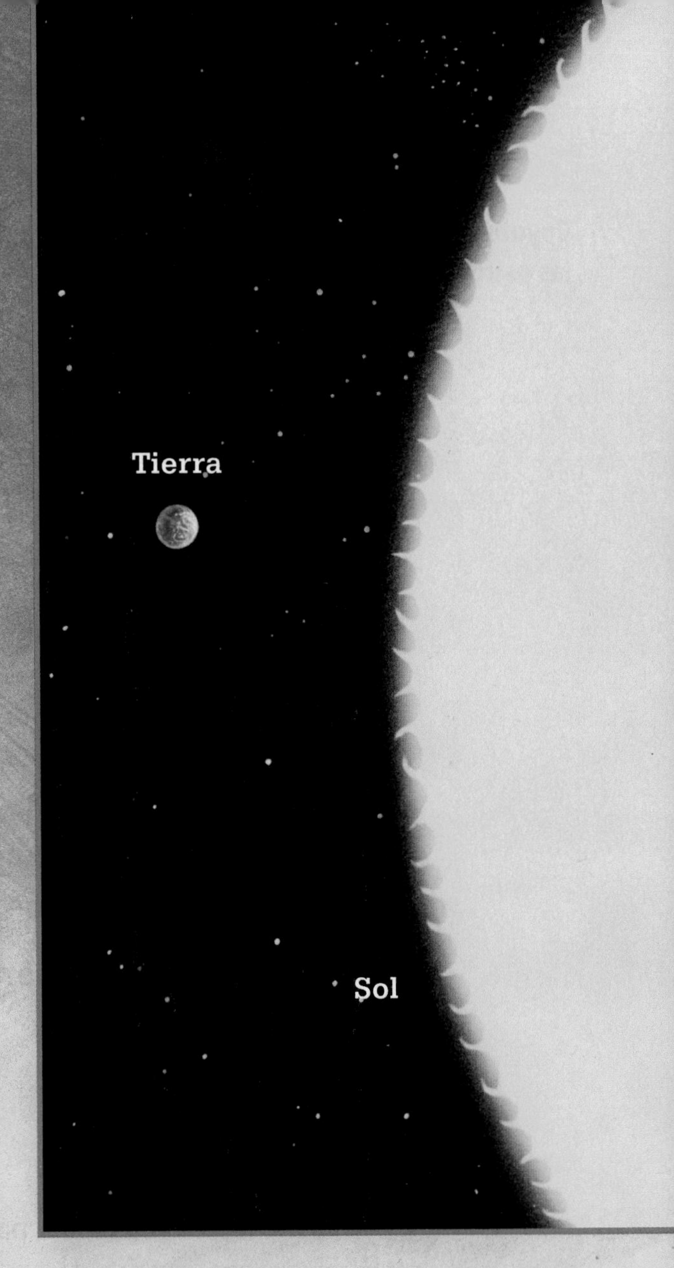

Reflexionar y responder

¿Qué nos dice el artículo acerca de nuestro Sol y las estrellas?

Hacer conexiones

Compara textos

1. ¿Qué formaciones de la naturaleza explica esta historia?
2. ¿Por qué crees que el ilustrador usa dos páginas completas (46 y 47) para ilustrar una sola imagen?
3. ¿En qué se parecen las selecciones "Coyote acomoda las estrella" y "Noche oscura y estrellada"? ¿Cuáles son las diferencias?
4. Nombra otra historia que hayas leído en la que se incluyan animales que hablan como personajes. ¿Cuál de las dos te gustaría leerle a alguien menor que tú? Explica tu respuesta.
5. ¿Ha despertado esta historia tu interés en observar las estrellas? Explica tu respuesta.

Escribe instrucciones

CONEXIÓN con la Escritura

Coyote movió las estrellas para formar figuras. Piensa cómo le enseñaría Coyote a hacer figuras con las estrellas a alguien más. Escribe los pasos que siguió Coyote. Usa un organizador gráfico como éste para planear tus instrucciones. Incluye todos los pasos que creas necesarios para formar figuras con las estrellas.

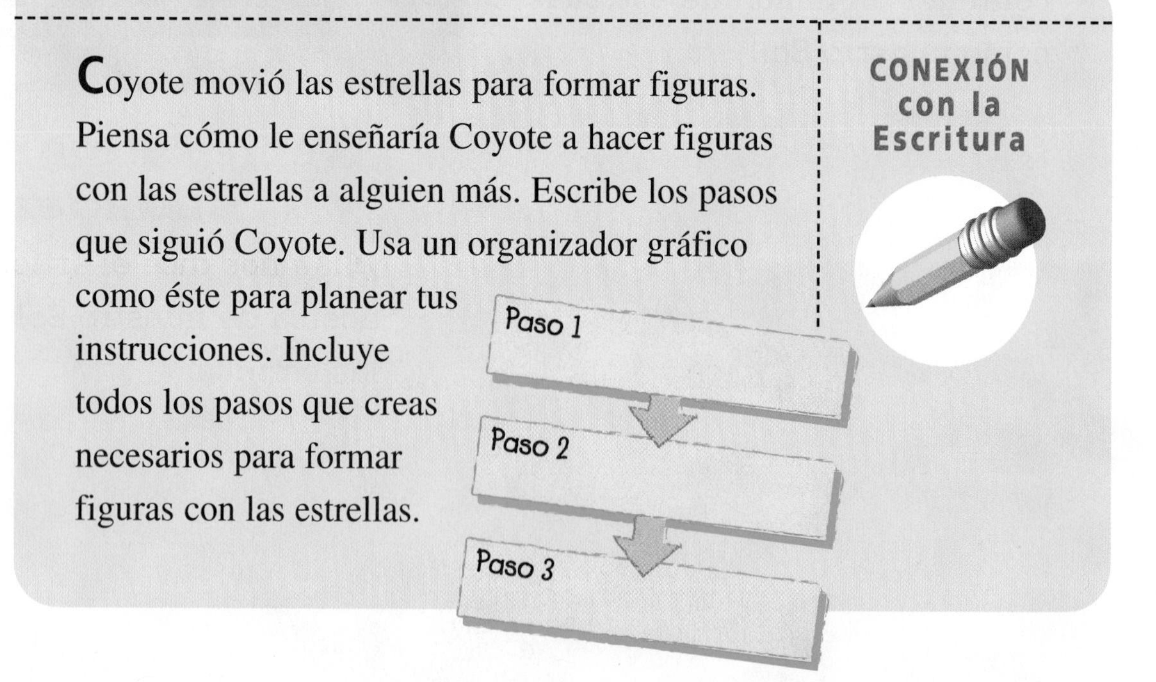

Haz un diagrama

CONEXIÓN con las Ciencias

Desde la Tierra podemos ver las constelaciones formadas por las estrellas. ¿Cuánto tiempo tarda la luz de una estrella en llegar a la Tierra? ¿Cuánto tiempo tarda en verse la luz reflejada por un objeto en la Tierra? Consulta fuentes de referencia. Compara las diferencias de tiempo entre diferentes objetos. Haz un cartel o diagrama para compartir los datos que encuentres.

Prepara un reporte oral

CONEXIÓN con el Arte

Harriet Peck Taylor usó una técnica llamada "batik" para crear las ilustraciones de "Coyote acomoda las estrellas". Primero se pone cera caliente sobre una tela. De esta manera, las tintas o colorantes usados no tiñen las partes cubiertas de cera. La arcilla y el papel son otras formas de arte usadas por varios artistas. ¿Conoces algún artista que use éstas y otras formas de arte? Haz una investigación para responder esta pregunta. Prepara un informe oral y compártelo con la clase.

Comparar y contrastar

Cuando **comparas** dos cosas, piensas en qué **se parecen.** Cuando **contrastas** dos cosas, piensas en qué **son diferentes.**

Compara y contrasta el personaje Coyote con un coyote de verdad, para saber en qué se parecen y en qué son diferentes.

Personaje Coyote

Coyote real

SEMEJANZAS	DIFERENCIAS
ambos viven en el desierto ambos aúllan por las noches	el personaje puede hablar y tirar con un arco; los coyotes de verdad no pueden hacer eso el personaje es amigable con todos los animales; los coyotes de verdad no

Visita *The Learning Site*
www.harcourtschool.com

Ve Destrezas y Actividades

Preparación para las pruebas

Comparar y contrastar

Topo planta una hortaliza

Había una vez un topo que decidió plantar un jardín. Topo trabajó duro. Plantó, desyerbó y regó.

Después de cosechar las verduras, Topo le dio algunas a su amigo Ratón. Estaban tan sabrosas, que Ratón regresaba todos los días por más verduras. Un día Topo dijo: —Amigo Ratón, perdí mi anillo. Tu vista es mejor que la mia. ¿Podrías ayudarme a encontrarlo?

—Oh no, Topo, no puedo ayudarte, —dijo Ratón—. Estoy muy ocupado. Sólo dame algunas verduras y me voy.

▶ **Usa los datos de la historia para responder las preguntas 1 y 2.**

1. Los personajes Topo y Ratón se parecen porque

A son buenos para cavar.

B usan anillos de oro.

C siembran verduras.

D les gustan las verduras.

Sugerencia

Lee todas las opciones. La opción correcta se aplica a los dos personajes, no sólo a uno de ellos.

2. ¿En qué son diferentes los personajes?

F Ratón está feliz. Topo está triste.

G Topo come mucho. Ratón come poco.

H Topo es generoso. Ratón es egoísta.

J Ratón trabaja duro. Topo es perezoso.

Sugerencia

Analiza si las opciones son verdaderas y si describen diferencias entre los personajes.

Los pájaros de la cosecha

parvada

zanates

revoloteando

silvestres

fiadas

repartió

El poder de las palabras

En "Los pájaros de la cosecha", leerás acerca de la vida de un muchacho en el campo. Lee las siguientes páginas del diario de una muchacha que fue de paseo al campo.

25 de febrero de 2003

Hoy me la pasé todo el día en el campo con mi papá. Fue un día maravilloso. Nadamos un poco en el lago y después comimos lo que mi mamá nos preparó, sentados sobre el pasto. De pronto, vimos una **parvada** de aves volando sobre nosotros. Mi papá me explicó que esos pájaros se llaman **zanates** y son los que se comen las semillas que los campesinos siembran. Estuvieron **revoloteando** sin parar y luego se fueron acomodando en los árboles para dormir. Fue bonito verlos volar juntos.

15 de marzo de 2003

Este fin de semana estuvimos en el bosque. Nos quedamos a dormir al aire libre y por la mañana nos fuimos temprano a buscar moras **silvestres**, de las que crecen en el bosque sin la ayuda de los humanos. Las íbamos juntando en unas canastas que mi mamá le pidió **fiadas** a la señora de la tienda, pues no llevaba dinero en ese momento y quedó en pagárselas cuando regresáramos. Conseguimos tantas que al volver, mi mamá quería regalar algunas. Así que **repartió** la mitad entre mis primos que no pudieron ir con nosotros.

CONEXIÓN
Vocabulario-Escritura

Escribe un párrafo breve acerca de otras plantas o frutas silvestres que conozcas. Si necesitas ayuda puedes consultar una enciclopedia.

Género

Cuento popular

Un cuento popular es una historia que ha sido contada de generación en generación.

En esta selección, busca

- **animales que piensen y actúen como personas.**
- **un personaje que aprenda una lección.**

LOS PÁJAROS DE LA COSECHA

Texto de Blanca López de Mariscal
Ilustraciones de Linda Cane

En un pueblecito donde toda la gente se conocía, vivía un joven que todos llamaban Juan Zanate. Lo llamaban así porque siempre estaba acompañado de uno o varios zanates.

A Juan le gustaba sentarse bajo un árbol y ponerse ahí a soñar y planear su vida. Él quería tener su propia tierra, como su padre y su abuelo. Pero cuando murió su padre, la pequeña tierra que se repartió sólo alcanzó para los dos hermanos mayores. Por eso Juan se vio obligado a trabajar haciendo muchos oficios en el pueblo.

“Si tan sólo tuviera mi propia tierra, mi vida sería tan diferente”, pensaba Juan. Un día fue a ver a don Tobías, el rico del pueblo, y le pidió que le prestara un pequeño pedazo de tierra.

Don Tobías se echó a reír a carcajadas y su esposa se rió con él: —¿Por qué debiera darte tierra? Tú no sabes ni sembrar el campo.

Juan se retiró triste y molesto a la sombra de su árbol. Era el único lugar en que se encontraba realmente feliz. En las enormes ramas vivía una parvada de zanates que estaban tan acostumbrados a su presencia, que ya lo consideraban un amigo.

Había un zanate en especial que se preocupaba por Juan y quería que éste encontrara su camino en la vida. Estaba siempre muy cerca de Juan, se paraba en su hombro o en el ala de su sombrero. Juan lo llamaba Grajo.

Después de pensar y pensar por mucho tiempo, Juan decidió ir a platicar con el viejo del pueblo. “Los viejos, porque han vivido más, saben mucho”, pensó. “Seguramente él me podrá aconsejar, y puede ser que hasta me dé su ayuda”.

Juan saludó al viejo, al que todos llamaban Tata Chon, con respeto. "Tata" significa abuelo. El viejo se le quedó viendo por unos instantes y luego le preguntó: —¿Juan, vienes de estar sentado bajo tu árbol?

—Sí —contestó Juan, lleno de curiosidad—. Pero, ¿cómo lo supo?

—Cuando vivas más, pequeño Juan, te darás cuenta de que observando, observando, uno llega a saber muchas cosas —respondió Tata Chon.

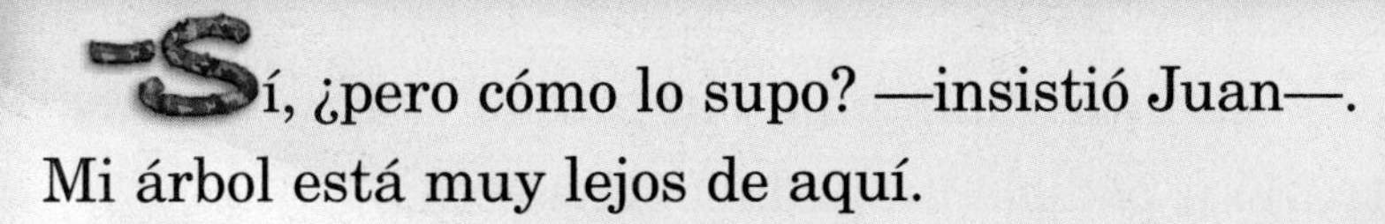

—Sí, ¿pero cómo lo supo? —insistió Juan—. Mi árbol está muy lejos de aquí.

—Fíjate en tu sombrero Juan. Bien se nota que los zanates han estado revoloteando encima de ti —Tata Chon echó a reír, sólo que esta vez la risa no era de burla, como la de don Tobías y su esposa, sino que era una risa de amistad.

Al darse cuenta Juan del buen humor del abuelo, se atrevió a pedirle un pedazo de tierra:

—Déjeme que le demuestre que yo puedo ser un buen campesino y cultivar la tierra —le imploró Juan.

Tata Chon se puso serio. —Te voy a ayudar —le dijo el viejo—. Te voy a prestar la tierra pero con una condición: si fracasas, me vas a pagar con trabajo el tiempo que ocupes mi terreno.

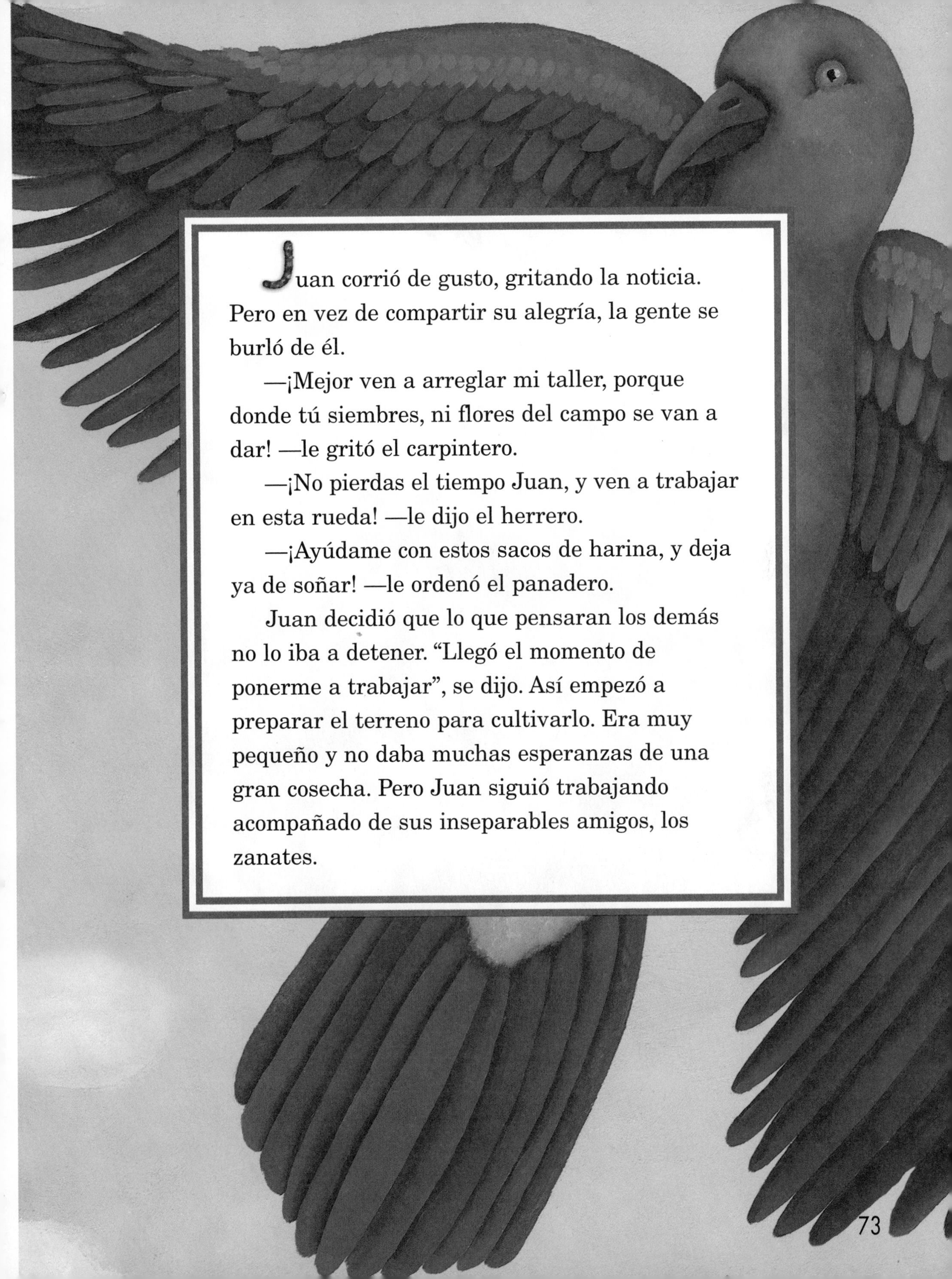

Juan corrió de gusto, gritando la noticia. Pero en vez de compartir su alegría, la gente se burló de él.

—¡Mejor ven a arreglar mi taller, porque donde tú siembres, ni flores del campo se van a dar! —le gritó el carpintero.

—¡No pierdas el tiempo Juan, y ven a trabajar en esta rueda! —le dijo el herrero.

—¡Ayúdame con estos sacos de harina, y deja ya de soñar! —le ordenó el panadero.

Juan decidió que lo que pensaran los demás no lo iba a detener. “Llegó el momento de ponerme a trabajar”, se dijo. Así empezó a preparar el terreno para cultivarlo. Era muy pequeño y no daba muchas esperanzas de una gran cosecha. Pero Juan siguió trabajando acompañado de sus inseparables amigos, los zanates.

"Mi cabeza también es pequeña y en ella

caben muchos sueños", pensó Juan.

Como Juan necesitaba semillas para plantar y no tenía dinero para comprarlas, fue a ver al tendero y le pidió algunas semillas fiadas.

—Juan, barre los granos de maíz, los frijoles y las semillas de calabaza que han caído al suelo y dáselas a mis puercos. Y si te sirven algunas de estas semillas, te las puedes llevar.

Juan estaba feliz pues ya tenía semillas para plantar. No corrió a los zanates como lo hace la mayoría de los campesinos. En vez de eso, decidió apartar algunas de las semillas que sobraron para que los zanates tuvieran qué comer y no se robaran las que estaba plantando en los zurcos. Después de todo, los zanates eran sus amigos y sus acompañantes, y Juan se preocupaba mucho por ellos. Grajo, que estaba siempre junto a Juan, le daba consejos con su áspera voz.

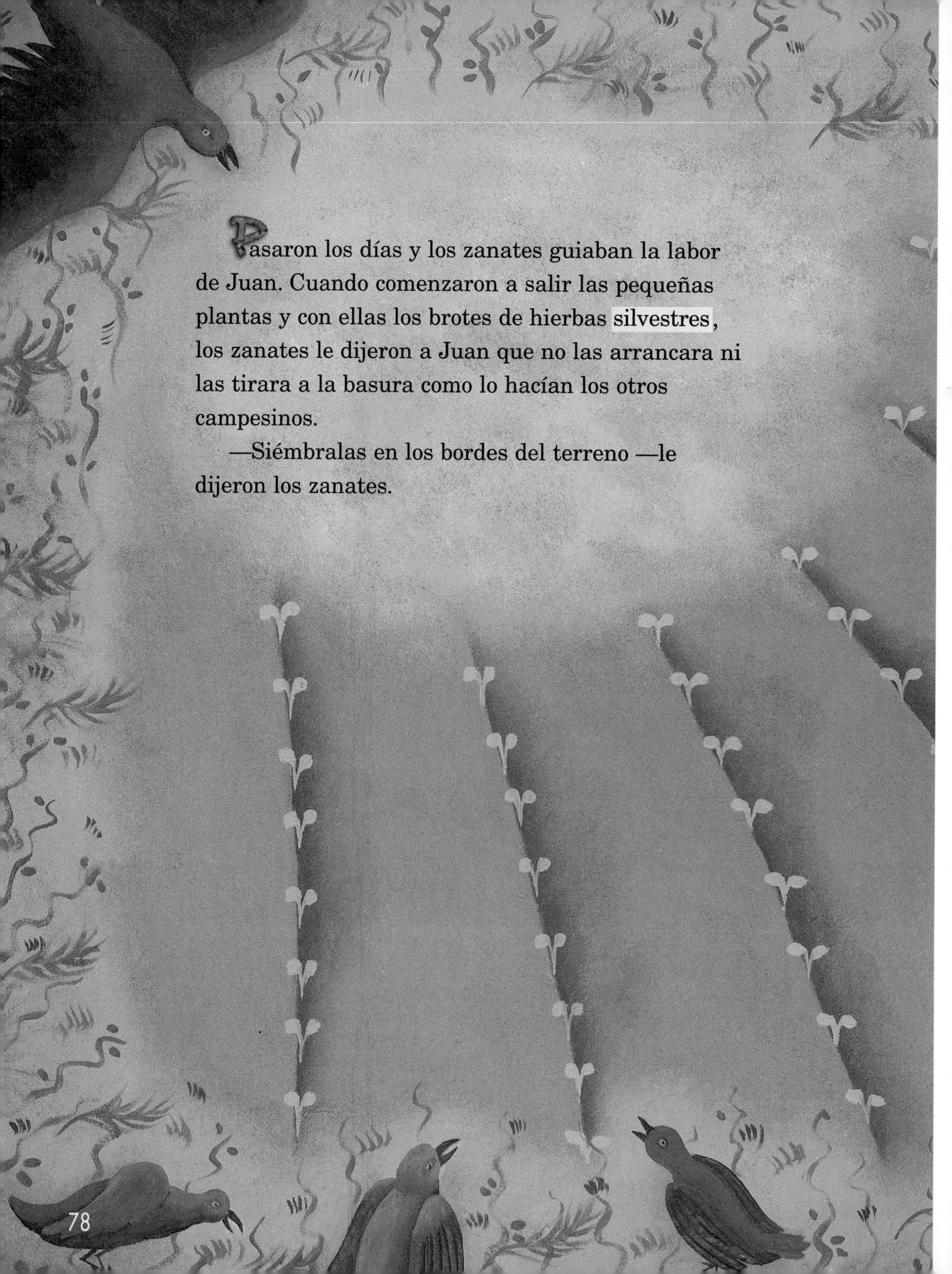

Pasaron los días y los zanates guiaban la labor de Juan. Cuando comenzaron a salir las pequeñas plantas y con ellas los brotes de hierbas silvestres, los zanates le dijeron a Juan que no las arrancara ni las tirara a la basura como lo hacían los otros campesinos.

—Siémbralas en los bordes del terreno —le dijeron los zanates.

Cuando los otros campesinos supieron lo que Juan hacía, se burlaron de él: —¡Qué locura, dejar crecer hierba silvestre en la parcela!

Cuando llegó el tiempo de la cosecha, todos esperaban burlarse de Juan una vez más. Todos estaban seguros que él iba a fracasar. Pero cuando Juan llegó al pueblo todos quedaron maravillados. En su cargamento Juan traía una magnífica cosecha: enormes mazorcas, calabazas de colores brillantes y apetitosos frijoles.

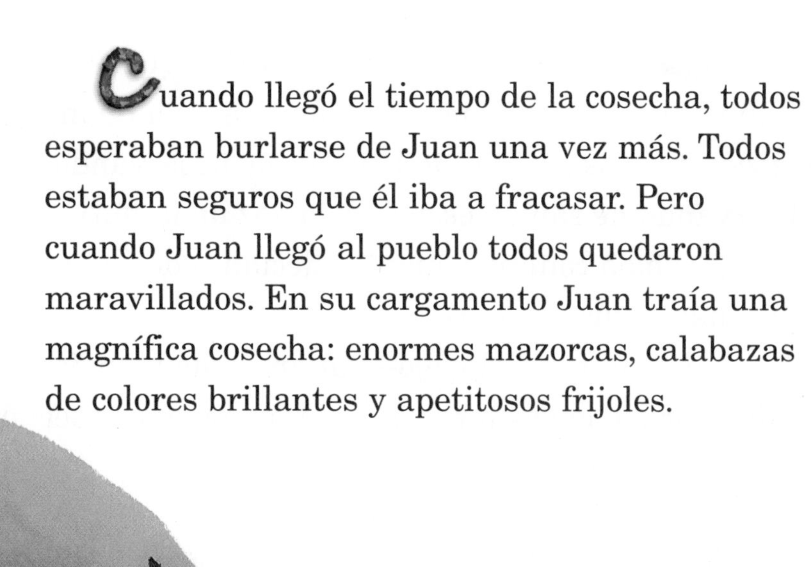

—¿Cómo lo había logrado? —todos querían saber. Juan se sonrió y respondió: —Con la ayuda de mis amigos los zanates, los pájaros de la cosecha; observando, observando he sabido escuchar la voz de la naturaleza.

—¡Trabaja conmigo Juan! —decían todos a voces—. ¡Enséñanos tus secretos!

—No —contestó el viejo—, Juan ya no trabajará para nadie, porque le voy a regalar el terreno que cosechó.

Después de vender toda la cosecha a muy buen precio, Juan y Tata Chon caminaron hacia la parcela que ahora era de Juan. El abuelo le preguntó a Juan por su secreto.

—Los zanates me enseñaron que todas las plantas son como hermanos y hermanas —replicó Juan—. Si uno las aparta, se ponen tristes y no crecen fuertes y sanas. Pero si uno las respeta y las deja juntas, crecen muy felices y contentas.

Reflexionar y responder

1. ¿Qué hizo Juan para conseguir un pedazo de tierra para sembrar?
2. ¿Qué tipo de cuento es éste? ¿Por qué crees que todavía se cuenta?
3. ¿Por qué crees que la autora hace que se le regale a Juan el pedazo de terreno al final y no al principio del cuento?
4. ¿Te gustaría tener amigos como los zanates? Explica tu respuesta.
5. Da un ejemplo de una estrategia que usaste mientras leíste este cuento. ¿Cómo te ayudó?

CONOCE A LA AUTORA

Blanca López de Mariscal es escritora y oradora de una variedad de temas mexicanos. Actualmente enseña literatura en la Universidad de Monterrey, México. Su mayor interés es divulgar las tradiciones de sus ancestros. "Los pájaros de la cosecha" es su primer libro para niños. A través de este cuento, Blanca intenta exponer a todos los niños al arte de la tradición oral de México.

CONOCE A LA ILUSTRADORA

Linda Cane vive en el campo con su hija, dos perros, un caballo, un gato y dos pavos reales. Le encanta estar al aire libre y disfruta de hacer excursionismo a pie, andar en bicicleta montar en kayak, esquiar y montar a caballo. Ha viajado por Europa, ha acampado por Estados Unidos y Alaska, y ha hecho caminatas por Perú y Nepal. En el mes de septiembre del año 2000, Linda se mudó a Nepal por tres meses para enseñar inglés.

Visita *The Learning Site*
www.harcourtschool.com

Género
Fábula

El cuervo y la jarra

Adaptación de una fábula de Esopo

Había una vez un cuervo que voló un largo trecho en busca de un trago de agua para saciar su sed. Al fin, divisó desde lo alto una jarra en el suelo. Bajó en picada y descubrió que la jarra tenía agua, pero el agua estaba en el fondo, fuera de su alcance.

—¿Qué haré? —sollozó el cuervo—. ¡Tengo tanta sed! Quizás si vuelco la jarra, el agua se derrame.

El cuervo intentó volcar la jarra, pero era muy pesada. No la podía mover. El pájaro analizó aún más el problema.

—Pobre de mí, ¡tengo tanta, pero tanta sed! —gimió—. Quizás si rompo la jarra, podré tomar agua mientras se desparrama.

Se lanzó sobre la jarra para romperla, pero era muy fuerte y no se rompía.

—Y ahora, ¿qué haré? —se preguntó—. Debe haber una forma de resolver este problema. Si tan sólo tuviese la astucia para hallar la solución...

De repente, al cuervo se le ocurrió una brillante idea. Al mirar a su alrededor, vio muchas piedras pequeñas en el suelo. Comenzó a arrojar las piedras dentro de la jarra, una a una. Gradualmente, el nivel del agua comenzó a subir. Por fin, el cuervo pudo tomar de la dulce y refrescante agua.

—Siempre existe la manera de salir de cualquier aprieto —dijo el cuervo—; sólo hace falta la astucia para resolverlo.

Hacer conexiones

Compara textos

1. En "Los pájaros de la cosecha," ¿de qué forma está expresada la idea de que uno siempre puede salir adelante?
2. ¿Por qué crees que Tata Chon haya decidido regalarle el terreno a Juan?
3. ¿Crees que los zanates le hablarían a Juan y le darían consejos si "Los pájaros de la cosecha" fuera la biografía de Juan y no un cuento de ficción? Explica tu respuesta.
4. Compara "Los pájaros de la cosecha" con otro cuento de ficción que hayas leído y que suceda en el campo.
5. ¿Qué otras preguntas tienes acerca de la forma en que la gente siembra y cosecha los alimentos?

Escribe un final

CONEXIÓN con la Escritura

Al final, todo salió bien, pero ¿y si la cosecha no se le hubiera dado a Juan? Escribe un párrafo, donde cuentes lo que hubiera pasado al final del cuento si todo le hubiera salido de una manera diferente. Usa la siguiente tabla para ordenar las ideas de tu párrafo.

Si las cosas hubieran salido de una manera diferente...	
¿Qué hubiera hecho Tata Chon? ¿Qué hubiera hecho la gente del pueblo? ¿Qué hubiera hecho Juan?	

Haz una ficha científica

Los **zanates** pertenecen a la familia de los *paseriformes*. Investiga en una enciclopedia qué significa *paseriformes*. ¿Por qué los zanates pertenecen a esta familia? ¿Qué otras aves pertenecen a la misma familia? ¿De qué se alimentan? Después, en una cartulina, pega una ilustración de un zanate y al lado escribe los resultados de tu investigación.

CONEXIÓN con las Ciencias

Haz una representación

Cuando Juan llega al pueblo con su buena cosecha, todo el mundo quiere saber su secreto y lo invitan a trabajar con él, pero Tata Chon dice que él no necesita trabajar para nadie porque le va a regalar el terreno. En grupos de 5, hagan una representación dramática de esta parte de "Los pájaros de la cosecha", en la que uno haga el papel de Tata Chon, otro el de Juan, y los otros tres de la gente del pueblo. Tomen algunos diálogos del cuento y escriban otros más. Después, hagan la representación ante la clase.

CONEXIÓN con las Artes dramáticas

Resumir

Has aprendido a resumir una historia al contar con tus propias palabras las ideas más importantes.

Vuelve a leer la página 64 de “Los pájaros de la cosecha”.

Luego lee el siguiente resumen de los sucesos de la página 64.

RESUMEN: Juan Zanate le pide al rico del pueblo un pedazo de tierra prestado para cultivarlo, pero sólo consigue que se burle de Juan.

¿Es éste un buen resumen? Usa la lista de verificación para averiguarlo.

Lista de verificación de un resumen

- ✔ **¿Incluye solamente las ideas o sucesos más importantes?**
- ✔ **¿Sigue el mismo orden que la historia?**
- ✔ **¿Es mucho más breve que la historia?**
- ✔ **¿Se presenta con otras palabras?**
- ✔ **¿Sólo incluye lo que está en la historia?**

Visita *The Learning Site*
www.harcourtschool.com

Ve Destrezas y Actividades

Preparación para las pruebas

Resumir

▶ **Lee esta historia.**

Un monstruo terrible

Todo empezó cuando el pez sacudió la cola, haciendo que el agua saltara y salpicara al puerco espín. Cuando éste se sacudió para secarse, una de sus púas voló por los aires. La afilada púa se clavó en la cola de algodón del conejo. Debido al dolor, el conejo brincó tan alto que se golpeó con la rama de un gran roble. El cuervo que estaba posado en la rama se espantó tanto que echó a volar y gritó, "¡Cuidado, un terrible monstruo me persique!".

Ahora responde la pregunta. Usa los datos de la historia.

1. ¿Qué es lo más importante de mencionar en el resumen de esta historia?

A había un conejo con cola de algodón

B el cuervo estaba posado en la rama de un roble

C las palabras exactas del cuervo

D que un suceso condujo al otro

Sugerencia

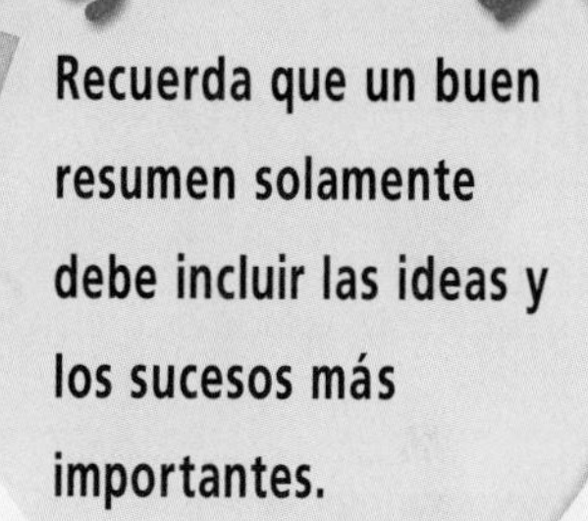

2. Escribe un resumen de la historia.

Sugerencia

Cuenta las partes o sucesos más importantes de la historia con tus propias palabras.

El poder de las palabras

¿Conoces la historia de "La caperucita roja"? Si es así quizá recuerdes que un lobo pretendía ser la abuelita de la caperucita. Hay muchas historias donde un personaje trata de engañar a otros.

- tierna
- frágiles
- oscurecer
- cerrojo
- astuto
- soplido
- encantado

GALLINAS: ¡Qué comida tan buena! Comimos granos tiernos, suaves y fáciles de masticar. Tuvimos una crujiente y **tierna** semilla que se rompía fácilmente, eran granos **frágiles**. Ahora empieza a **oscurecer**, pronto será de noche. Ya es hora de ir a la cama.

ZORRO: ¡Hermanas! Les habla su hermana Enriqueta. He venido a visitarlas. ¿Por qué cerraron la puerta? Por favor, quiten el **cerrojo** y abran la puerta.

(La gallina mayor observa de cerca a la visita).

GALLINAS: (susurrando) Este zorro cree que es muy **astuto**. Piensa que somos muy tontas, pero no lo somos. Somos ingeniosas pues por su **soplido** nos podemos dar cuenta de quién es y lo que está tratando de hacer.

ZORRO: Estoy **encantado**, lleno de alegría de estar aquí.

GALLINAS: ¡Aléjate zorro malo y no vuelvas!

CONEXIÓN
Vocabulario-Escritura

¿Cómo se ve el cielo cuando empieza a **oscurecer?** ¿Qué colores puedes ver? Escribe un párrafo donde describas esta hora del día.

Género

Cuento popular

Un cuento popular es una historia que ha sido contada de generación en generación cuyo autor es desconocido.

En esta selección, busca

- **personajes y trama conocidos en un escenario diferente.**
- **un animal que actúa como una persona.**

Lon Po Po

VERSIÓN CHINA DE CAPERUCITA ROJA

Traducción e ilustraciones de Ed Young

Había una vez, hace mucho tiempo, una mujer que vivía sola en el campo con sus tres hijas Shang, Tao y Paotze. Era el cumpleaños de su abuela y la mujer decidió visitarla, así que dejó a sus tres hijas en casa.

Antes de partir, les dijo:

—Queridas hijas, pórtense bien mientras estoy fuera. No regresaré esta noche. Al ponerse el sol, recuerden asegurar bien la puerta con el cerrojo.

Pero un viejo lobo que vivía cerca de ahí la vio cuando partía. Al oscurecer, el lobo se disfrazó de anciana, llegó a la casa donde estaban las hijas de la mujer y llamó a la puerta dos veces: toc, toc.

Shang, la mayor, respondió a través de la puerta bien cerrada:

—¿Quién es?

—Tesoros míos —respondió el lobo—, soy su abuela, su querida Po Po.

—¡Es Po Po! —dijo Shang—. ¡Pero nuestra madre fue a visitarte!

El lobo actuó sorprendido.

—¿A visitarme? No la encontré por el camino. Tal vez tomó un sendero diferente.

—¡Po Po! —le dijo Shang—. ¿Por qué has llegado tan tarde?

El lobo respondió:

—Es un viaje muy largo, hijas, y el día es demasiado corto.

Shang oyó la respuesta al otro lado de la puerta.

—Po Po —le dijo—, ¿por qué se oye tan ronca tu voz?

—Su abuela ha pescado un resfriado, hijas. Aquí afuera está oscuro y hay viento. Abran la puerta rápido y dejen entrar a su querida Po Po —dijo el astuto lobo.

Tao y Paotze no esperaron más. Una quitó el cerrojo a la puerta y la otra la abrió. Entonces gritaron:

—¡Po Po, Po Po, entra por favor!

El lobo entró de inmediato y apagó la vela de un soplido.

—Po Po —preguntó Shang—, ¿por qué apagaste la vela? Ahora está demasiado oscuro.

El lobo no respondió.

Tao y Paotze corrieron hacia Po Po para que las abrazara. El viejo lobo abrazó a Tao.

—Hija mía, estás tan gordita.

Luego abrazó a Paotze.

—¡Hija, te has convertido en una niña tan dulce!

Entonces, el lobo fingió tener mucho sueño y bostezó.

—Las gallinas se han dormido —dijo—. Po Po también debe dormir.

Luego trepó a la cama. Paotze se acomodó junto al lobo. Shang y Tao se acomodaron del otro lado.

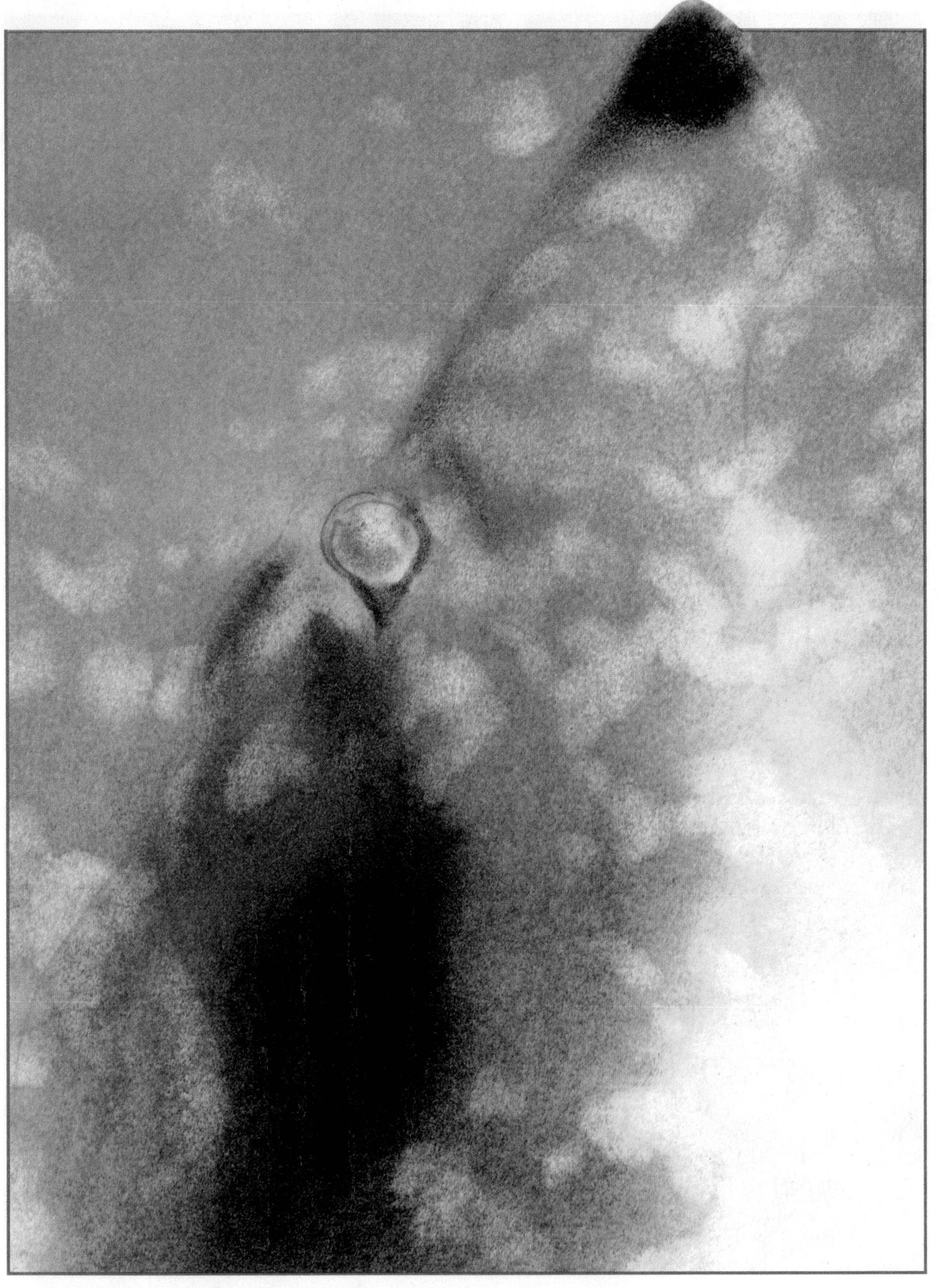

Pero cuando Shang se estiró, sintió la cola del lobo.

—Po Po... Po Po, tus pies están llenos de pelo.

—Po Po ha traído lana para tejerte un canasto —dijo el lobo.

Luego, Shang tocó las afiladas garras de la abuela.

—Po Po, ¿es ésta tu mano? ¡Está llena de espinas!

—Po Po ha traído un pedazo de cuero para hacerte unos zapatos —dijo el lobo.

En ese momento, Shang encendió la vela. El lobo la apagó de nuevo con un soplido. Pero Shang alcanzó a ver la peluda cara del lobo.

—Po Po, Po Po —le dijo—, debes estar hambrienta. ¿Has probado las nueces del ginkgo?

Ella no sólo era la mayor, sino también la más inteligente de las tres.

—¿Qué es el ginkgo? —preguntó el lobo.

—El ginkgo es tan suave como la piel de un bebé. Si lo pruebas, vivirás por siempre —dijo Shang—. Las nueces de ginkgo crecen en la copa del árbol que está afuera de la casa.

El lobo suspiró.

—Hija mía, Po Po está vieja y sus huesos son frágiles. Ya no puede trepar a los árboles.

—No te preocupes, Po Po, nosotras podemos traerte algunas nueces —dijo Shang.

El lobo estaba encantado.

Shang saltó de la cama y les pidió a Tao y a Paotze que subieran con ella al árbol de ginkgo. Cuando salieron, Shang les contó a sus hermanas acerca del lobo y las tres subieron al enorme árbol.

El lobo esperó y esperó. La gordita Tao no había regresado. La dulce Paotze no había vuelto. Shang tampoco regresaba. Ninguna de las tres le había llevado las nueces de ginkgo. Finalmente, el lobo gritó:

—¿En dónde están, hijas?

—Po Po —gritó Shang—, estamos arriba del árbol comiendo nueces de ginkgo.

—Hijas mías —suplicó el lobo—, denme algunas de esas nueces.

—Pero Po Po, la magia de las nueces sólo ocurre cuando las tomas directamente del árbol. Tienes que subir y tomarlas tú misma.

El lobo salió de la casa y se acercó al árbol donde oyó a las tres muchachas que estaban comiendo las nueces de ginkgo.

—¡Po Po, las nueces están deliciosas! ¡La piel es tan tierna! —dijo Shang. Al lobo se le hizo agua el hocico.

Finalmente, Shang, la mayor de las tres, y la más inteligente, dijo:

—Po Po, Po Po. Tengo un plan. Busca el canasto que está cerca de la puerta. Detrás del canasto hay una soga. Ata la soga al canasto y lánzame la otra punta. Te ayudaré a subir.

El lobo estaba lleno de alegría y de inmediato buscó el canasto. Ató la soga y lanzó la otra punta al árbol. Shang atrapó la soga y empezó a subir el canasto.

A mitad del camino, Shang soltó la soga y el lobo cayó al suelo con el canasto.

—¡Soy tan pequeña y débil, Po Po! No puedo sostener la soga sin ayuda —dijo Shang.

—Yo te ayudaré —dijo Tao—. Hagámoslo de nuevo.

Sólo había una cosa en la mente del lobo: comer por fin las nueces de ginkgo. Así que subió de nuevo al canasto.

Esta vez, Shang y Tao jalaron la soga juntas y el canasto subió mucho más alto.

Pero otra vez las hermanas soltaron la soga y el lobo volvió a caer al suelo, golpeándose la cabeza.

El lobo estaba furioso. Gruñó y refunfuñó.

—Lo sentimos. No pudimos sujetar la soga nosotras solas —dijo Shang—. Pero con una sola nuez de ginkgo que comas, te sentirás joven otra vez.

—Yo les daré una mano —dijo Paotze, la menor de las tres—. Esta vez no fallaremos.

Las tres muchachas jalaron la soga con todas sus fuerzas. Mientras jalaban, cantaban esta canción: "Ei yo, ei yo..." El canasto subió y subió más alto que la primera vez, mucho más alto que la segunda. Faltó poco para que llegara a la copa del árbol. El lobo casi pudo tocar la rama más alta.

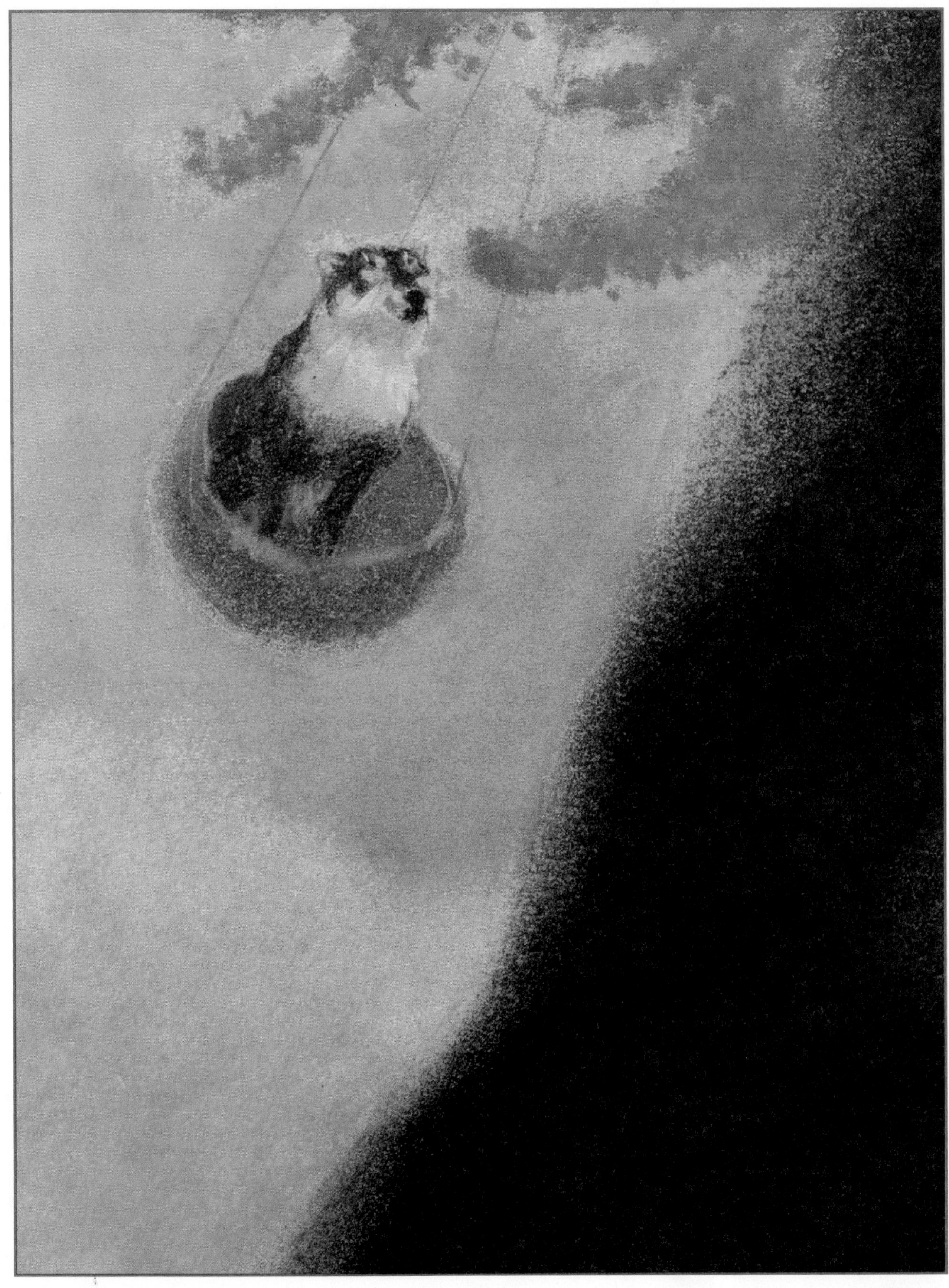

Justo en ese momento, Shang tosió y las tres hermanas soltaron la soga. El canasto cayó, y cayó, y cayó. El lobo no sólo se golpeó la cabeza, sino que su corazón se hizo pedazos.

—Po Po —gritó Shang. Pero no hubo respuesta.

—Po Po —gritó Tao. Otra vez no hubo respuesta.

—Po Po —gritó Paotze. Pero tampoco hubo respuesta.

Las tres hermanas bajaron algunas ramas y cuando llegaron justo arriba del lobo, vieron que estaba muerto. Entonces bajaron hasta el suelo, entraron a su casa, cerraron la puerta con el cerrojo y se quedaron dormidas.

Al día siguiente, cuando su madre regresó con comida de casa de la verdadera Po Po, las tres hermanas le contaron la historia de la Po Po que las había visitado.

Reflexionar y responder

1. ¿Qué les pasa a las hermanas cuando su madre se va a visitar a Po Po?
2. ¿Por qué Shang le dice al lobo que las nueces de ginkgo son deliciosas y tiernas?
3. ¿Crees que las hermanas dejan caer el canasto por accidente o en forma intencional? ¿Cómo lo sabes?
4. ¿Qué crees que va a decir la madre cuando las niñas le cuenten lo que ocurrió?
5. ¿Cuál estrategia de lectura te ayudó a entender esta historia?

Conoce al autor e ilustrador

Ed Young

Para que las ilustraciones de *Lon Po Po* parecieran reales, el artista Ed Young tuvo que aprender acerca de los lobos. También tomó en cuenta la conducta de los niños en China y hasta la manera en que crecen los árboles allí. Ed cree que mientras más aprende sobre los personajes y escenarios de sus historias, sus dibujos serán más reales.

Ed piensa que para crear un buen libro, las ilustraciones deben relacionarse perfectamente con el texto. "Hay elementos que sólo pueden explicarse con palabras", dice Ed. También cree que hay imágenes que el texto no puede describir porque la relación entre el texto y las ilustraciones logra lo que ninguno de estos dos elementos puede hacer por sí solo.

Hacer conexiones

Compara textos

1. ¿Por qué se incluyó "Lon Po Po" en el tema Cuéntame un cuento?
2. ¿Cómo supiste que Shang tenía desconfianza del lobo y sus hermanas no?
3. Si no supieras que éste es un cuento originario de China, ¿te darías cuenta al leerlo? Explica tu respuesta.
4. ¿En qué se parece "Lon Po Po" a "La caperucita roja" y otros cuentos fantásticos que has leído?
5. ¿Qué lección crees que Shang pudiera compartir con otras personas acerca de la seguridad en el hogar?

Escribe un comercial

CONEXIÓN con la Escritura

En Lon Po Po, el lobo está ansioso por comer las nueces gingko, pues según le dijo Shang, son deliciosas. Piensa cómo anunciarían las nueces gingko por televisión. Escribe un comercial que convenza al público de comprarlas. Primero haz un plan de tu comercial haciendo una lista de las razones para comprar las nueces.

Razones para comprar nueces gingko
1.
2.
3.

Explica una máquina simple

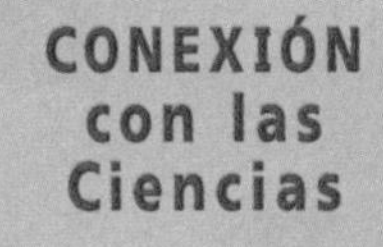

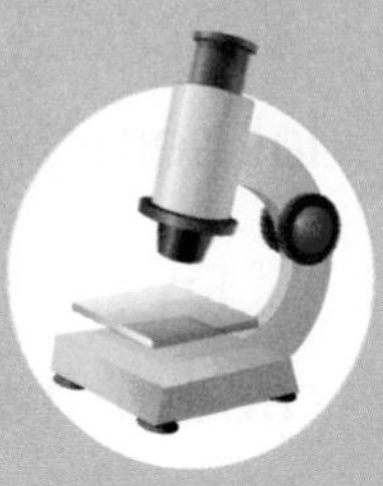

Cuando Shang tiró una punta de la soga sobre la rama del árbol, ella creó una máquina simple para levantar objetos pesados. Investiga cuáles son los seis tipos de máquinas simples que existen. Elige una de ellas y con un diagrama explica a la clase cómo funciona.

Escribe un informe

CONEXIÓN
con los
Estudios
sociales

Un hombre llamado Marco Polo fue uno de los primeros europeos en viajar a China y aprender acerca de esta gran civilización. Haz una investigación para responder éstas y otras preguntas que tengas sobre el tema.

- ¿Quién fue Marco Polo? ¿Cuándo y por qué viajó a China?
- ¿Qué aprendió Marco Polo en China?
- ¿Cómo compartió sus conocimientos con los europeos?
- ¿Cómo afectaron a Europa los viajes de Marco Polo?

Escribe un informe con los datos que encuentres.

Comparar y contrastar

Ya sabes que comparar y contrastar significa encontrar las semejanzas y diferencias entre dos cosas.

En cierta forma, las historias de "Lon Po Po" y "La caperucita roja" son parecidas. Pero también tienen diferencias.

	"Lon Po Po"	"La caperucita roja"	Ambas historias
Personajes	tres hermanas	una niña con una caperuza roja	el lobo
Escenario	China; en el campo	en el bosque	hace mucho tiempo
Trama	la madre se va el lobo llega a la puerta las hermanas engañan al lobo	la niña va a visitar a su abuelita la niña se da cuenta de que el lobo trata de engañarla	el lobo finge ser la abuelita un final feliz

Visita *The Learning Site*
www.harcourtschool.com

Ve *Destrezas y Actividades*

Preparación para las pruebas

Comparar y contrastar

▶ **Compara las dos historias y responde las preguntas.**

Jack y Jill

Jack y Jill subieron a una colina
por un cubo de agua cristalina
Jack se cayó
y su corona rompió
y Jill detrás de él también
rodó.

Joe y Jane

Joe y Jane estaban en la playa construyendo un castillo de arena. Se acercaron al agua y llenaron su cubo. Lo cargaron entre los dos, pero Joe se tropezó y Jane cayó junto con él. Ambos cayeron encima del castillo y lo aplastaron.

1. Las selecciones son diferentes porque “Jack y Jill”:

A Es una historia.

B No sucedió en realidad.

C Está contada en rima.

D Habla de dos niños.

Sugerencia

La opción correcta sólo debe ser verdadera para "Jack y Jill".

2. ¿En qué se parecen ambas historias?

F Los personajes tienen el mismo nombre.

G El escenario es el mismo.

H En ambas historias los personajes se caen.

J En ambas historias se construyen castillos de arena.

Analiza si las opciones son verdaderas y si representan semejanzas entre ambas selecciones.

¡Qué ruido!

El poder de las palabras

terrible

sollozos

apacible

soporto

consejo

enloquecer

¿Qué haces cuando no sabes cómo resolver un problema? Todos necesitamos pedir ayuda en algunas ocasiones.

Íbamos camino a la casa de nuestro tío Ed en un día **terrible**. Como puedes ver, el clima estaba realmente malo. De repente escuchamos unos **sollozos** impresionantes. ¿De dónde venía ese largo y fuerte llanto? Estábamos asustados, pero yo trataba de mantenerme **apacible**. A pesar de que no **soporto** esos ruidos, necesitábamos estar tranquilos. Teníamos que ser capaces de pensar con claridad en ese momento.

Corrimos a la casa del tío Ed. Como siempre, le pedimos que nos diera un **consejo**. Él nos escucha y nos ayuda a resolver nuestros problemas.

Llevamos al tío Ed al lugar donde habíamos escuchado aquellos sollozos que podrían **enloquecer** a cualquiera. Encontramos un cachorrito atorado debajo de la cerca. El tío Ed tomó al cachorrito y le puso por nombre Día lluvioso. Luego decidió tratar de buscar a su dueño.

Ahora el cachorrito está mucho mejor. Estamos muy contentos de que esté bien.

Más tarde tuvimos que despedirnos del tío Ed y de Día Lluvioso.

CONEXIÓN
Vocabulario–Escritura

Escribe un correo electrónico a un nuevo estudiante dándole un **consejo** sobre tu escuela.

Género

Obra de teatro

Una obra de teatro es una historia que puede ser dramatizada para el público.

En esta selección, busca

- indicaciones escénicas de cómo la obra debe ser dramatizada en un escenario.
- acción dividida en actos.

¡QUÉ RUIDO!

TEXTO DE EVA JACOB
ILUSTRACIONES DE HOLLY COOPER

Personajes

Papá, *Juan, el carpintero*
Mamá
Marisol
Juanita
Melinda
Mariana
Martín
Guillermo
Tomás
José
Abuela
Bartolomeo, *el sabio*
cabra
6 gallinas
burro

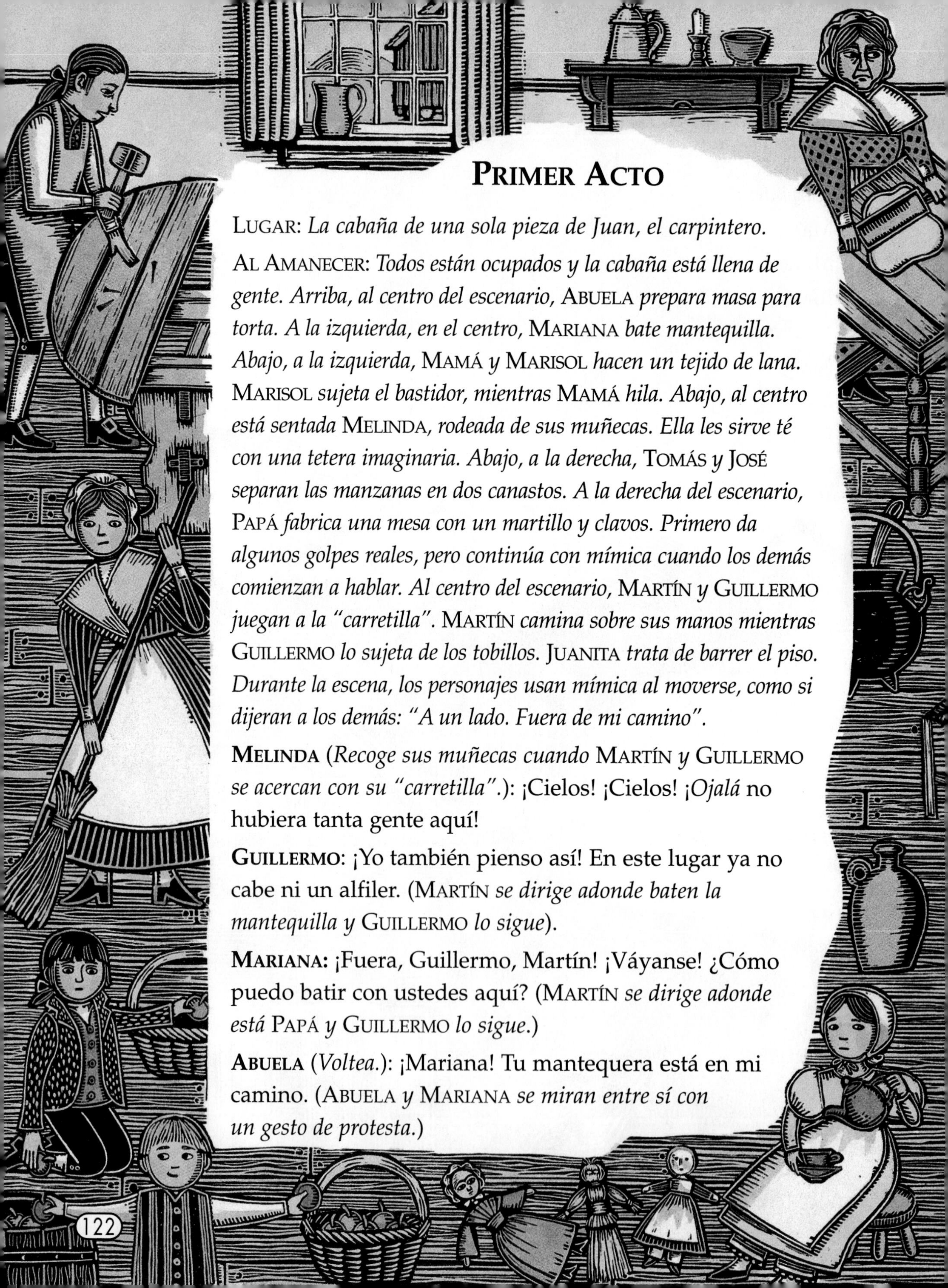

Primer Acto

Lugar: *La cabaña de una sola pieza de Juan, el carpintero.*

Al Amanecer: *Todos están ocupados y la cabaña está llena de gente. Arriba, al centro del escenario,* Abuela *prepara masa para torta. A la izquierda, en el centro,* Mariana *bate mantequilla. Abajo, a la izquierda,* Mamá *y* Marisol *hacen un tejido de lana.* Marisol *sujeta el bastidor, mientras* Mamá *hila. Abajo, al centro está sentada* Melinda, *rodeada de sus muñecas. Ella les sirve té con una tetera imaginaria. Abajo, a la derecha,* Tomás *y* José *separan las manzanas en dos canastos. A la derecha del escenario,* Papá *fabrica una mesa con un martillo y clavos. Primero da algunos golpes reales, pero continúa con mímica cuando los demás comienzan a hablar. Al centro del escenario,* Martín *y* Guillermo *juegan a la "carretilla".* Martín *camina sobre sus manos mientras* Guillermo *lo sujeta de los tobillos.* Juanita *trata de barrer el piso. Durante la escena, los personajes usan mímica al moverse, como si dijeran a los demás: "A un lado. Fuera de mi camino".*

Melinda (*Recoge sus muñecas cuando* Martín *y* Guillermo *se acercan con su "carretilla".*): ¡Cielos! ¡Cielos! ¡*Ojalá* no hubiera tanta gente aquí!

Guillermo: ¡Yo también pienso así! En este lugar ya no cabe ni un alfiler. (Martín *se dirige adonde baten la mantequilla y* Guillermo *lo sigue*).

Mariana: ¡Fuera, Guillermo, Martín! ¡Váyanse! ¿Cómo puedo batir con ustedes aquí? (Martín *se dirige adonde está* Papá *y* Guillermo *lo sigue.*)

Abuela (*Voltea.*): ¡Mariana! Tu mantequera está en mi camino. (Abuela *y* Mariana *se miran entre sí con un gesto de protesta.*)

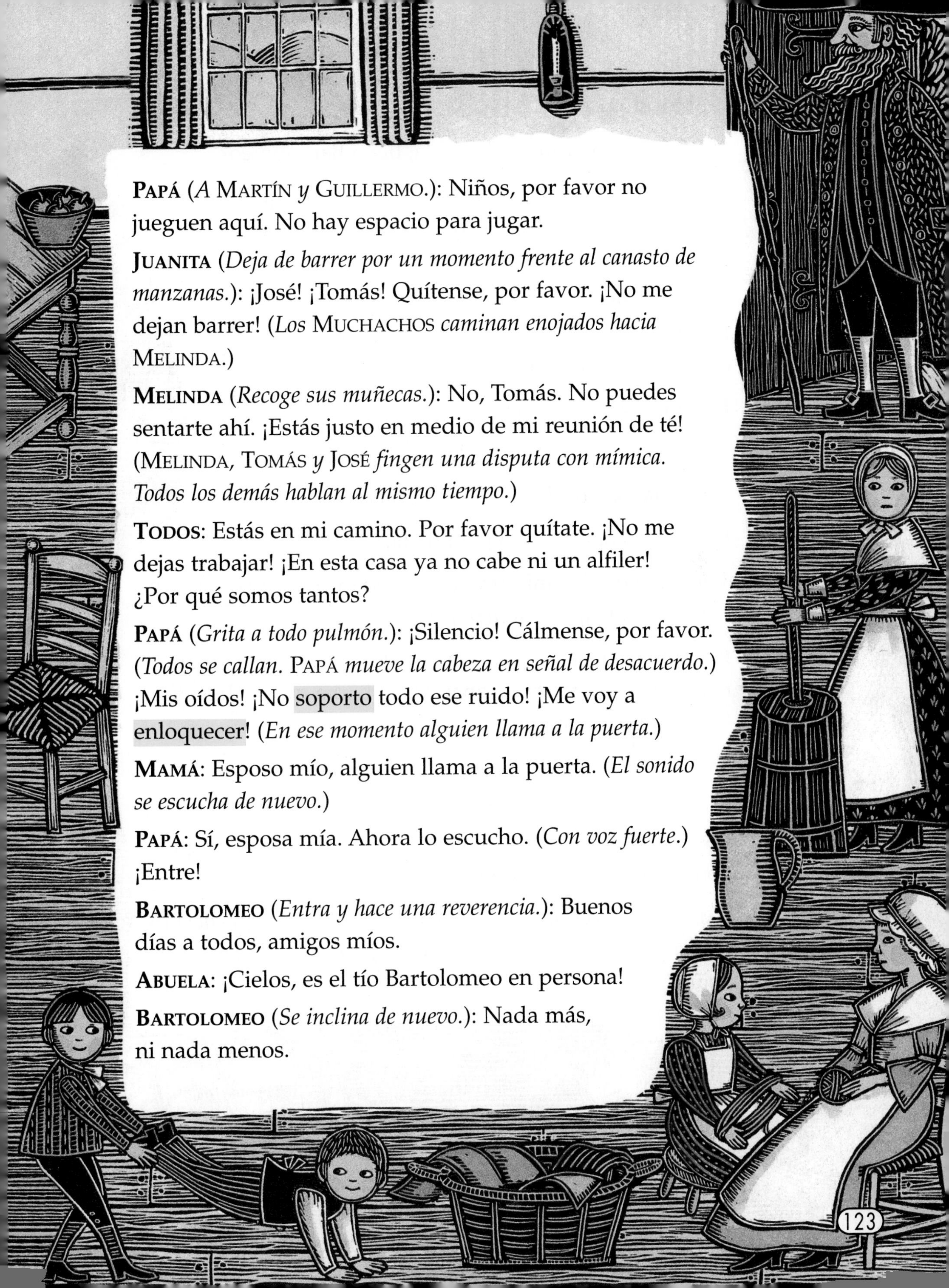

PAPÁ (*A* MARTÍN *y* GUILLERMO.): Niños, por favor no jueguen aquí. No hay espacio para jugar.

JUANITA (*Deja de barrer por un momento frente al canasto de manzanas.*): ¡José! ¡Tomás! Quítense, por favor. ¡No me dejan barrer! (*Los* MUCHACHOS *caminan enojados hacia* MELINDA.)

MELINDA (*Recoge sus muñecas.*): No, Tomás. No puedes sentarte ahí. ¡Estás justo en medio de mi reunión de té! (MELINDA, TOMÁS *y* JOSÉ *fingen una disputa con mímica. Todos los demás hablan al mismo tiempo.*)

TODOS: Estás en mi camino. Por favor quítate. ¡No me dejas trabajar! ¡En esta casa ya no cabe ni un alfiler! ¿Por qué somos tantos?

PAPÁ (*Grita a todo pulmón.*): ¡Silencio! Cálmense, por favor. (*Todos se callan.* PAPÁ *mueve la cabeza en señal de desacuerdo.*) ¡Mis oídos! ¡No soporto todo ese ruido! ¡Me voy a enloquecer! (*En ese momento alguien llama a la puerta.*)

MAMÁ: Esposo mío, alguien llama a la puerta. (*El sonido se escucha de nuevo.*)

PAPÁ: Sí, esposa mía. Ahora lo escucho. (*Con voz fuerte.*) ¡Entre!

BARTOLOMEO (*Entra y hace una reverencia.*): Buenos días a todos, amigos míos.

ABUELA: ¡Cielos, es el tío Bartolomeo en persona!

BARTOLOMEO (*Se inclina de nuevo.*): Nada más, ni nada menos.

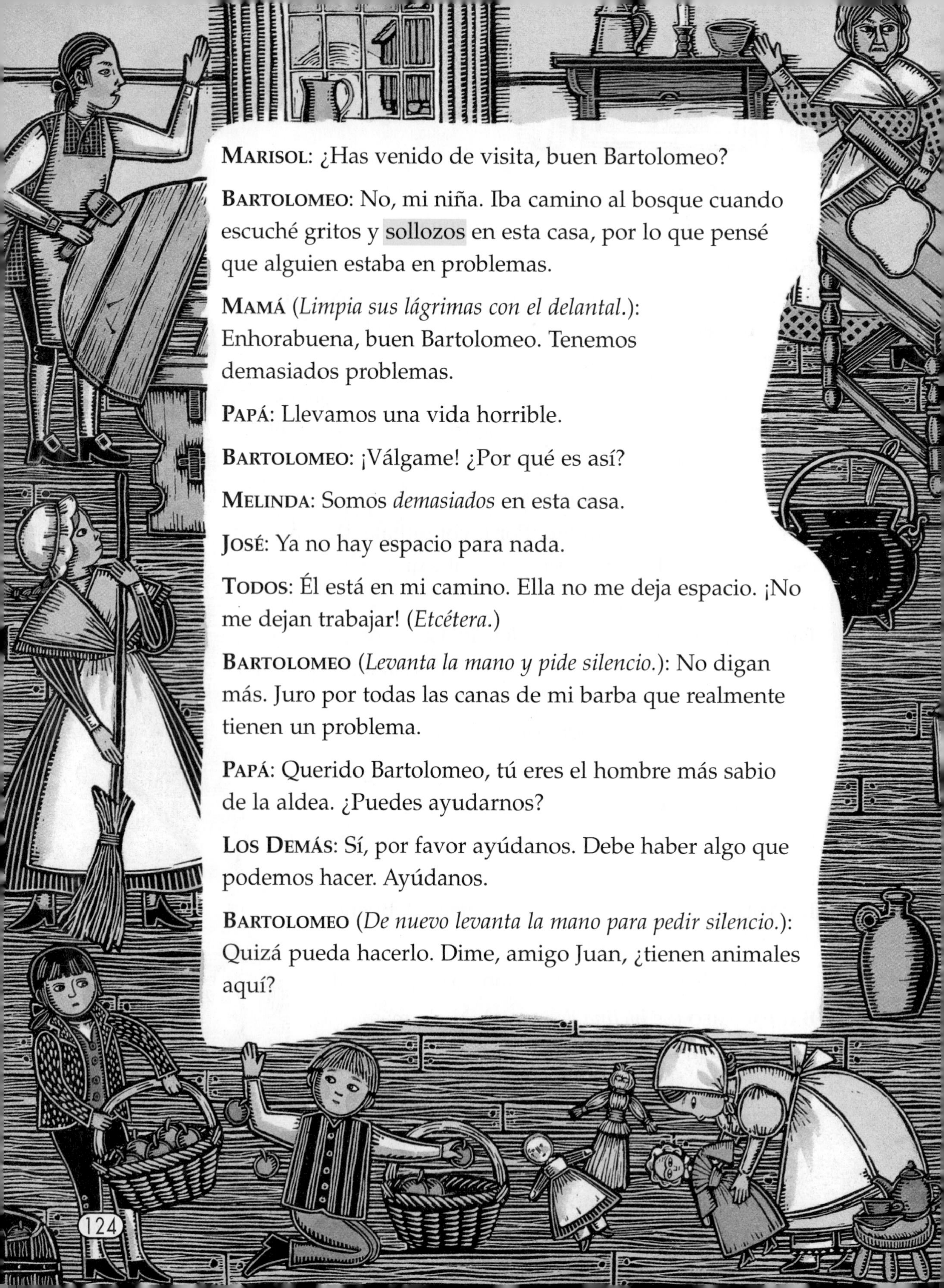

Marisol: ¿Has venido de visita, buen Bartolomeo?

Bartolomeo: No, mi niña. Iba camino al bosque cuando escuché gritos y sollozos en esta casa, por lo que pensé que alguien estaba en problemas.

Mamá (*Limpia sus lágrimas con el delantal.*): Enhorabuena, buen Bartolomeo. Tenemos demasiados problemas.

Papá: Llevamos una vida horrible.

Bartolomeo: ¡Válgame! ¿Por qué es así?

Melinda: Somos *demasiados* en esta casa.

José: Ya no hay espacio para nada.

Todos: Él está en mi camino. Ella no me deja espacio. ¡No me dejan trabajar! (*Etcétera.*)

Bartolomeo (*Levanta la mano y pide silencio.*): No digan más. Juro por todas las canas de mi barba que realmente tienen un problema.

Papá: Querido Bartolomeo, tú eres el hombre más sabio de la aldea. ¿Puedes ayudarnos?

Los Demás: Sí, por favor ayúdanos. Debe haber algo que podemos hacer. Ayúdanos.

Bartolomeo (*De nuevo levanta la mano para pedir silencio.*): Quizá pueda hacerlo. Dime, amigo Juan, ¿tienen animales aquí?

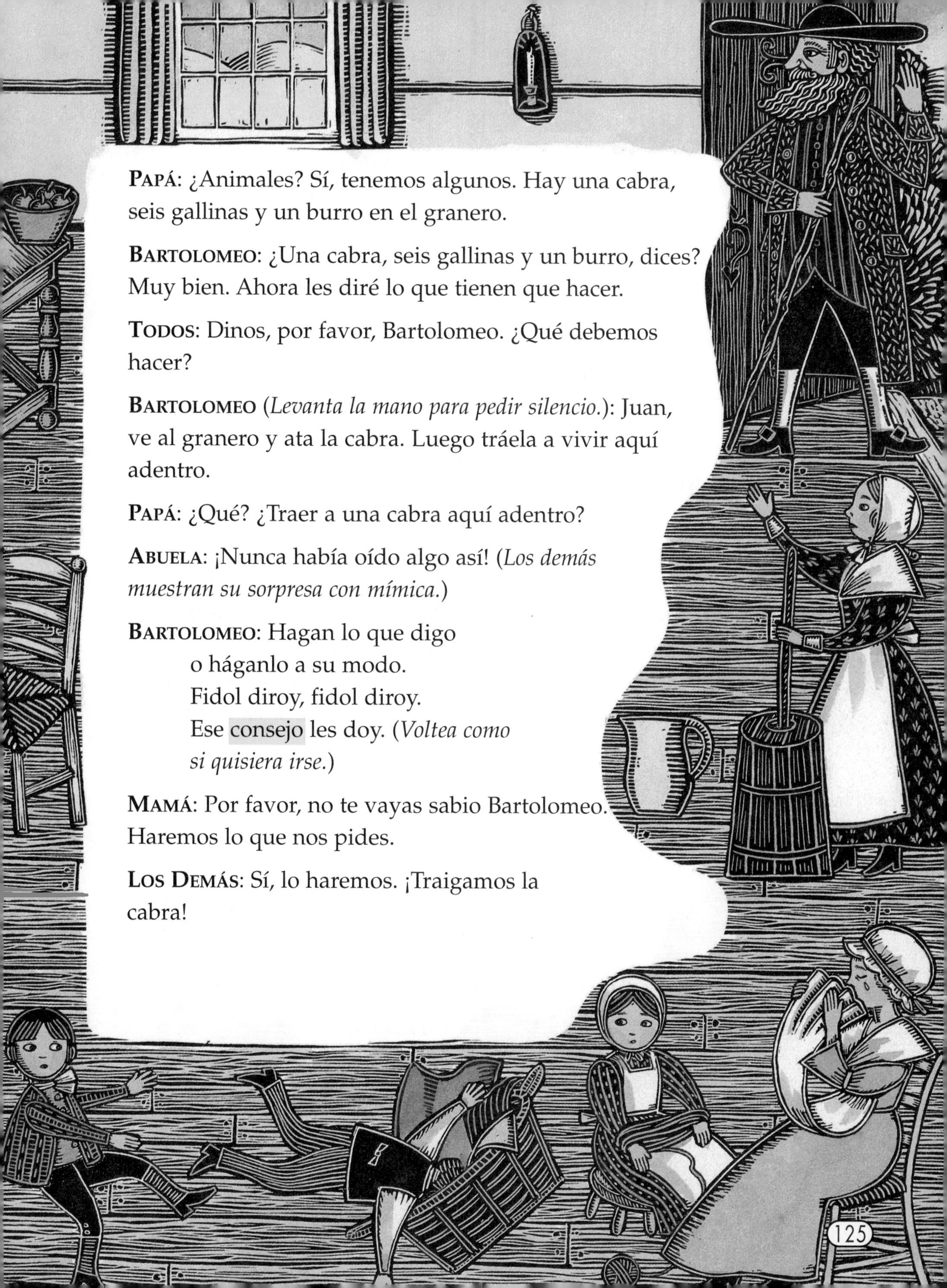

Papá: ¿Animales? Sí, tenemos algunos. Hay una cabra, seis gallinas y un burro en el granero.

Bartolomeo: ¿Una cabra, seis gallinas y un burro, dices? Muy bien. Ahora les diré lo que tienen que hacer.

Todos: Dinos, por favor, Bartolomeo. ¿Qué debemos hacer?

Bartolomeo (*Levanta la mano para pedir silencio.*): Juan, ve al granero y ata la cabra. Luego tráela a vivir aquí adentro.

Papá: ¿Qué? ¿Traer a una cabra aquí adentro?

Abuela: ¡Nunca había oído algo así! (*Los demás muestran su sorpresa con mímica.*)

Bartolomeo: Hagan lo que digo
o háganlo a su modo.
Fidol diroy, fidol diroy.
Ese consejo les doy. (*Voltea como si quisiera irse.*)

Mamá: Por favor, no te vayas sabio Bartolomeo. Haremos lo que nos pides.

Los Demás: Sí, lo haremos. ¡Traigamos la cabra!

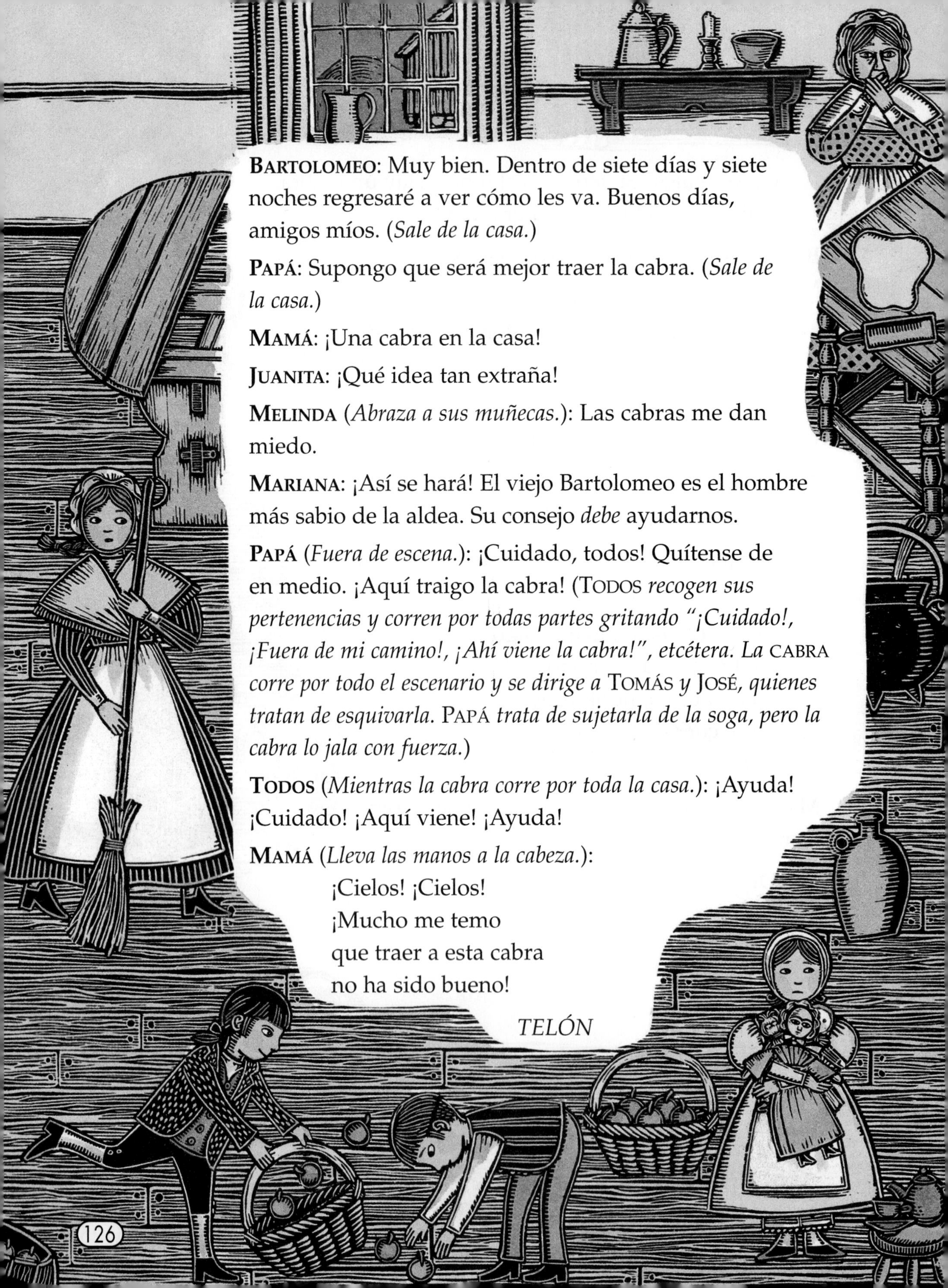

BARTOLOMEO: Muy bien. Dentro de siete días y siete noches regresaré a ver cómo les va. Buenos días, amigos míos. (*Sale de la casa.*)

PAPÁ: Supongo que será mejor traer la cabra. (*Sale de la casa.*)

MAMÁ: ¡Una cabra en la casa!

JUANITA: ¡Qué idea tan extraña!

MELINDA (*Abraza a sus muñecas.*): Las cabras me dan miedo.

MARIANA: ¡Así se hará! El viejo Bartolomeo es el hombre más sabio de la aldea. Su consejo *debe* ayudarnos.

PAPÁ (*Fuera de escena.*): ¡Cuidado, todos! Quítense de en medio. ¡Aquí traigo la cabra! (TODOS *recogen sus pertenencias y corren por todas partes gritando "¡Cuidado!, ¡Fuera de mi camino!, ¡Ahí viene la cabra!", etcétera. La* CABRA *corre por todo el escenario y se dirige a* TOMÁS *y* JOSÉ, *quienes tratan de esquivarla.* PAPÁ *trata de sujetarla de la soga, pero la cabra lo jala con fuerza.*)

TODOS (*Mientras la cabra corre por toda la casa.*): ¡Ayuda! ¡Cuidado! ¡Aquí viene! ¡Ayuda!

MAMÁ (*Lleva las manos a la cabeza.*):

¡Cielos! ¡Cielos!
¡Mucho me temo
que traer a esta cabra
no ha sido bueno!

TELÓN

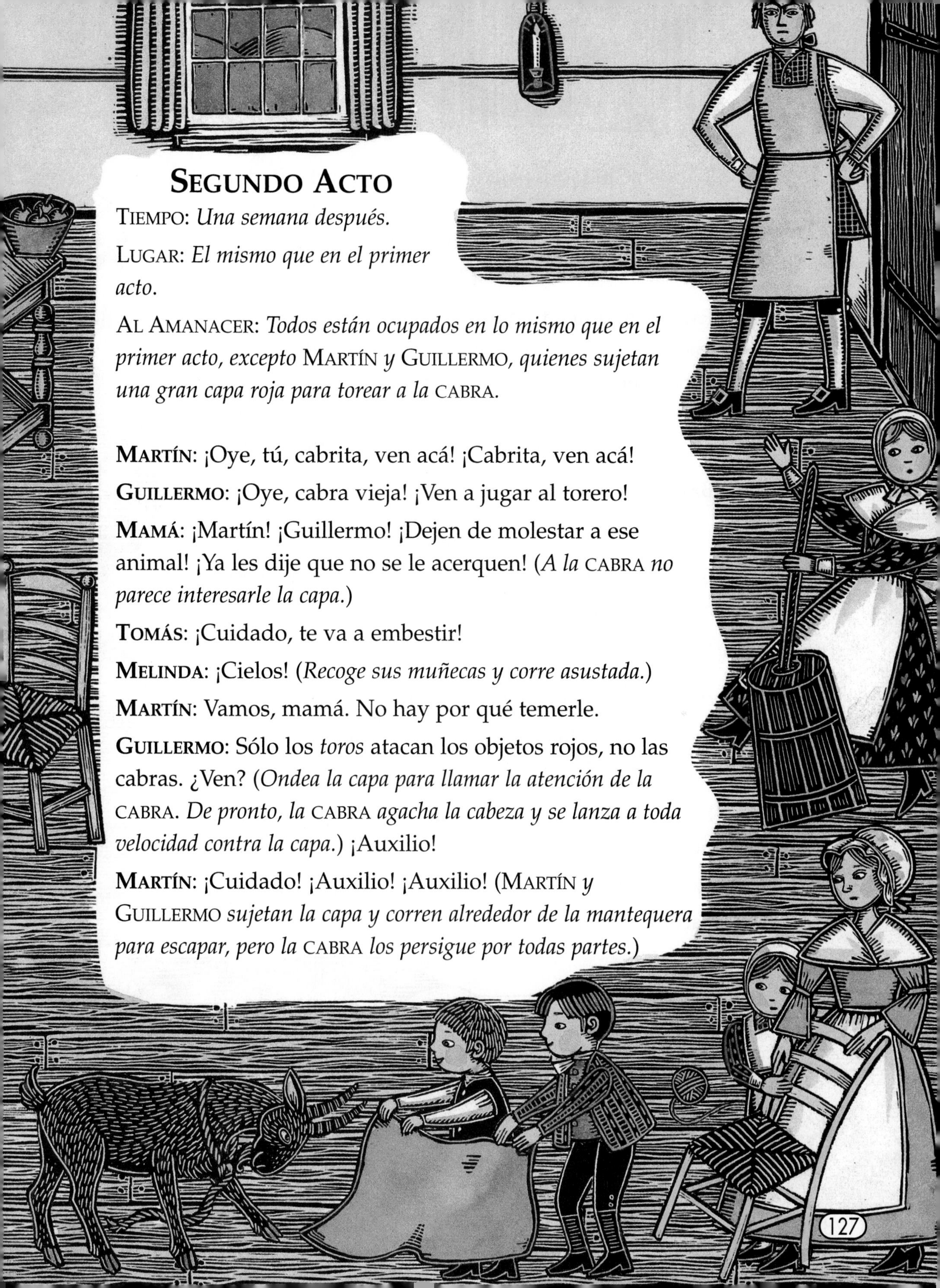

SEGUNDO ACTO

TIEMPO: *Una semana después.*

LUGAR: *El mismo que en el primer acto.*

AL AMANACER: *Todos están ocupados en lo mismo que en el primer acto, excepto* MARTÍN *y* GUILLERMO, *quienes sujetan una gran capa roja para torear a la* CABRA.

MARTÍN: ¡Oye, tú, cabrita, ven acá! ¡Cabrita, ven acá!

GUILLERMO: ¡Oye, cabra vieja! ¡Ven a jugar al torero!

MAMÁ: ¡Martín! ¡Guillermo! ¡Dejen de molestar a ese animal! ¡Ya les dije que no se le acerquen! (*A la* CABRA *no parece interesarle la capa.*)

TOMÁS: ¡Cuidado, te va a embestir!

MELINDA: ¡Cielos! (*Recoge sus muñecas y corre asustada.*)

MARTÍN: Vamos, mamá. No hay por qué temerle.

GUILLERMO: Sólo los *toros* atacan los objetos rojos, no las cabras. ¿Ven? (*Ondea la capa para llamar la atención de la* CABRA. *De pronto, la* CABRA *agacha la cabeza y se lanza a toda velocidad contra la capa.*) ¡Auxilio!

MARTÍN: ¡Cuidado! ¡Auxilio! ¡Auxilio! (MARTÍN *y* GUILLERMO *sujetan la capa y corren alrededor de la mantequera para escapar, pero la* CABRA *los persigue por todas partes.*)

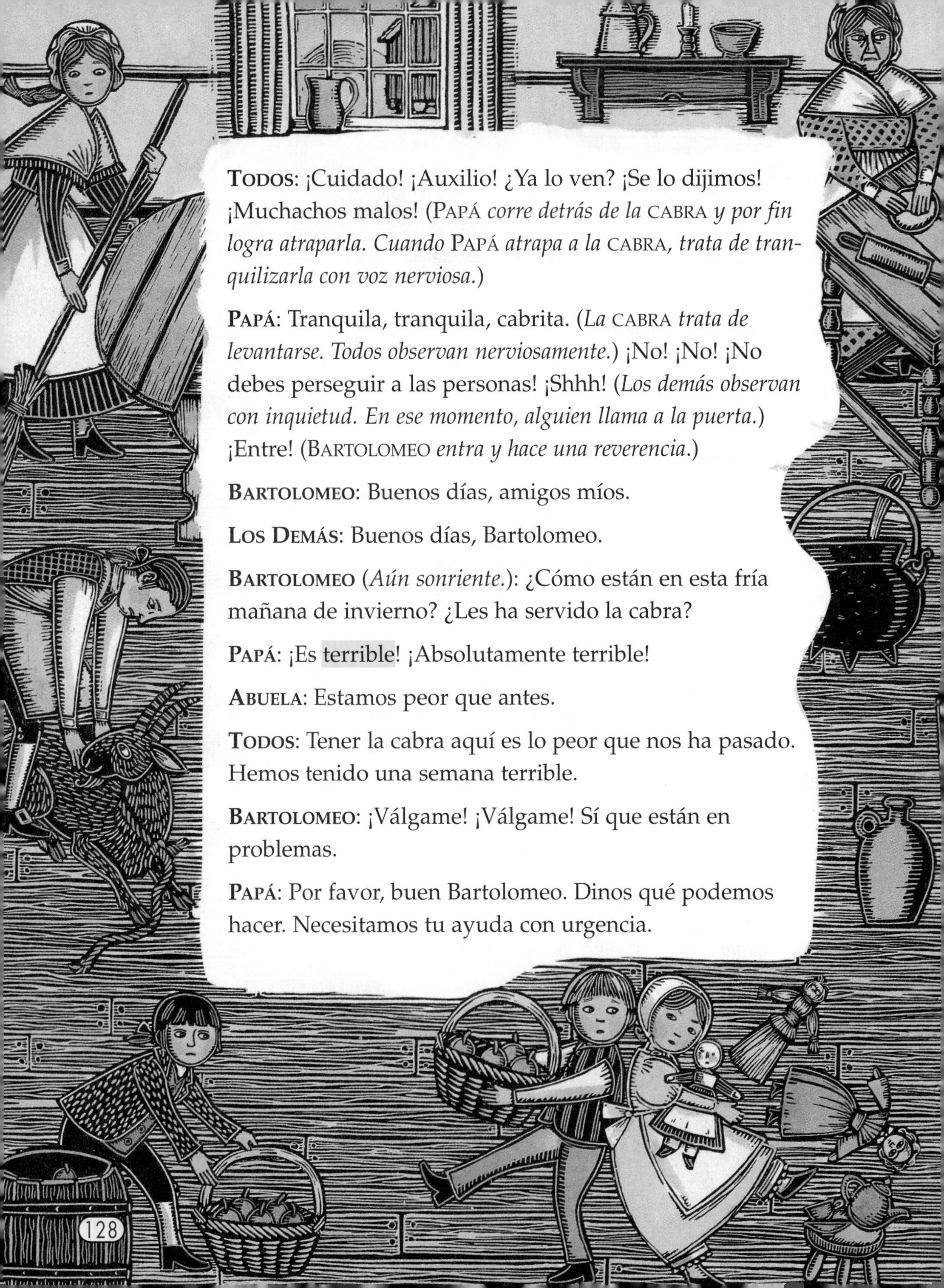

Todos: ¡Cuidado! ¡Auxilio! ¿Ya lo ven? ¡Se lo dijimos! ¡Muchachos malos! (Papá *corre detrás de la* cabra *y por fin logra atraparla. Cuando* Papá *atrapa a la* cabra, *trata de tranquilizarla con voz nerviosa.*)

Papá: Tranquila, tranquila, cabrita. (*La* cabra *trata de levantarse. Todos observan nerviosamente.*) ¡No! ¡No! ¡No debes perseguir a las personas! ¡Shhh! (*Los demás observan con inquietud. En ese momento, alguien llama a la puerta.*) ¡Entre! (Bartolomeo *entra y hace una reverencia.*)

Bartolomeo: Buenos días, amigos míos.

Los Demás: Buenos días, Bartolomeo.

Bartolomeo (*Aún sonriente.*): ¿Cómo están en esta fría mañana de invierno? ¿Les ha servido la cabra?

Papá: ¡Es terrible! ¡Absolutamente terrible!

Abuela: Estamos peor que antes.

Todos: Tener la cabra aquí es lo peor que nos ha pasado. Hemos tenido una semana terrible.

Bartolomeo: ¡Válgame! ¡Válgame! Sí que están en problemas.

Papá: Por favor, buen Bartolomeo. Dinos qué podemos hacer. Necesitamos tu ayuda con urgencia.

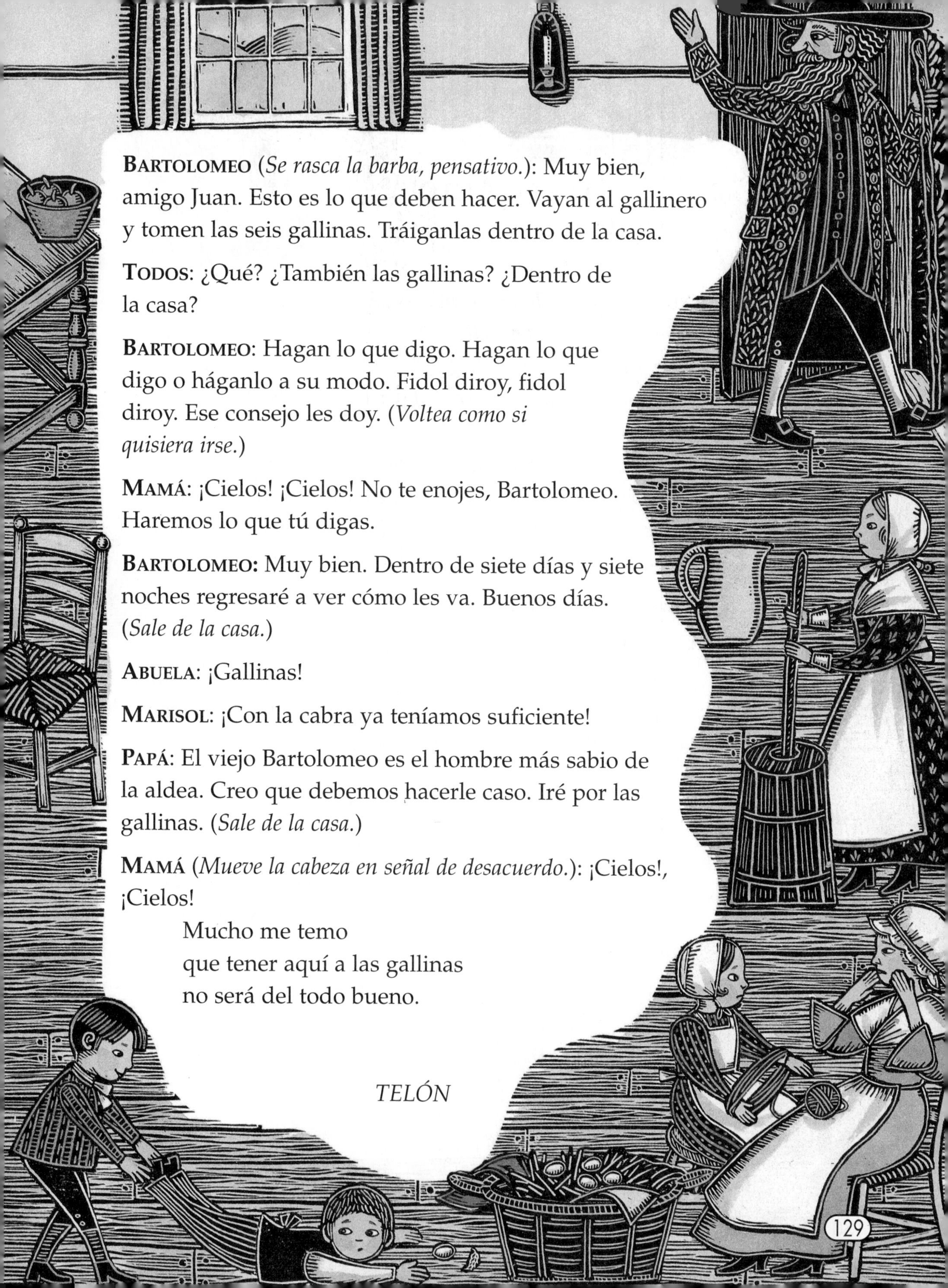

Bartolomeo (*Se rasca la barba, pensativo.*): Muy bien, amigo Juan. Esto es lo que deben hacer. Vayan al gallinero y tomen las seis gallinas. Tráiganlas dentro de la casa.

Todos: ¿Qué? ¿También las gallinas? ¿Dentro de la casa?

Bartolomeo: Hagan lo que digo. Hagan lo que digo o háganlo a su modo. Fidol diroy, fidol diroy. Ese consejo les doy. (*Voltea como si quisiera irse.*)

Mamá: ¡Cielos! ¡Cielos! No te enojes, Bartolomeo. Haremos lo que tú digas.

Bartolomeo: Muy bien. Dentro de siete días y siete noches regresaré a ver cómo les va. Buenos días. (*Sale de la casa.*)

Abuela: ¡Gallinas!

Marisol: ¡Con la cabra ya teníamos suficiente!

Papá: El viejo Bartolomeo es el hombre más sabio de la aldea. Creo que debemos hacerle caso. Iré por las gallinas. (*Sale de la casa.*)

Mamá (*Mueve la cabeza en señal de desacuerdo.*): ¡Cielos!, ¡Cielos!

Mucho me temo
que tener aquí a las gallinas
no será del todo bueno.

TELÓN

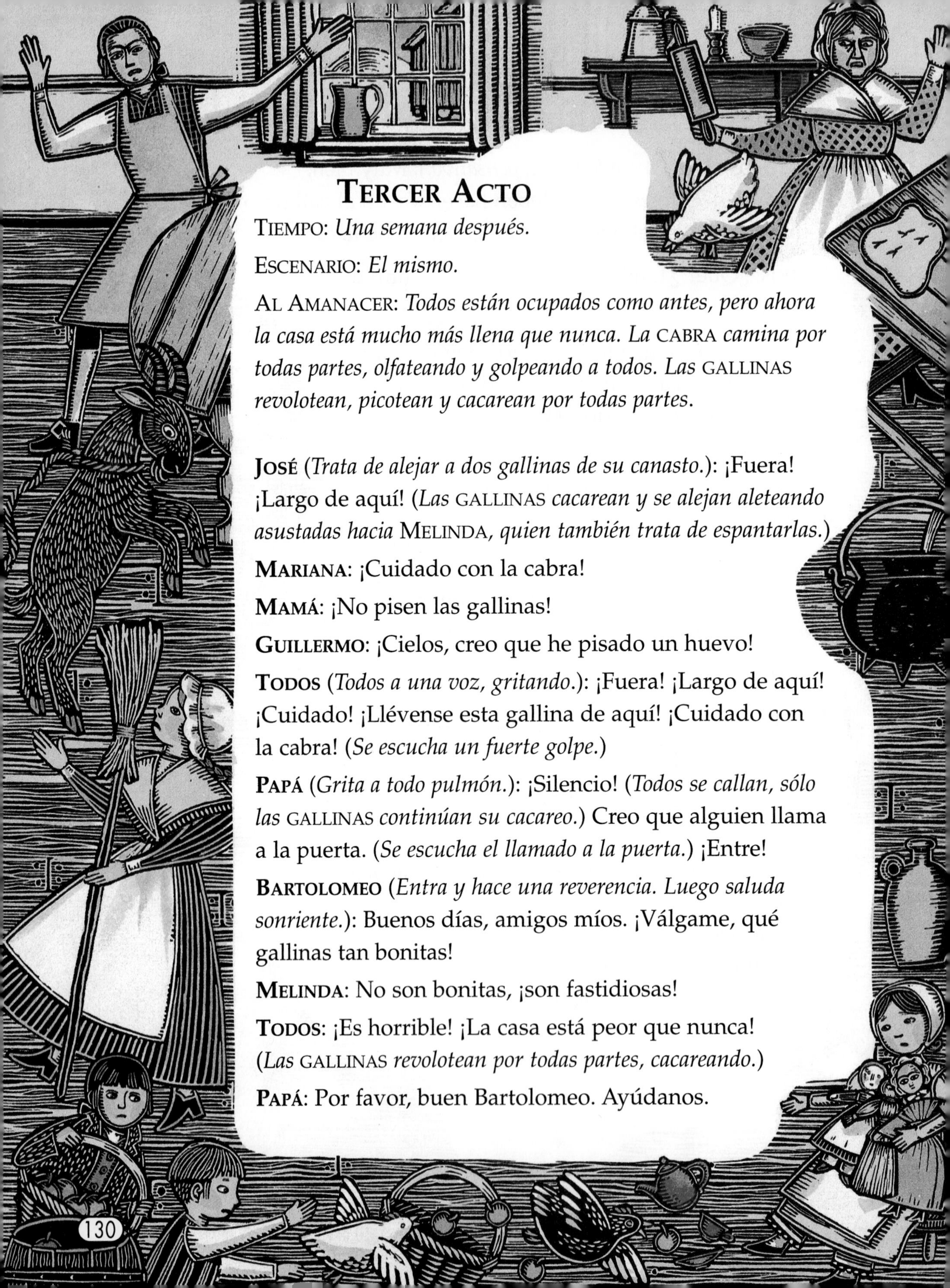

Tercer Acto

TIEMPO: *Una semana después.*

ESCENARIO: *El mismo.*

AL AMANECER: *Todos están ocupados como antes, pero ahora la casa está mucho más llena que nunca. La* CABRA *camina por todas partes, olfateando y golpeando a todos. Las* GALLINAS *revolotean, picotean y cacarean por todas partes.*

JOSÉ (*Trata de alejar a dos gallinas de su canasto.*): ¡Fuera! ¡Largo de aquí! (*Las* GALLINAS *cacarean y se alejan aleteando asustadas hacia* MELINDA, *quien también trata de espantarlas.*)

MARIANA: ¡Cuidado con la cabra!

MAMÁ: ¡No pisen las gallinas!

GUILLERMO: ¡Cielos, creo que he pisado un huevo!

TODOS (*Todos a una voz, gritando.*): ¡Fuera! ¡Largo de aquí! ¡Cuidado! ¡Llévense esta gallina de aquí! ¡Cuidado con la cabra! (*Se escucha un fuerte golpe.*)

PAPÁ (*Grita a todo pulmón.*): ¡Silencio! (*Todos se callan, sólo las* GALLINAS *continúan su cacareo.*) Creo que alguien llama a la puerta. (*Se escucha el llamado a la puerta.*) ¡Entre!

BARTOLOMEO (*Entra y hace una reverencia. Luego saluda sonriente.*): Buenos días, amigos míos. ¡Válgame, qué gallinas tan bonitas!

MELINDA: No son bonitas, ¡son fastidiosas!

TODOS: ¡Es horrible! ¡La casa está peor que nunca! (*Las* GALLINAS *revolotean por todas partes, cacareando.*)

PAPÁ: Por favor, buen Bartolomeo. Ayúdanos.

MAMÁ: ¡No sabemos qué hacer!

ABUELA: Por favor, buen hombre, ¡no más cabras ni gallinas!

BARTOLOMEO: Muy bien, amigos. Esto es lo que deben hacer. Vayan al establo y traigan al burro. Vivirá adentro de la casa.

MARISOL: ¿Qué? ¡No podemos hacer eso!

TOMÁS: ¿El burro también?

BARTOLOMEO: Fidol diroy, fidol diroy.
Ese consejo les doy.
Dentro de siete días y siete noches regresaré a ver cómo les va. Buenos días. (*Sale de la casa.*)

ABUELA: Bueno, ¿y ahora qué haremos?

MARIANA: ¡No hagas lo que dijo, Papá! ¡No podemos vivir con un burro dentro de la casa!

PAPÁ: El viejo Bartolomeo es el hombre más sabio de la aldea. (*Suspira.*) Debemos hacerle caso sólo por esta vez. Iré por el burro. (*Sale de la casa.*)

MAMÁ: Con la cabra es terrible;
con las gallinas, horrible.
Mucho me temo que tener
aquí al burro
no será nada bueno.

TELÓN

Cuarto Acto

TIEMPO: *Una semana después.*

LUGAR: El mismo.

AL AMANACER: *Todos están ocupados, como antes, pero tienen más dificultades que nunca. La* CABRA *golpea a todos. Las* GALLINAS *cacarean, picotean y revolotean por todas partes. El* BURRO *(dos muchachos bajo una manta) corre por todo el escenario y rebuzna a cada momento.*

TODOS: ¡Fuera! ¡Largo de aquí! ¡Cuidado con la cabra! ¡No pisen las gallinas! ¡Cuidado con el burro! ¡Cuidado! ¡Ayuda! ¡Tengan cuidado!

PAPÁ: ¡Oh, no! ¡Esto es terrible! ¡No soporto un minuto más! (*En ese momento alguien llama a la puerta.*)

MELINDA: Papá, creo que alguien llama a la puerta.

ABUELA: Si es Bartolomeo de nuevo, no quiero saber nada de él.

PAPÁ: ¡Entre! (BARTOLOMEO *entra y hace una reverencia, como siempre. La familia permanece en silencio, con mirada recelosa. El* BURRO *empieza a rebuznar, las* GALLINAS *a cacarear y la* CABRA *a balar.*)

BARTOLOMEO: Buenos días, amigos míos. ¿Cómo están los animales el día de hoy?

MAMÁ: Los animales están bien, señor. ¡Pero nosotros no lo estamos!

ABUELA (*Mira con enfado a* BARTOLOMEO.): ¿Tiene algún *otro* buen consejo, buen señor?

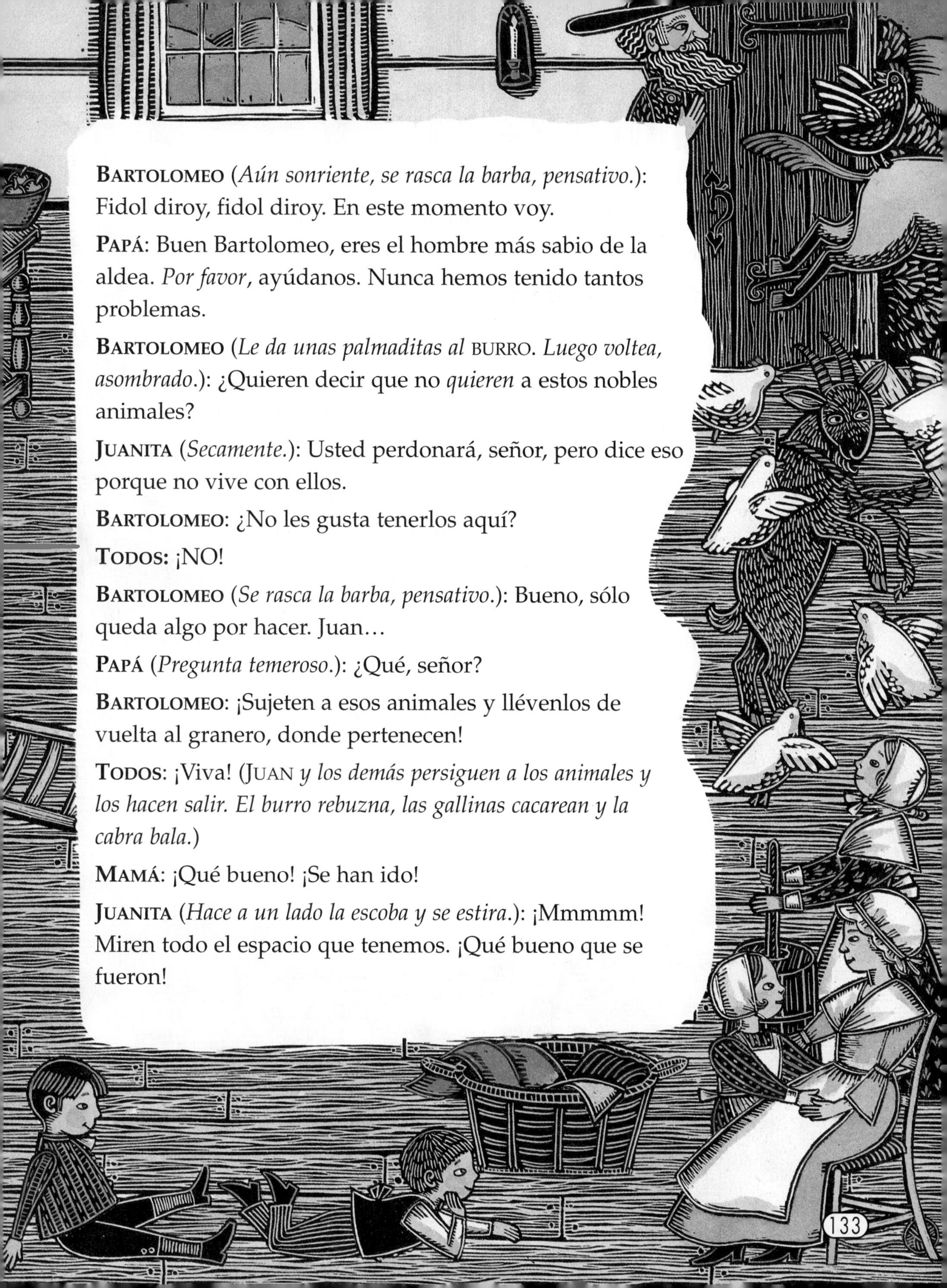

Bartolomeo (*Aún sonriente, se rasca la barba, pensativo.*): Fidol diroy, fidol diroy. En este momento voy.

Papá: Buen Bartolomeo, eres el hombre más sabio de la aldea. *Por favor*, ayúdanos. Nunca hemos tenido tantos problemas.

Bartolomeo (*Le da unas palmaditas al* burro. *Luego voltea, asombrado.*): ¿Quieren decir que no *quieren* a estos nobles animales?

Juanita (*Secamente.*): Usted perdonará, señor, pero dice eso porque no vive con ellos.

Bartolomeo: ¿No les gusta tenerlos aquí?

Todos: ¡NO!

Bartolomeo (*Se rasca la barba, pensativo.*): Bueno, sólo queda algo por hacer. Juan…

Papá (*Pregunta temeroso.*): ¿Qué, señor?

Bartolomeo: ¡Sujeten a esos animales y llévenlos de vuelta al granero, donde pertenecen!

Todos: ¡Viva! (Juan *y los demás persiguen a los animales y los hacen salir. El burro rebuzna, las gallinas cacarean y la cabra bala.*)

Mamá: ¡Qué bueno! ¡Se han ido!

Juanita (*Hace a un lado la escoba y se estira.*): ¡Mmmmm! Miren todo el espacio que tenemos. ¡Qué bueno que se fueron!

MARTÍN: Todo me parece más grande.

ABUELA: Nunca me había dado cuenta de lo agradable que es este lugar si *no* hay un burro.

MARIANA: O una cabra.

GUILLERMO: O gallinas.

TOMÁS: Ven, Melinda. Pon tus muñecas aquí. Hay bastante lugar para ti. (*Todos regresan felices a sus labores.*)

MARISOL: ¡Todo es tan tranquilo y apacible!

PAPÁ: Estoy tan contento. ¡No me había dado cuenta del espacio que hay aquí!

BARTOLOMEO: Fidol diroy, fidol diroy. Tres consejos les he dado yo. No me necesitarán más hoy. Adiós, amigos míos. (*Camina hacia afuera mientras dice adiós con la mano.*)

TODOS (*Dicen adiós con la mano.*): ¡Adiós, buen Bartolomeo! ¡Adiós! ¡Gracias! (*TELÓN*)

FIN

Reflexionar y responder

1. ¿Cuál es el problema que tiene la familia? ¿Cómo ayuda Bartolomeo a solucionarlo con sus consejos?
2. ¿Qué quiere el autor que aprendas de su obra?
3. ¿Por qué crees que el autor hace que Bartolomeo utilice la rima al hablar?
4. Si tu clase fuera a representar esta obra de teatro, ¿cuál personaje te gustaría ser?
5. ¿Cómo te ayudaron las estrategias de lectura, a entender esta obra de teatro?

Género
Cuento popular

¡Qué ruido!

Un cuento judío

Texto de Pleasant deSpain
Ilustrado por Diane Paterson

Había una vez un hombre triste que se llamaba Jacobo. Él vivía en una casa muy pequeña con su esposa Leah y sus cinco hijos. En la casa había mucho ruido.

Los niños jugaban en cada rincón de la casita. Leah tenía muy poco espacio para cocinar y coser. Después de un día de mucho trabajo en el campo, Jacobo quiso descansar en paz junto a la chimenea.

¡Qué ruido había en la casa! Los niños gritaban. Leah cantaba. Jacobo ni siquiera podía pensar claramente.

Un día Jacobo fue a visitar al rabino para pedirle consejo.

—Estoy descontento —dijo Jacobo—. Mi casa es muy pequeña y mi familia es numerosa. El ruido me está volviendo loco. ¿Qué puedo hacer?

El rabino pensó y pensó. Luego preguntó:

—¿Tienes gallinas en el patio de tu casa?

—Sí —dijo Jacobo—, tenemos siete gallinas y un gallo.

—Mete las gallinas y el gallo dentro de la casa.

Jacobo pensó que esto era un poco extraño pero hizo lo que el rabino le pidió.

Una semana después, sintiéndose peor que antes, regresó para ver al rabino.

—Ayúdeme rabino. Las gallinas están por toda la casa. Cacarean y cacarean, y ponen huevos sobre las camas. El gallo canta de noche y de día. Los niños no pueden dormir y Leah está disgustada. Soy tan infeliz.

El rabino pensó y pensó. Luego preguntó:

—¿Tienes una cabra en el patio de tu casa?

—Sí, tenemos una cabra.

—Mete la cabra dentro de la casa.

Jacobo pensó que esto era un poco extraño pero hizo lo que el rabino le pidió.

Una semana más tarde regresó para ver al rabino.

—Por favor, por favor ayúdeme rabino. La cabra se tropieza con nosotros y se come los calcetines. Las gallinas se suben a las vigas y dejan caer las plumas en nuestra sopa. Los niños gritan y lloran. Leah está enfadada. Me estoy volviendo loco. ¿Qué puedo hacer?

El rabino pensó y pensó. Luego preguntó: —¿Tienes una vaca en el campo?

—Sí —dijo Jacobo.

—Mete la vaca dentro de la casa.

Jacobo pensó que esto era un poco extraño pero hizo lo que el rabino le pidió.

Una semana después, volvió cabizbajo para ver al rabino.

—¡Ay! rabino, se arruinó mi vida. La vaca ocupa tanto espacio. Ella muge y mastica el día entero. La cabra bala. Las gallinas cacarean y el gallo canta. Los niños gritan y Leah está furiosa conmigo. ¿Qué puedo hacer?

El rabino pensó y pensó. Luego dijo:

—Saca las gallinas y el gallo de la casa. Saca la cabra de la casa. Saca la vaca de la casa.

Jacobo corrió a su casa e hizo lo que el rabino le pidió.

Una semana después, Jacobo fue a ver al rabino.

—Usted es un hombre muy sabio —le dijo. —¡Cuánto espacio hay en la casa! Los niños juegan sin hacer ruido. Leah es feliz. No sabía que podía haber tanta paz en mi vida. Gracias querido rabino, gracias.

Reflexionar y responder

¿Cómo sabes que el rabino es sabio?

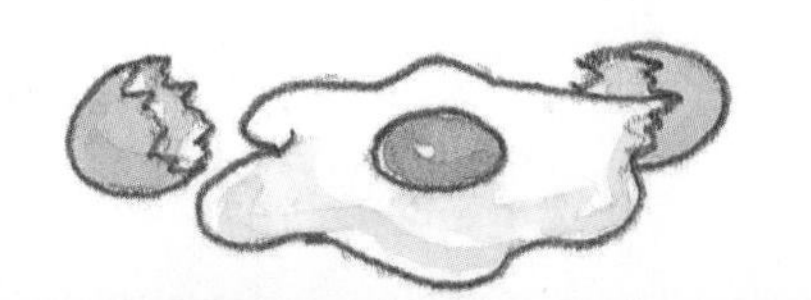

Hacer conexiones

Compara textos

1. ¿Por qué crees que Eva Jacob decidió presentar "¡Qué ruido!" como una obra de teatro?
2. ¿Qué elementos de la historia no cambian de una versión a otra? ¿Qué elementos cambian?
3. ¿Qué diferencias hay en los eventos y los personajes de la obra de teatro y la versión tradicional?
4. ¿Qué diferencias hay entre presentar la historia como una obra y como un cuento popular?
5. ¿Crees que la familia en la obra le volverá a pedir consejo a Bartolomeo? Explica tu respuesta.

Escribe una carta amistosa

CONEXIÓN con la Escritura

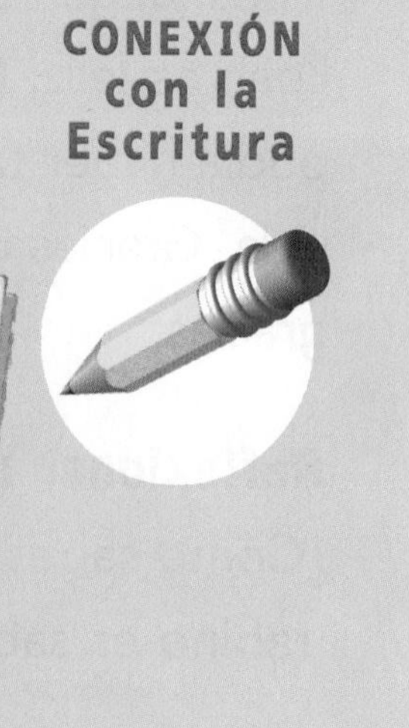

Imagina que tú eres uno de los personajes de la obra. Escribe una carta a un amigo para contarle lo ocurrido. Escribe acerca de los sucesos y lo que crees que sintió y pensó el personaje. Usa un organizador gráfico como el siguiente para planear tu carta.

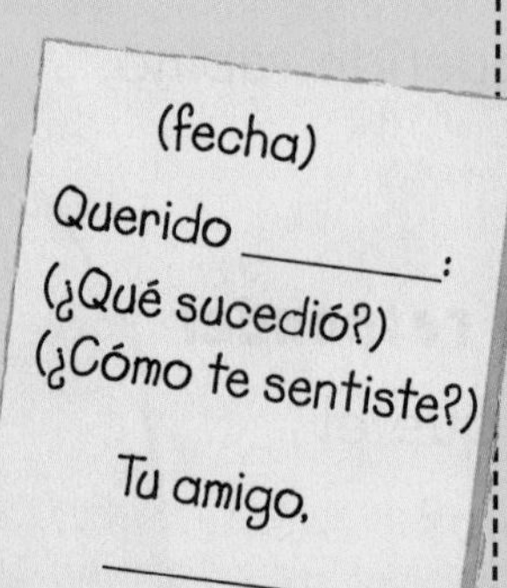

Crea una hoja de datos

CONEXIÓN con las Ciencias

En "¡Qué ruido!", Mariana bate mantequilla. ¿Qué significa batir mantequilla? ¿Cómo se elaboran productos sólidos como la mantequilla y el queso a partir de un producto líquido como la leche? ¿Qué otros productos derivados de la leche conoces? ¿Cómo se hacen? Usa los datos que encuentres para crear una hoja de datos sobre productos lácteos.

Crea un mural

CONEXIÓN con los Estudios sociales

En "¡Qué ruido!", no se menciona una fecha, pero es probable que la historia haya tenido lugar en la edad media. Investiga cómo era la vida en Europa durante la edad media. Investiga:

- cómo eran las casas.
- a qué se dedicaban las personas.
- cómo las personas obtenían comida y ropa.

Luego, haz un mural de un pueblo europeo típico de la edad media. Primero haz un boceto a lápiz en una hoja grande y luego píntalo.

El propósito del autor

Recuerda lo que aprendiste acerca del propósito que un autor puede tener al escribir.

El propósito del autor

entretener	informar	persuadir

Para identificar el propósito de Eva Jacob al escribir "¡Qué ruido!", piensa si la obra:

- es una historia divertida.
- contiene datos.
- trata de convencer a los lectores de hacer o creer en algo.

El propósito de la autora es **entretener.**

Si alguien escribe un artículo en un periódico sobre el mantenimiento de las carreteras, su propósito es **informar.**

Si alguien escribe un anuncio para vender cierta marca de comida para mascotas, su propósito es **persuadir.**

Visita *The Learning Site*
www.harcourtschool.com
Ve Destrezas y Actividades

Preparación para las pruebas
El propósito del autor

▶ **Lee los siguientes párrafos.**

A	**Las cabras son mascotas maravillosas porque son inteligentes y juguetonas. Si deseas tener una excelente mascota, consíguete una cabra.**
B	**¿Sabías que cierto tipo de cabra produce lana? Por ejemplo, la cabra de Kashmir, originaria de Asia, produce un tipo de lana fina llamado casimir.**

Responde las preguntas 1 a 3. Usa los datos de los párrafos anteriores.

1. ¿Cuál es el propósito del autor en el párrafo A?

A entretener

B informar

C decir cómo hacer algo

D persuadir

Sugerencia

Determina si el autor presenta una historia, datos, una explicación o una sugerencia.

2. ¿Cuál es el propósito del autor en el párrafo B?

F entretener

G informar con datos

H decir cómo hacer algo

J persuadir

Sugerencia

Pregúntate: ¿Qué tipo de párrafo es éste? ¿Cuál es el propósito del autor?

3. Explica cómo reconociste el propósito del autor en los párrafos A y B.

Sugerencia

Lee una vez más tus respuestas a las preguntas 1 y 2. Explica brevemente cómo las obtuviste.

TEMA 2

Buenos vecinos

CONTENIDO

El poni de Leah 146
por Elizabeth Friedrich

Destreza de enfoque Hecho y opinión

¡Yipi yei! 168
por Gail Gibbons

¡Oh, Susana! 188
canción popular

Destreza de enfoque Idea principal y detalles

Un pueblo en auge 194
por Sonia Levitin

La ciudad más antigua de nuestra nación:
San Agustín, Florida 216
por Austin Reaves

Destreza de enfoque Hecho y opinión

Helado de chocolate 222
por Diana Appelbaum

Canción al trabajo 256
por Gary Paulsen

Destreza de enfoque Comparar y contrastar

Si ganaras un millón 262
por David M. Schwartz

La pegatina perfecta 292

Destreza de enfoque Idea principal y detalles

El poder de las palabras

condado

subastador

oferta

brillaba

cabalgó

apretó

Los buenos vecinos se preocupan unos de los otros. Las siguientes historias muestran algunas maneras en que los vecinos se han ayudado entre sí.

Abuelito se muda

Mi abuelito se mudó para vivir con nosotros, pero primero tuvo que vender muchos muebles y cuadros viejos. Sus vecinos le ayudaron a preparar la venta de las cosas. Vinieron a la venta personas de todo el **condado** y también de otras partes del estado.

Se contrató a un **subastador** para llevar a cabo la venta. Éste preguntaba a las personas cuánto pagarían por cada objeto. La persona que hacía la **oferta** más alta u ofrecía la mayor cantidad compraba el objeto. Después de la venta mi abuelito invitó a los vecinos a un picnic.

El caballo del Sr. López

Cuando éramos jóvenes, mi hermano y yo íbamos todos los días a visitar al caballo del Sr. López. Lo veíamos galopar a toda velocidad por el campo. Algunas veces se quedaba quieto al lado de una cerca para que pudiéramos acariciarlo.

Cierto día, vimos a nuestro vecino que iba a cepillar el pelo del caballo. Le costaba mucho trabajo porque tenía un brazo roto. Le ofrecimos nuestra ayuda a cepillarse el pelo. Al final el pelo le **brillaba** como la seda.

Después que se le sanó el brazo, el Sr. López nos permitió montar su caballo, mi hermano **cabalgó** en él varias veces. Al principio mi hermano me **apretaba** fuertemente para no caerse, pero pronto nos sentimos seguros. Estuvimos muy contentos de haber ayudado a nuestro vecino cuando lo necesitaba.

CONEXIÓN
Vocabulario-Escritura

Escribe una obra de teatro corta, de un acto. En la obra, incluye un **subastador** y a dos personajes más. Comparte tu obra con tus compañeros.

Género

Ficción histórica

Un cuento de ficción histórica tiene lugar en el pasado y representa personas, lugares y sucesos que ocurrieron o pudieron haber ocurrido.

En esta selección, busca

- **lenguaje descriptivo que ayuda al lector a entender los sentimientos de los personajes.**
- **un evento natural que realmente ocurrió.**
- **una trama que tiene un problema y una solución.**

El poni de Leah

Texto de Elizabeth Friedrich
Ilustraciones de
Michael Garland

El año en que las plantas de maíz crecieron muy altas y muy rectas, Leah recibió un poni como regalo de su papá. Era un poni muy fuerte, veloz y robusto, con una pequeña mancha blanca en la punta de su suave nariz negra. Papá le enseñó a Leah a poner la silla justo en medio del lomo del animal y sujetarla firmemente con la correa.

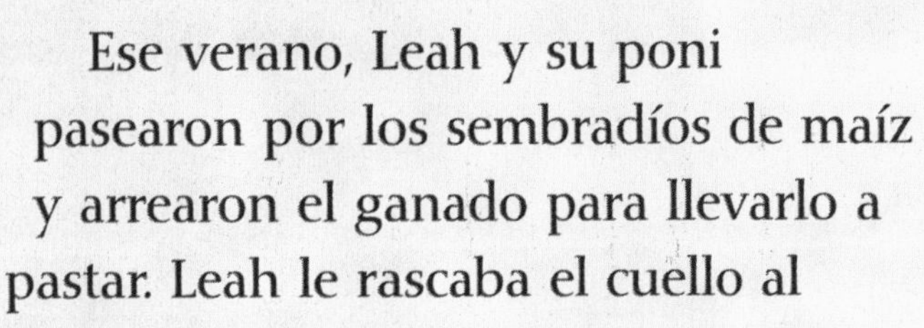

Ese verano, Leah y su poni pasearon por los sembradíos de maíz y arrearon el ganado para llevarlo a pastar. Leah le rascaba el cuello al poni, justo debajo de la crin, como a él le gustaba, y lo cepillaba hasta que su pelaje brillaba como el satín.

A Leah le encantaba ir al pueblo en su poni. Cuando pasaba frente a la tienda del señor B., éste le gritaba desde la puerta:

–Oye, Leah, ése es el poni más bonito del condado.

El año en que las plantas de maíz apenas crecieron del tamaño de un pulgar, en la casa de Leah no hubo mucho movimiento. A veces, en aquellas noches calientes y secas, Leah oía a su papá y a su mamá conversando en voz baja en la cocina. Leah no entendía lo que significaban sus palabras, pero sabía que había tristeza en ellas.

A veces, el viento soplaba con tanta fuerza que oscurecía el cielo con el polvo. En esos días, no era fácil para Leah mantener brillante el pelaje de su poni. A Mamá le costaba mucho trabajo limpiar la casa, y Papá también se esforzaba en llevar agua fresca a los cerdos.

Papá tuvo que vender algunos cerdos y parte del ganado.

–Son tiempos difíciles –le decía a Leah con una mirada triste–. Son tiempos difíciles, hija, eso es lo que pasa.

Mamá usaba los sacos de harina para hacerle ropa interior a Leah. También usaba el agua en que lavaba los platos para regar sus petunias y mantenerlas vivas. Aun así, todos los sábados Leah se levantaba con el delicioso aroma del pastel de café que Mamá acababa de hornear.

Un día caliente, seco y polvoriento, los saltamontes convirtieron el día en noche. Se comieron el follaje de los árboles y a su paso sólo dejaron ramas sin hojas.

Al día siguiente, los vecinos llenaron su camión con sus pertenencias y sólo se detuvieron a despedirse.

–Nos vamos a Oregón –dijeron–. Allá se debe estar mucho mejor.

Papá, Mamá y Leah les decían adiós con la mano mientras el camión, desbordado de sillas, colchones y otras cosas, se alejaba balanceándose pesadamente.

Los días calientes, secos y polvorientos continuaban, uno tras otro. Un día casi se podía saborear la tierra que había en el aire. Entonces, Papá dijo:

–Leah, tengo que decirte algo, pero tienes que ser fuerte. Pedí dinero prestado al banco para comprar semillas, pero todas se secaron o el viento se las llevó. No creció ni una planta y no tenemos maíz para vender. Tampoco tenemos dinero para pagarle al banco.

Papá hizo una pausa.

–Van a subastar nuestra propiedad, Leah. Venderán el ganado y las gallinas y hasta el camión.

Leah miró a Papá fijamente. Su voz sonaba seca, pero tranquila.

–Pero lo peor de todo es que venderán el tractor. Si se lo llevan, nunca podré volver a sembrar maíz. Si no tenemos el tractor, tendremos que irnos de aquí. Como te dije antes, Leah, éstos son tiempos difíciles.

Leah sabía lo que significaba una subasta. Habría personas ansiosas de voces chillantes que tratarían de comprar la granja. Se pararían afuera y ofrecerían dinero por el mejor toro de Papá, y aquel gallo de Mamá que había ganado varios premios, y la ternera favorita de Leah.

Toda la semana, Leah estuvo preocupada, preguntándose qué podía hacer. Una mañana, vio a un hombre con un gran sombrero que clavaba un letrero al frente de la casa.

Leah quería desaparecer. Montó en su poni y cabalgó a toda velocidad por los campos con surcos vacíos donde se habían secado las semillas. Luego pasó por una casa con los vidrios rotos cuyos orificios habían sido rellenados con pedazos de tela. También pasó por la tienda del señor B., quien barría los escalones de la entrada.

Por fin, Leah supo lo que debía hacer. Dio la vuelta y regresó al pueblo. Se detuvo frente a la tienda del señor B.

–¿Le gustaría comprar mi poni? –le preguntó.

El señor B. dejó de barrer y miró a Leah con atención.

–¿Por qué quieres venderlo? –le preguntó–. Es el poni más fino del condado.

Leah tragó saliva.

–He crecido mucho este verano. Creo que ya soy demasiado grande para él.

El suelo quemado por el sol crujía bajo los pies de Leah cuando ésta regresó a casa. La subasta había empezado. Vecinos, amigos, extraños; muchas personas estaban reunidas alrededor del hombre del sombrero.

–¿Cuánto por la carreta? –gritó el hombre del sombrero–. Cinco dólares. Diez dólares. Vendido por quince dólares al señor de la camisa verde.

El mejor toro de Papá.

Vendido.

El gallo premiado de Mamá.

Vendido.

La ternera favorita de Leah.

Vendida.

Leah apretó el dinero en su mano. "Tiene que ser suficiente", se decía a sí misma en voz baja. "Tiene que serlo".

–He aquí uno de los mejores objetos de la subasta –gritó el hombre del sombrero–. ¿Quién da quinientos dólares por este tractor casi nuevo, útil en todo tipo de labores? Con este tractor podrán arar, sembrar, fertilizar y hasta cultivar. Él hará el trabajo por ustedes.

Había llegado el momento. La voz de Leah se escuchó con fuerza.

–Un dólar.

El hombre del sombrero se rió.

–Ésa es una suma reducida para empezar, ¿no lo creen? –dijo–. ¿Alguien tiene una oferta más seria?

Nadie se movió. Nadie dijo una palabra. Parecía que los asistentes ni siquiera respiraban.

–¡Damas y caballeros, este tractor es una belleza! Tengo una oferta de un dólar. ¡Un dólar por un tractor casi nuevo! ¿Escucho otras ofertas?

De nuevo, nadie se movió. Nadie dijo nada. Nadie parecía respirar.

–¡Eso es ridículo! –resonó en el silencio la voz del hombre del sombrero–. ¡Vendido a la pequeña dama por un dólar!

La multitud la ovacionó. La impresión dejó a Papá con la boca abierta. Mamá se echó a llorar. Leah caminó con orgullo y le entregó al subastador el dólar que había ofrecido.

–Esta pequeña dama ha comprado un excelente tractor a un precio muy bajo –dijo aquel hombre–. Ahora, ¿cuánto ofrecen por estas saludables gallinas?

–Le daré diez centavos, dijo un granjero que vivía por el camino al pueblo.

–¿Diez centavos? Diez centavos es muy poco por todas estas gallinas –dijo el hombre del sombrero. Parecía algo molesto.

De nuevo, nadie se movió. Nadie dijo nada. Nadie parecía respirar.

–¡Vendido en diez centavos!

El granjero recogió la jaula con las gallinas y caminó hacia la mamá de Leah.

–Estas gallinas son suyas –le dijo.

El encargado de la subasta levantó su sombrero, asombrado.

–¿Cuánto ofrecen por este buen camión Ford? –preguntó.

–Veinticinco centavos –gritó un vecino del pueblo.

Nadie se movió. Nadie dijo nada. Nadie parecía respirar.

–¡Vendido por veinticinco centavos!

El hombre del sombrero movió la cabeza en señal de asombro.

–¡Nadie me dijo que ésta sería una subasta de centavos! –gritó.

El vecino pagó los veinticinco centavos y tomó las llaves del camión.

–Creo que éstas son las llaves de su camión –le dijo a Papá en voz baja, mientras dejaba caer las llaves en el bolsillo de su camisa.

Leah observó a sus amigos y vecinos ofrecer un centavo por una gallina, cinco centavos por una vaca y veinticinco centavos por el arado. Luego, cada quien le entregó a Mamá y Papá lo que había comprado.

La multitud se dispersó. El letrero fue retirado. Las gallinas empezaron a buscar comida. El ganado pedía su maíz. Todo en la granja estaba en calma. Demasiado en calma. Leah no escuchó aquel familiar relincho al entrar al establo. Leah tragó saliva y levantó la mirada.

Aquella noche no se oyeron personas tristes hablar en voz baja en la cocina de la casa de Leah. Sólo Leah estaba despierta escuchando las campanadas del reloj al dar las nueve, y luego las diez. Su corazón latía lentamente y con tristeza.

A la mañana siguiente, Leah abrió la pesada puerta del granero para empezar sus labores. En ese momento oyó un fuerte relincho que la saludaba. Leah corrió a abrazar el cuello familiar del animal y le dio un beso en la mancha blanca de la punta de su nariz.

–¡Regresaste! –le dijo–. ¿Cómo llegaste hasta aquí?

Entonces, Leah vio una nota con su nombre, escrito con letras muy grandes, que decía:

Querida Leah:

Éste es el poni más fino de todo el condado. Pero es demasiado pequeño para mí y demasiado grande para mi nieto. Creo que contigo estará mejor.

Tu amigo,
El señor B.

P.D. Me dijeron cómo salvaste la granja de tus padres. Recuerda que los tiempos difíciles no duran para siempre.

Y así fue.

Reflexionar y responder

1. ¿Qué hicieron Leah y sus vecinos para salvar la granja de la familia?
2. ¿Por qué el señor B. le devuelve el poni a Leah?
3. ¿Qué crees que sintieron las personas en la subasta cuando Leah ofreció un dólar por el tractor? ¿Cómo lo sabes?
4. ¿Es Leah el tipo de persona que te gustaría tener como amiga y vecina? Explica tu respuesta.
5. Da un ejemplo de una estrategia que usaste mientras leíste la historia. Di cómo el uso de esta estrategia te ayudó.

Conoce a la autora

Los lectores pueden aprender acerca de un libro nuevo si leen una reseña del mismo. Una reseña presenta información sobre el libro, el autor y el ilustrador, además de lo que piensa el reseñista del libro. Observa la siguiente reseña.

C-10 Viernes, 2 de marzo — The Bigtown News

El poni de Leah, un deleite

Reseña de María Santos

"Ésa es la mejor parte de ser escritora. ¡Puedes ir adonde quieras!"

El poni de Leah es un libro que gustará a lectores de todas las edades. El personaje principal tiene que decidir si ayudará a su familia o conservará su poni. Los niños comprenderán lo que siente Leah en esta situación. A los adultos también les gustará esta tierna e histórica narración.

A la autora Elizabeth Friedrich le encanta estudiar historia. Con frecuencia se pregunta cómo hubiera sido su vida en otra época. Sus preguntas sobre el pasado la inspiraron a escribir esta historia sobre el sendero del polvo, un hecho histórico ocurrido en los años treinta. "Ésa es la mejor parte de ser escritora", dice Elizabeth. "¡Puedes ir a donde quieras!"

y al ilustrador
Elizabeth Friedrich y Michael Garland

Un libro de imágenes no estaría completo sin ilustraciones. El lector encontrará varias hermosas ilustraciones en *El poni de Leah.* Michael Garland hizo una cuidadosa investigación para representar correctamente los automóviles, las casas y la ropa común en los años treinta. Incluso estudió la obra de Grant Wood, un conocido artista del Medio Oeste de esa época.

Garland usó la técnica del óleo para crear las ilustraciones de *El poni de Leah.* En el presente, Garland también usa una computadora para hacer ilustraciones. "Aún uso la pintura al óleo, pero me encanta trabajar con la computadora", dice. Michael considera que la computadora simplifica algunas tareas.

¡Juntos, Friedrich y Garland han creado un libro para recordar!

Visit *The Learning Site!*
www.harcourtschool.com

Hacer conexiones

Compara textos

1. ¿Cómo demuestran que son buenos vecinos los habitantes de la comunidad de Leah?
2. ¿En qué parte de la historia la subasta deja de ser una subasta normal?
3. ¿Por qué razón el padre de Leah tuvo miedo de perder su granja?
4. ¿Por qué una ficción histórica como "El poni de Leah" te ayuda a comprender la vida de las personas en esa época?
5. ¿Crees que la familia de Leah estará bien ahora? Explica tu respuesta.

Escribe un reportaje de televisión

CONEXIÓN con la Escritura

Piensa qué diría un reportero de televisión sobre lo que hicieron las personas para salvar la granja de la familia de Leah. Escribe un reportaje acerca de estos eventos. Usa un organizador gráfico como éste para planear tu reportaje.

¿Quién participó en los sucesos?	
¿Qué ocurrió?	
¿Cuándo sucedió?	
¿Dónde ocurrió?	
¿Por qué sucedió?	

Haz un folleto

CONEXIÓN con las Ciencias

La familia de Leah enfrentó momentos muy difíciles porque el maíz que sembraron no creció. En Estados Unidos se ha sembrado maíz desde hace 3,000 años y es el producto más importante en este país. Investiga cómo y dónde se cultiva el maíz, y por qué es tan importante. Haz un folleto con información interesante sobre el maíz.

Haz tarjetas de preguntas y respuestas

CONEXIÓN con los Estudios sociales

En "El poni de Leah", Leah vive en un granja. En diferentes regiones de Estados Unidos, las personas se dedican a la agricultura, la minería, la elaboración de productos o la industria. Investiga qué recursos naturales hay en la región donde vives. ¿Cómo se aprovechan? ¿Cuánto tiempo más durarán? Haz un conjunto de tarjetas de preguntas y respuestas. Escribe la pregunta en un lado de la tarjeta y la respuesta en el lado opuesto. Invita a tus compañeros a responder las preguntas.

Hecho y opinión

Algunas declaraciones son **hechos.** Otras son **opiniones.** Un hecho es un suceso del presente o del pasado que puede probarse. Una opinión es la expresión de una idea o sentimiento. Por lo general, las opiniones se distinguen de los hechos porque contienen palabras clave como yo *pienso* o *yo creo.*

Lee las siguientes oraciones de "El poni de Leah".

- Los saltamontes se comen las hojas de los árboles, dejando las ramas desnudas.
- Ese es el poni más fino de la región.
- Pasó a todo galope frente a la casa en la que habían cubierto con trapos los vidrios rotos.
- Éste es uno de los mejores objetos de la subasta.

¿Cómo distinguirías un hecho de una opinión? Si no estás seguro, hazte algunas preguntas como éstas.

¿Es algo que puede probarse?	Sí	No
Si la respuesta es sí, se trata de un hecho.		
¿Es algo que alguien piensa o siente, pero no puede probarse?	Sí	No
Si la respuesta es sí, se trata de una opinión.		

Visita *The Learning Site*
www.harcourtschool.com

Ve *Destrezas y Actividades*

Preparación para las pruebas

Hecho y opinión

El nuevo poni de Charlie

Charlie tiene un poni nuevo. El poni de Charlie es un Shetland, es un tipo de poni de los más pequeños que existen. Es una pequeña yegua que mide aproximadamente 42 pulgadas de altura.

Me parece que el poni de Charlie es muy hermoso. Su pelo es marrón y muy bonito. Los ponis Shetland tienen el pelo más grueso porque son originarios de las Islas Shetland una región fría y lluviosa.

Charlie es muy afortunado de tener un poni tan dulce. El poni es una de las mejores mascotas que hay.

Usa los datos del texto para responder las preguntas.

1. ¿Cuál de estas oraciones es un hecho?

Lee cada oración.
Di si se trata de algo que puede probarse.

A Los ponis apenas miden 42 pulgadas de altura.

B El poni de Charlie es hermoso.

C Su pelo es muy bonito.

D Charlie es muy afortunado.

2. ¿Cuál de estas oraciones es una opinión?

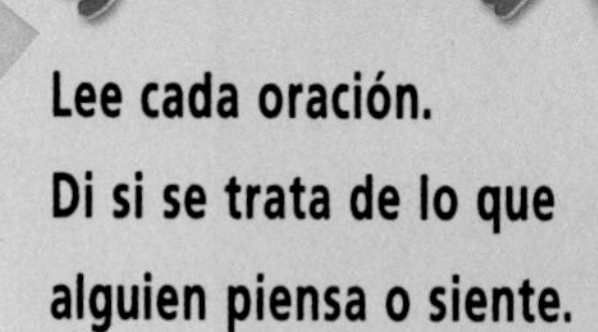

Lee cada oración.
Di si se trata de lo que alguien piensa o siente.

F Charlie tiene un poni nuevo.

G El Shetland es el poni más pequeño de todos los ponis.

H El poni es una de las mejores mascotas que hay.

J Los ponis Shetland son originarios de las Islas Shetland.

El poder de las palabras

corral

rancheros

dedicados

descarriado

ganancias

mercado

"¡Yipi yei!" te hace pensar en la vida de los rancheros. Trabajar en un rancho puede parecer divertido pero criar ganado no es un negocio sencillo.

Pequeño rancho en problemas

El ganado de Ted Miller está en el ***corral*** *esperando ser vendido.*

Ted Miller ha sido dueño de un pequeño rancho ganadero por más de treinta años. Como muchos **rancheros** de la zona probablemente tenga que vender su rancho pronto.

"Es difícil encontrar rancheros hoy en día", dijo el señor Miller. "Criar ganado es un trabajo muy complicado. El ganado necesita muchos cuidados y los rancheros deben ser muy **dedicados**. Por ejemplo, cabalgar en la lluvia o con el frío para hallar un animal **descarriado** no es divertido. En algunos ranchos grandes tienen aviones y helicópteros para este trabajo, pero para mí son muy costosos. Yo no tengo tantas **ganancias**; es decir, no me sobra suficiente dinero de la venta de mi ganado después de pagar mi cuentas".

El Sr. Miller señaló que su ganado iba a ser vendido en el **mercado.** "Es posible que éste sea el último ganado que críe" dijo con tristeza.

CONEXIÓN
Vocabulario–Escritura

Imagina que has encontrado un animal **descarriado.** ¿Qué harías? Escribe un párrafo breve para describir al animal y lo que harías para cuidar de él.

Género

No ficción explicativa

Los textos de no ficción explicativa presentan y explican información e ideas.

En esta selección, busca

- **diagramas con rótulos.**
- **párrafos con una idea principal y detalles de apoyo.**

¡Yipi yei!

UN LIBRO SOBRE VAQUEROS Y VAQUERAS

TEXTO E ILUSTRACIONES
DE GAIL GIBBONS

Entre los años 1860 y 1900, el viejo Oeste era considerado una frontera difícil y salvaje. Ésa también fue la época de oro del vaquero norteamericano. Y como muy pocas mujeres vivían en el viejo Oeste, no hubo muchas vaqueras. Además, en aquellos días, el trabajo del vaquero se consideraba demasiado duro para la mayoría de las mujeres.

Ricos rancheros eran dueños de grandes extensiones de tierra donde pastaba el ganado de cuernos largos. Esos rancheros contrataban vaqueros que estaban completamente dedicados a cuidar el ganado, acorralarlo y hacer largos viajes para venderlo y obtener ganancias.

La ropa de los vaqueros debía ser muy resistente al uso y desgaste. Muchos vaqueros usaban la misma ropa durante varios meses. ¡Algunos incluso dormían vestidos! Y después de un largo viaje arreando ganado, muchas veces quemaban aquella ropa sucia y maloliente.

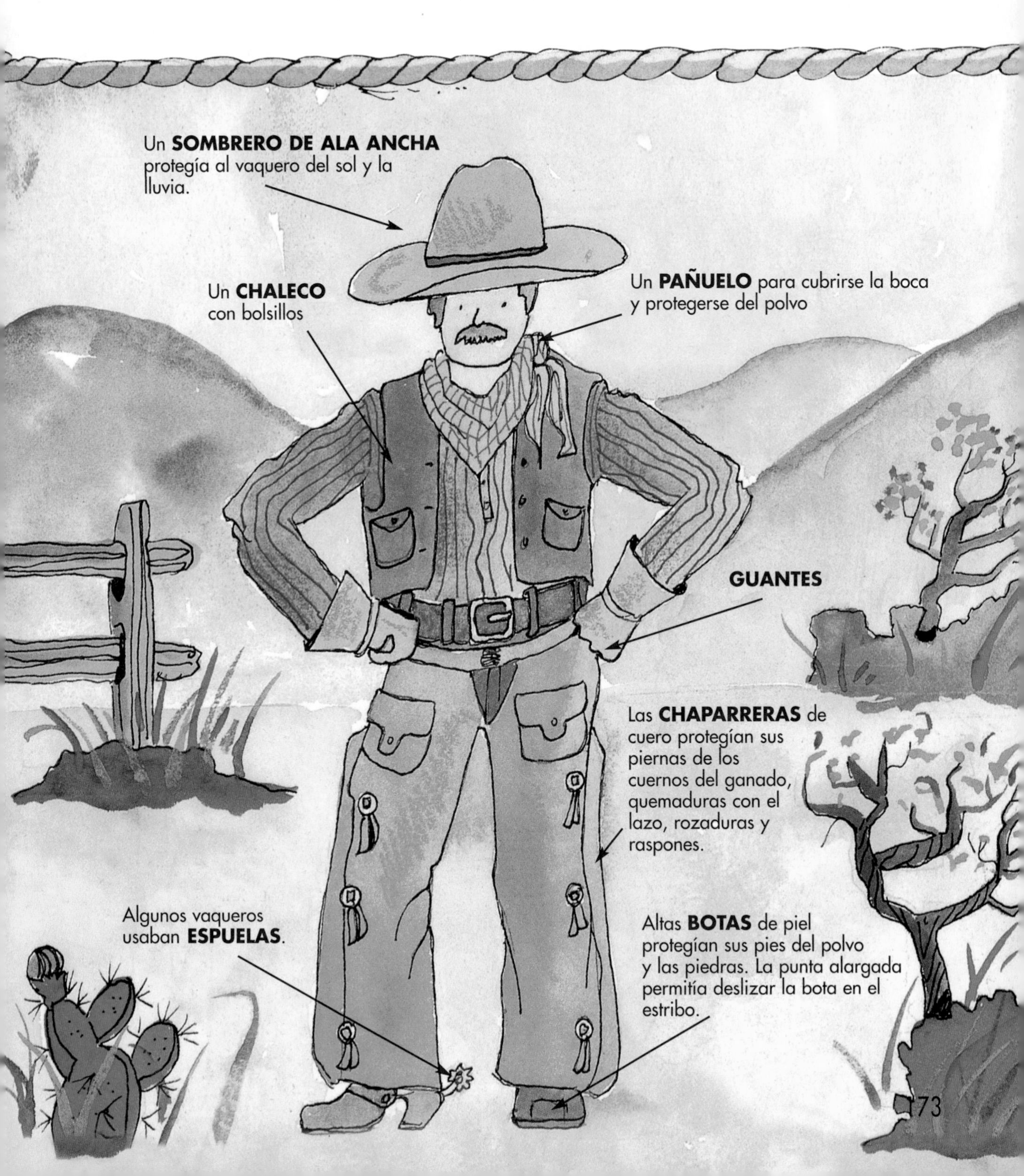

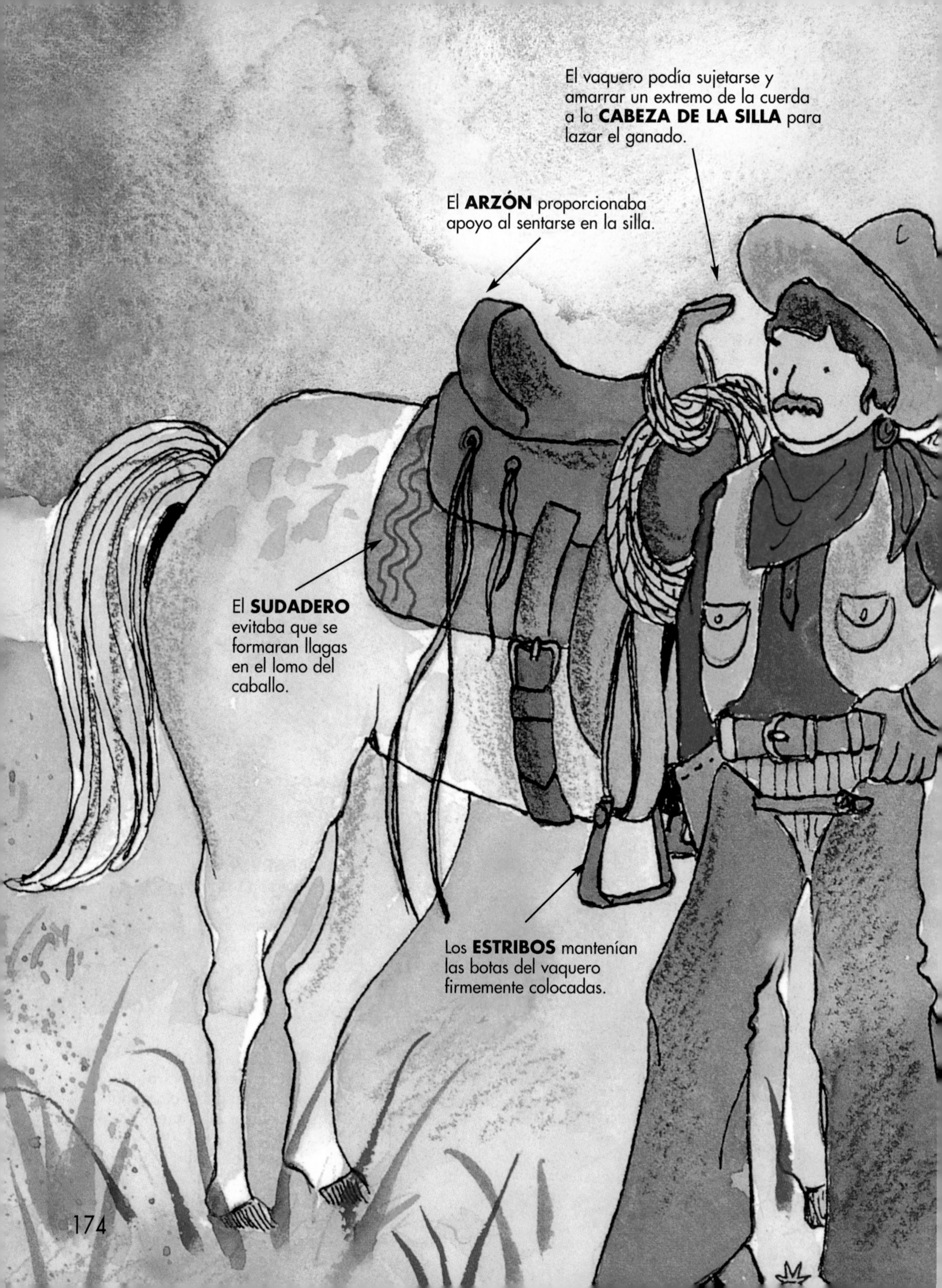
El vaquero podía sujetarse y amarrar un extremo de la cuerda a la **CABEZA DE LA SILLA** para lazar el ganado.
El **ARZÓN** proporcionaba apoyo al sentarse en la silla.
El **SUDADERO** evitaba que se formaran llagas en el lomo del caballo.
Los **ESTRIBOS** mantenían las botas del vaquero firmemente colocadas.

La silla de montar era lo más valioso de un vaquero, pues sin ella no podía trabajar. La silla debía ser cómoda. Los vaqueros pasaban mucho tiempo montando los caballos y ponis de los rancheros. Muchas veces, el caballo o poni se convertía en el mejor compañero de un vaquero.

El uso del lazo era la habilidad más difícil de aprender, y también la más importante. Los vaqueros llevaban cuerdas llamadas lazos para sujetar al ganado. Debían practicar muchos meses para aprender a girar el lazo y soltarlo en el momento preciso.

Los vaqueros debían capturar y domesticar caballos salvajes para luego trabajar con ellos entre el ganado. El jinete más hábil, llamado *domador de broncos,* se ocupaba de montar un caballo salvaje hasta que éste trotaba dócilmente alrededor del corral. ¡Qué experiencia más intensa! Domar o "quebrar" un caballo era un trabajo muy peligroso.

Los rancheros no podían cercar toda su propiedad, pues ésta con frecuencia se extendía varios acres. Por esa razón, el ganado de diferentes rancheros pastaba libremente. Una o dos veces al año, los rancheros organizaban rodeos. Todo el ganado, incluso los becerros recién nacidos, era arreado o conducido a un determinado lugar.

La tarea de reunir a los animales era muy difícil, pues el ganado es violento y veloz. Cualquier cuerno largo que tratara de huir era lazado y capturado. El vaquero tenía una lazada al final de su cuerda. Para sujetar al animal, debía girar la lazada en el aire y lanzarla desde una gran distancia. ¡Ningún vaquero quería acercarse demasiado a un cuerno largo!

Una vez reunido el ganado, el jefe de arreo de cada campamento contaba sus cabezas de ganado. Era fácil identificar a los animales de cada rancho porque llevaban una señal llamada marca. Los becerros no tenían marcas. Se les identificaba porque siempre seguían a sus madres.

Luego, los vaqueros lazaban a los becerros para separarlos del rebaño. Esto recibía el nombre de *corte.* Arreaban a los becerros, uno a uno, hasta una fogata donde había hierros de marcar calientes. Los vaqueros tomaban turnos para presionar el hierro en la cadera de los becerros, dejándoles su marca.

Cuando encontraban un animal descarriado en su manada, lo lazaban, identificaban su marca y lo devolvían al rancho al que pertenecía. Esta operación se conocía como *recorte.*

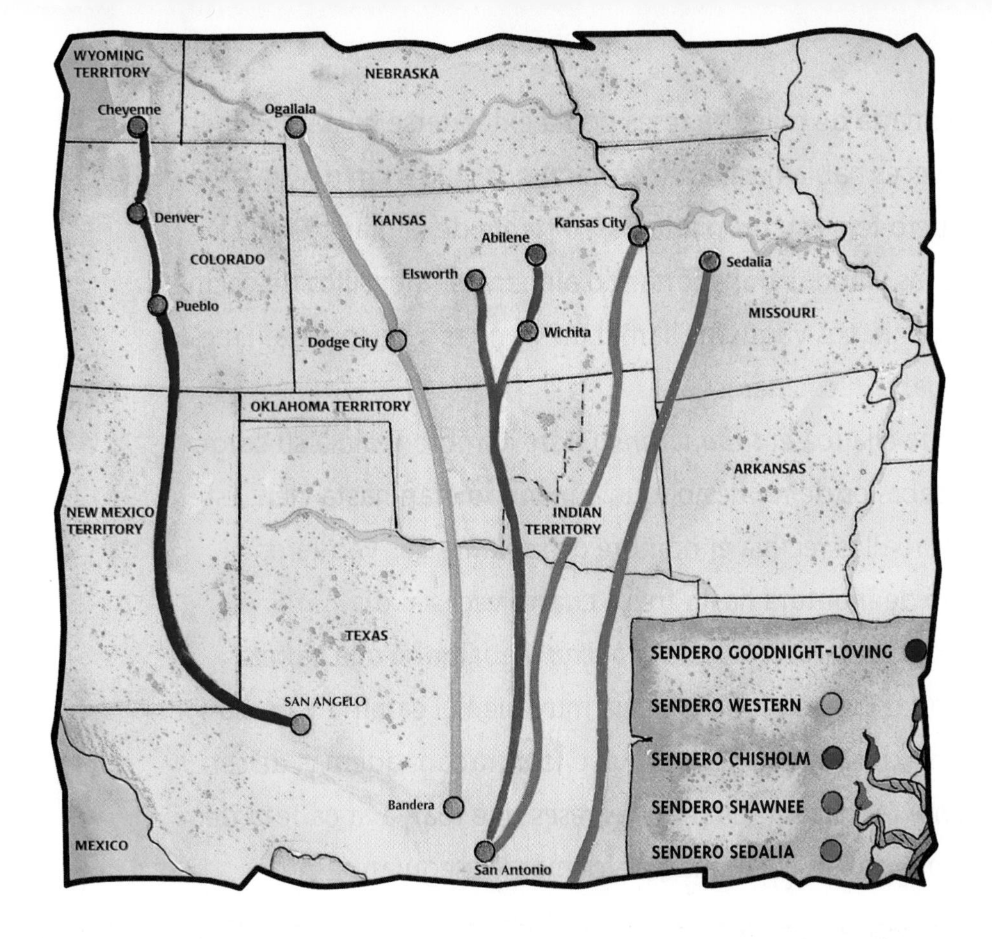

Los cuatreros eran vaqueros que robaban ganado de otros ranchos. Estos bandidos cambiaban la marca de los animales que capturaban por una parecida a la suya. Los retratos de los cuatreros aparecían en carteles que decían "se busca", en los que se prometían grandes recompensas por su arresto.

Después del rodeo se hacía el traslado. Las reses más grandes y hermosas eran conducidas en una misma manada hasta la población más próxima, donde había una estación de trenes llamada cabeza de línea o terminal. Desde allí, el ganado era transportado en tren al mercado.

Algunos traslados eran muy largos, a veces de casi mil millas. Los vaqueros arreaban al ganado sólo unas diez o quince millas al día. No querían fatigar a las reses para evitar que perdieran peso, y durante las pausas las dejaban pastar. El traslado podía tardar varios meses. Por eso sólo los vaqueros más fuertes realizaban el viaje.

Una manada de miles de reses podía extenderse hasta una milla, y por eso a veces había hasta quince vaqueros cuidando una manada. Cada vaquero tenía su propia tarea. Al frente de la manada iba la carreta de las viandas transportando alimentos, utensilios de cocina y ropa de dormir. Los vaqueros llamaban viandas a su comida. En esa carreta viajaba el cocinero.

Detrás de ella iba el *caballerango.* Este hombre tenía a su cargo todos los caballos de repuesto, que a menudo eran hasta cien. Este grupo de caballos recibía el nombre de *remuda.* Los vaqueros cambiaban de montura hasta tres o cuatro veces al día.

El jefe del traslado, llamado *capataz,* cabalgaba a la cabeza de la manada. Este vaquero conocía muy bien el camino y podía comunicarse con los amerindios que encontraban, además de ser un excelente rastreador. Cuando las reses que iban a la cabeza del rebaño comenzaban a caminar, las demás las seguían.

El frente de la manada recibía el nombre de *posición guía.* Los vaqueros más experimentados cabalgaban como guías. Conducían a las reses formando una punta de flecha, mantenían el paso y las guiaban en la dirección correcta. Los vaqueros llamados *atajadores* azuzaban a las reses y evitaban que se separaran demasiado.

Los jinetes de los flancos mantenían a los animales dentro de la manada, evitando que se dispersaran. La retaguardia recibía el nombre de *posición de arreo.* El trabajo de los arreadores era el peor de todos, pues cabalgaban entre espesas nubes de polvo, azuzaban a las reses más lentas y mantenían los ojos bien abiertos en busca de cuatreros.

Algunos días los vaqueros pasaban hasta dieciséis horas en la silla; eran largos y agotadores días de trabajo. Como el cocinero viajaba al frente con la carreta de provisiones, preparaba y servía los alimentos tan pronto como llegaba el equipo de traslado. La comida era usualmente cerdo y frijoles, pan y café. "¡A comer!", anunciaba cuando todo estaba listo.

Los vaqueros a menudo bromeaban con el cocinero mientras comían. Por la noche, se sentaban alrededor de la fogata a contar historias y cantar viejas canciones vaqueras. Había llegado la hora de relajarse y contemplar el cielo inmenso lleno de estrellas titilantes. Algunos vaqueros usaban sus sillas como almohada al acostarse a dormir en sus tapetes.

Día tras día, el ganado proseguía su viaje por el camino polvoriento. Lo que más temían los vaqueros era una estampida. Era muy fácil asustar al ganado.

Los truenos y relámpagos o cualquier sonido extraño podía provocar pánico entre las reses. Los vaqueros tenían que retomar el control de la manada. Pero muchos hombres resultaban lastimados o perdían la vida cumpliendo esa misión.

Después de un largo y difícil recorrido, los vaqueros y el ganado al fin entraban al pueblo. Los hombres conducían las reses a los corrales cercanos a las vías del ferrocarril. Desde allí, los animales viajarían en tren hacia un destino en el este. Por último, el ranchero recibía el pago de las reses y los vaqueros cobraban su trabajo. ¡Era hora de divertirse!

Lo primero que hacían era tomar un baño de tina con agua caliente. ¡Qué maravilloso era cortarse el pelo, afeitarse y comprar ropa nueva! Luego, los vaqueros cantaban y bailaban, y se divertían en el pueblo. Pero el alguacil siempre estaba vigilante para mantener la ley y el orden.

En aquellos días, los vaqueros y vaqueras demostraban sus habilidades en rodeos, como aún sucede en la actualidad. La palabra *rodeo* proviene del verbo *rodear*, que significa encerrar algo en un círculo. Desde las tribunas, los espectadores vitorean a los vaqueros y las vaqueras que compiten por un premio.

Los rodeos incluyen cinco eventos principales: doma de broncos, monta de toros, monta a pelo, lucha con reses y lazado de becerros. ¡Es una fiesta llena de color y muy ruidosa!

Los vaqueros y las vaqueras de hoy todavía cuidan y arrean ganado. Pero los días de los grandes traslados han terminado, pues los ferrocarriles modernos llegan a casi todos los ranchos ganaderos. Y muchos vaqueros tienen títulos universitarios en agricultura y crianza de ganado.

Ahora conducen furgonetas y tractores, y a veces vuelan en aeroplanos o helicópteros para buscar reses descarriadas. Sin embargo, los vaqueros y las vaqueras de hoy siguen lazando, marcando con hierros y montando a pelo, igual que hicieron los vaqueros y las vaqueras del viejo Oeste.

Reflexionar y responder

1. ¿Cuáles son las diferencias entre la vida de los vaqueros y **rancheros** modernos y las costumbres del pasado?
2. ¿Por qué la autora agregó letreros en algunas ilustraciones?
3. ¿Por qué los vaqueros más duros eran los únicos que participaban en el traslado?
4. ¿Qué te gusta más de la vida de un vaquero y qué te parece menos atractivo? Explica tu respuesta.
5. Describe las estrategias de lectura que usaste mientras leíste esta selección.

Más datos sobre los vaqueros y las vaqueras

El sombrero vaquero mejor conocido es el Stetson, llamado John B. en honor de su creador, John B. Stetson.

Los vaqueros de Sudamérica reciben el nombre de *gauchos*. En Chile, los llaman *huasos* y en Inglaterra *drovers*.

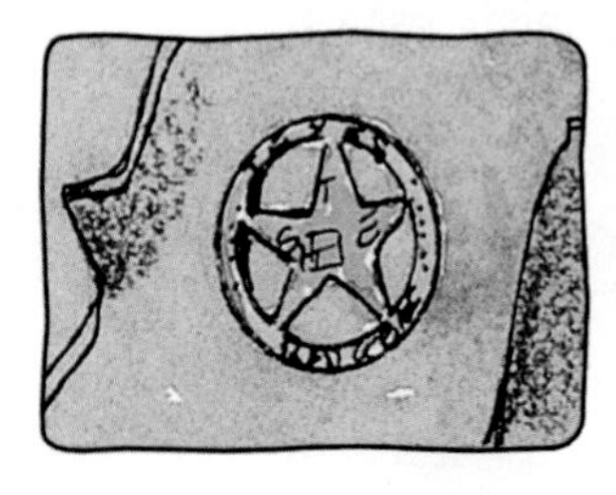

En 1835 se formó el grupo Exploradores de Texas *(Texas Rangers)*, con la finalidad de combatir a bandoleros y cuatreros, y resolver problemas con los amerindios.

El jefe de traslado a veces pagaba peaje para pasar por el territorio de los amerindios. Pagaba hasta diez centavos por cabeza de ganado o entregaba algunas reses a cambio.

Entre los años 1860 y 1900, alrededor de cuarenta mil hombres y mujeres trabajaban como vaqueros.

El vaquero estadounidense siempre ha sido símbolo de libertad y valentía.

CONOCE A LA AUTORA E ILUSTRADORA

Gail Gibbons

Gail Gibbons ha escrito más de sesenta libros de no ficción para niños. Aquí le preguntamos acerca de la obra *¡Yipi Yei!*

PREGUNTA: ¿Cómo despertó su interés por los vaqueros?

GAIL GIBBONS: Hace algunos años visité el Museo del Desierto de Sonora, en Arizona, para investigar sobre otro libro en el que estaba trabajando. Allí visité algunos ranchos ganaderos. Pregunté a unos amigos bibliotecarios si había algún libro que contara la vida real de los vaqueros y las vaqueras. Me dijeron que sería maravilloso si yo escribiera un libro así.

PREGUNTA: ¿Cómo realizó la investigación para *¡Yipi yei!*?

GAIL GIBBONS: Hablé con muchas personas en rodeos y ranchos. También fui a Tombstone, Arizona, para darme una idea de la vida en un pueblo vaquero del viejo Oeste.

PREGUNTA: ¿Qué es lo más interesante que ha descubierto acerca de los vaqueros y las vaqueras?

GAIL GIBBONS: Lo más interesante que he descubierto en mi investigación es que, durante el traslado, cada vaquero tenía una tarea específica. ¡El traslado era un trabajo de equipo!

Visita *The Learning Site*
www.harcourtschool.com

Género
Canción

¡Oh, Susana!

Trail Riders, Thomas Hart Benton
1964/1965. Témpera sobre lienzo, $56\frac{1}{8}$ pulgadas x 74 pulgadas. Galería Nacional de Arte, Washington, D.C.

¡Oh, Susana!

En el monte de Arizona,
una chiva me encontré,
como no tenía nombre,
yo Susana la nombré.

¡Oh, Susana!
no llores más por mí,
que me voy por la mañana
y en la tarde estoy aquí.

Hacer conexiones

Compara textos

1. ¿Por qué es importante que los vaqueros de una caravana se lleven bien con los demás y hagan bien su trabajo?
2. ¿Por qué la información de la página 185 es diferente del resto de la selección?
3. ¿En qué se parecen los sentimientos descritos en la canción "¡Oh, Susana!" con los sentimientos descritos en la canción del vaquero en la página 182?
4. ¿Qué otro libro informativo has leído? ¿La información que encontraste en ese libro fue más fácil o más difícil de comprender que la de "¡Yipi Yei!"? Explica tu respuesta.
5. Después de leer "¡Yipi yei!", ¿qué más te gustaría saber sobre la cría de ganado en la actualidad?

Escribe una opinión

CONEXIÓN con la Escritura

"¡Yipi yei!" describe las actividades de las personas que participan en una caravana, como el cocinero, los arrieros, el líder, etcétera. Escribe un párrafo para explicar cuál de estas actividades te gustaría realizar y por qué. Usa un organizador gráfico como éste para planear tu párrafo.

El trabajo que me gustaría hacer es:
Porque:
1.
2.
3.

Haz dibujos

CONEXIÓN con las Ciencias

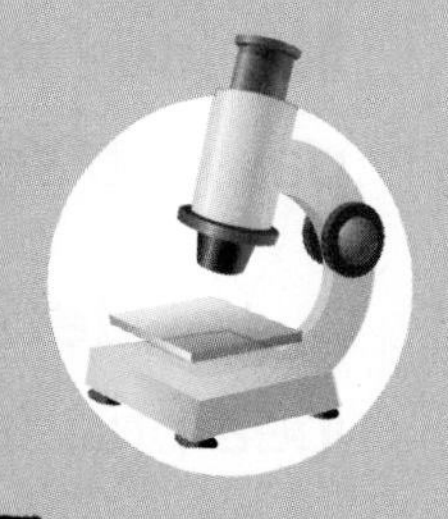

En "¡Yipi yei!", la canción de los vaqueros dice "Quiero vivir donde abundan los búfalos…" Las Grandes Llanuras es una región de Estados Unidos donde abundaban las manadas de búfalos, aunque para 1900 la mayoría de ellos habían desaparecido. Investiga qué le sucedió a estos animales y por qué el ambiente de la región cambió tanto. Haz una serie de dibujos rotulados que muestren lo que sucedió con los búfalos durante ese período.

Escribe un reporte

CONEXIÓN con los Estudios sociales

En "¡Yipi yei!" se menciona que el líder de la caravana tenía que comunicarse con los amerindios que encontraban en el viaje. Investiga quiénes colonizaron la región donde vives. ¿Cómo afectaron estos colonizadores a los amerindios de la región? Puedes encontrar esta información en un museo de historia natural. Escribe un informe y compártelo con tus compañeros.

Idea principal y detalles

La **idea principal** es la parte más importante de un pasaje o selección. La idea principal indica el tema central.

Los **detalles** son datos que apoyan y complementan la idea principal.

Observa la ilustración de la página 173. Usa la red para comprender cómo los detalles presentan más información sobre la idea principal.

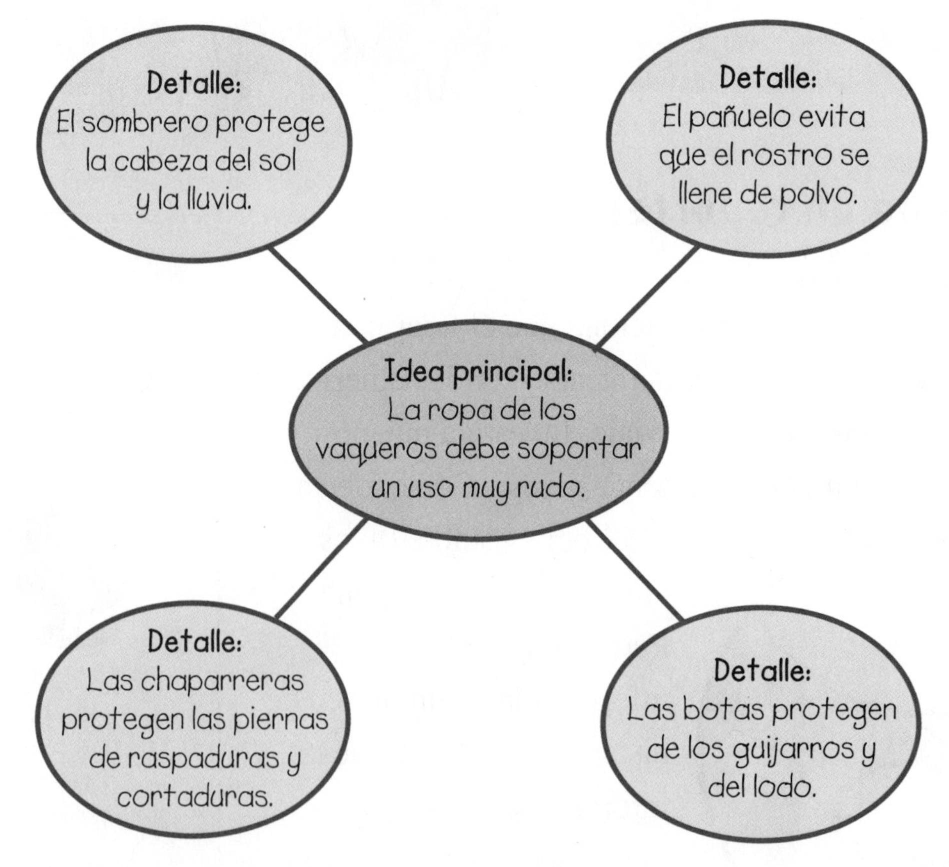

Visita *The Learning Site*
www.harcourtschool.com

Ve Destrezas y Actividades

Preparación para las pruebas

Idea principal y detalles

▶ **Lee el párrafo y la lista. Usa los datos para responder las preguntas.**

> **Los bomberos usan ropa especial para protegerse durante sus labores, ya que necesitan estar a salvo del calor, las llamas y el humo. Los bomberos también necesitan protección contra los objetos que pueden caer de un edificio en llamas.**
>
> - **El *casco* protege la cabeza de los bomberos de los objetos que caen.**
> - **El *abrigo largo* está hecho de un material especial que no se quema.**
> - **Los *pantalones* son especiales para proteger las piernas de los bomberos del calor y las llamas.**
> - **Los *guantes* evitan que los bomberos se quemen las manos.**
> - **Los *tanques de aire* contienen aire limpio para que el bombero respire.**

1. ¿Cuál es la idea principal del párrafo?

A Los bomberos usan botas especiales.

B Los bomberos usan guantes.

C Los bomberos trabajan duro.

D Los bomberos cuentan con equipo especial de protección.

Sugerencia

Recuerda que la idea principal es la parte más importante de un párrafo.

2. ¿Cuál de estos detalles no apoya la idea principal?

F Los bomberos usan un abrigo largo.

G Los pantalones protegen las piernas.

H El casco protege la cabeza.

J Los guantes protegen las manos.

Vuelve a leer la respuesta 1. Luego decide qué opción <u>no</u> da más información acerca de la idea principal.

El poder de las palabras

Todo pueblo o ciudad en alguna ocasión fue una tierra virgen. ¿Alguna vez has pensado cómo nuestros pueblos y ciudades se originaron y crecieron?

auge

mineros

yacimientos

negocio

establecer

sartén

carreta

Nuestro propio pueblo en auge

Con mis compañeros de clase, fuimos a la biblioteca pública para ver una exposición sobre la historia de nuestro pueblo. Descubrí que fue un pueblo próspero, que estuvo en **auge** hace muchos años. Un pueblo en auge es un pueblo que crece rápidamente. Muchos pueblos surgieron y crecieron rápidamente en esta parte del país cuando se descubrió que había oro.

Primero llegaron los **mineros**, quienes trabajaron arduamente cavando la tierra en busca de oro, y hallaron **yacimientos** con pepitas de oro, pero no les servían para comer ni como joyas. Pronto otras personas vieron la oportunidad de iniciar un **negocio**. Ganaron dinero vendiendo a los mineros las cosas que necesitaban. Después, más personas llegaron para **establecer** ahí sus hogares. La ciudad se hizo más y más grande.

Vimos unas fotografías antiguas que mostraban cómo era nuestra ciudad en aquellos días. Reconocí la vieja iglesia de madera, nuestro símbolo o edificio principal. Me sorprendió hallar que otro de los viejos edificios del pueblo fue en alguna ocasión una tienda de abarrotes. Las personas podían comprar todo tipo de cosas ahí: telas, herramientas, lentes, clavos, cuerda, azúcar y huevos. Incluso podían comprar una **sartén** para freír los huevos.

Es divertido imaginar la vida en la ciudad en aquellos días. Debe haber sido muy emocionante viajar en una **carreta** jalada por caballos. La carreta seguía una ruta de pueblo en pueblo llevando personas, correo y paquetes. ¡Definitivamente sí que han cambiado los tiempos!

CONEXIÓN
Vocabulario-Escritura

Escribe sobre algún símbolo de tu pueblo o ciudad que se haya construido en su época de **auge.** Descríbelo, di cuando se construyó, su importancia y su uso.

Género

Ficción histórica

Un cuento de ficción histórica tiene lugar en el pasado y representa personas, lugares y sucesos que ocurrieron o pudieron haber ocurrido.

En esta selección, busca

- **un ambiente de una época y lugar del pasado.**
- **eventos que realmente sucedieron.**

Un pueblo en auge

Texto de Sonia Levitin

Ilustraciones de Cat Bowman Smith

Nos tomó veintiún días en carreta llegar a California. Cuando llegamos, creí que viviríamos con Papá en los yacimientos de oro. Se estaba formando un pueblo entero con tiendas de campaña. Pero Mamá dijo no con la cabeza.

—Los yacimientos de oro no son lugar para niños. Rentaremos una cabaña en el pueblo.

¿Cuál pueblo? Sólo había un punto de reunión para carretas, un pozo y unas cuantas cabañas; eso era todo. El oeste era tan vasto y desolado que hasta mi sombra parecía perderse.

Mamá encontró una cabaña suficientemente grande para todos: Betsy, la bebé; Billy; Joe; Ted y yo, Amanda. Papá regresaba de los yacimientos de oro todos los fines de semana cantando esta canción:

Tengo mi mula
y mis herramientas,
una pala, un pico y hasta una batea;
Pero trabajo todo el día
sin paga tener.
Creo que un hombre muy tonto debo ser.

Primero, Mamá lo hacía tomar un baño en una pequeña tina bajo las estrellas. Luego Papá nos cantaba canciones y nos contaba las historias de los demás mineros: las historias de quienes encontraban enormes pedazos de oro y se volvían ricos. Pero el pobre Papá nunca tenía suerte. Sin embargo, todos los lunes por la mañana regresaba a los yacimientos lleno de esperanza.

Los días eran largos y la vida solitaria. Las colinas parecían no tener fin. Por la noche, Mamá, la bebé Betsy y mis hermanos se sentaban afuera y esperaban alguna estrella fugaz en el cielo. Algunas veces, muy pocas por cierto, pasaba un cuervo volando. No había otra emoción que no fuera ésa.

Mis hermanos trabajaban en el campo. Sembraban maíz, papas y frijoles. Corrían por todas partes y trepaban a los árboles, raspándose las rodillas. Después de buscar el agua y lavar la ropa, hacer el jabón, encender la leña, tender las camas y barrer el piso, me sentaba afuera con la bebé Betsy, tan aburrida que creía morir. Y de hecho moría por comer pastel. Me encanta hornear pasteles.

Le pregunté a Mamá si podía hornear un pastel, pero ella me dijo:

—Eso estaría muy bien, pero no tenemos moldes ni horno, sólo una estufa de leña. ¿Cómo hornearías tu pastel?

Me puse a buscar en una gran caja donde guardábamos todo tipo de cosas y encontré una vieja sartén de hierro. Decidí usarla para hacer mi pastel y me fui a recoger grosellas para el relleno.

Las grosellas crecen en unos arbustos cerca del pueblo. Luego de recoger una buena cantidad de ellas, regresé a casa. Preparé la masa con harina, mantequilla, un poco de agua y una pizca de sal. Luego la extendí con un rodillo.

Cuando Mamá entró, me dijo:

—Se ve muy bien, Amanda. Ya sabía que podrías hacerlo. Pero, dime, ¿cómo harás para hornearlo?

Entonces le mostré la sartén. Ella movió la cabeza.

—No creo que funcione, pero puedes intentarlo.

Billy, Joe y Ted se echaron a reír. Cuando la leña se convirtió en carbón, metí el pastel en la estufa. Después de un rato, empezó a oler a quemado. Saqué el pastel. Estaba duro como una piedra. Billy, Joe y Ted se revolcaban de risa. Tomaron mi pastel y lo lanzaron al aire. Luego lo llevaron afuera y Billy lo golpeó con una vara. Volaron pedazos de pastel por todas partes mientras ellos se doblaban de risa.

Estaba tan enojada que empecé a hacer otro pastel, pero esta vez no les daría ni una migaja. Extendí la masa y la cubrí con grosellas. Metí el pastel al horno y pronto estuvo listo.

Saqué el pastel para dejarlo enfriar y me fui a zurcir mi ropa. Cuando me di cuenta, la bebé, Betsy, que apenas aprendía a caminar, estaba sentada con la cara cubierta del relleno del pastel. El suave relleno se había derramado, y le había caído a Betsy en la cara. Aullaba como un coyote en la noche.

Lo intenté una vez más. Esta vez lo logré. Esa noche todos comimos de mi delicioso pastel de grosellas.

El sábado por la noche, cuando Papá regresó a casa de los yacimientos de oro, me dijo:

—¡Amanda, eres la reina de la cocina! —Luego me tomó en sus brazos. Me sentía orgullosa.

Esa semana preparé otro pastel para que Papá lo comiera en los yacimientos de oro.

El sábado por la noche, Papá regresó a casa cantando, con monedas que tintineaban en su bolsillo.

Corrimos a recibirlo y le preguntamos:

—¿Encontraste oro, Papá?

—No —respondió—. Vendí el pastel de Amanda. A los mineros les encantó. ¡Me pagaron 25 centavos por cada porción!

Desde entonces, Papá llevaba pasteles a los yacimientos cada semana y regresaba con monedas en los bolsillos. Los mineros venían a nuestra casa por pastel y le decían a Mamá:

—Debería abrir una pastelería.

Entonces Mamá respondía:

—Es mi hija Amanda quien hace los pasteles. Si ella quiere hacerlos, bien. Pero yo estoy muy ocupada.

Mamá esperaba un bebé. Todo dependía de mí. Pensé que si vendía pasteles a los mineros, llenaría nuestro frasco de dinero.

Pero necesitaba ayuda. Reuní a mis hermanos y les dije:

—Si quieren comer pasteles, tienen que ayudarme.

Se quejaron y protestaron, pero sabían que hablaba en serio. Billy me hizo un anaquel. Joe pintó un letrero que decía: PASTELES FINOS DE AMANDA y Ted me ayudó a recoger grosellas y manzanas agrias.

Necesitaba más sartenes y otra cubeta. Un día, Pedro Pedrero vino a comprar y con el dinero que gané, compré lo que necesitaba.

—Eres una niña muy lista —me dijo Pedro—, y pensar que ya tienes tu propio negocio.

Rápidamente le respondí:

—Cualquiera puede ganar dinero. Aquí todos necesitamos cosas y no hay tiendas en los alrededores. Si usted pusiera una tienda, estoy segura que se volvería rico.

Pedro Pedrero se rascó la barbilla.

—No es mala idea —dijo—. Mis pies están cansados de tanto caminar. Podría usar mi carreta para empezar.

Pronto había una tienda llamada TIENDA DE TRUEQUE DE PEDRO PEDRERO. Cazadores, comerciantes y viajeros llegaban de todas partes. Luego de comprar en la tienda de Pedrero, les daba mucha hambre.

Entonces venían a nuestra cabaña por un poco de pastel. A algunos les gustaba tanto el lugar que decidieron quedarse. Pronto hubo un tonelero, un peletero, un molinero y un herrero. El pueblo empezaba a crecer.

Un día llegó al pueblo un buscador de oro de San José, con la ropa cubierta de polvo. Vio a varias personas comiendo pastel y preguntó:

—¿Hay alguien aquí que pueda lavar mi ropa?

Di un paso al frente y le dije:

—Lo que necesitamos es una lavandería. ¿Por qué no pone usted una lavandería? Los mineros casi tienen que ir a China para lavar su ropa. Ganaría más dinero con una lavandería que buscando oro.

Zapatero
SASTRE

El hombre lo pensó un rato. Luego me dijo con una sonrisa:

—Tienes razón, pequeña damita. Es una idea genial. Voy a mandar a buscar a mi esposa para que me ayude.

Pronto, camisas y sábanas ondeaban al aire mientras las personas llevaban más y más ropa a lavar. Un peletero fabricaba zapatos y botas. Todo el día oíamos el golpeteo de su martillo y olíamos la piel curtida. Había un barbero con su tarro de espuma y un boticario que mezclaba hierbas para hacer medicinas. El pueblo crecía y crecía a nuestro alrededor.

Mi negocio florecía cada vez más. A veces la fila de personas que esperaban un pastel daba una vuelta completa a la casa. La bebé Betsy entretenía a las personas mientras esperaban. Billy construyó otro anaquel. Joe y Ted hicieron una banca. Todos recogíamos grosellas y manzanas. Hasta Mamá nos ayudaba. Tuvimos que conseguir un frasco más grande para guardar el dinero.

Un día vino a visitarnos nuestro viejo amigo Charlie el vaquero. Como todos, él también quería probar el pastel.

—Necesito descansar un poco —dijo—. ¿Dónde puedo dejar mi caballo esta noche?

—No hay establos en el pueblo —le dije—. ¿Por qué no construyes uno? Podrías alquilar caballos y hasta carretas. Ése sería el negocio perfecto para ti.

—Tienes muchas buenas ideas, pequeña —dijo Charlie. Luego empezó a girar su lazo—. Creo que me voy a establecer aquí. Eso es lo que haré.

Pronto llegaban muchas carretas al establo de Charlie. Todo el día se oía resoplar a los caballos. Ahora Charlie necesitaba heno. Los granjeros llegaron cargados con sacos de alimento para los caballos. Al ver a toda esa gente a caballo, alguien decidió construir un hotel y un café. El pueblo seguía creciendo.

El dueño del café me compraba pasteles, cinco o seis cada vez. Le enseñé a Billy a extender la masa. Joe aprendió a usar la estufa. Ted lavaba la fruta y la bebé Betsy intentaba revolver el azúcar.

Nuestro frasco de dinero estaba a punto de reventar. ¿Dónde podríamos guardar todo el dinero? Fue entonces que por fortuna apareció el señor Plata, el banquero.

—Voy a construir un banco —me dijo el señor Plata—. Este pueblo tiene mucho auge.

—Nosotros usaremos su banco —le dije al señor Plata—. Pero no tenemos buenos caminos. En invierno se llenan de lodo y en primavera hay mucho polvo. Necesitamos aceras para peatones y mejores calles.

—Eres una niña muy inteligente —me dijo el señor Plata inclinando su sombrero—. Veré que puedo hacer al respecto.

Antes de darnos cuenta, ya había un banco y aceras de madera en el pueblo. La calle donde se construyó se llamó Calle del Banco y también había otra llamada Calle Principal. Pronto todas las calles y negocios tenían su propio nombre. Papá y mis hermanos construyeron un nuevo local para la pastelería.

Los hombres del pueblo enviaron a buscar a sus familias. Aparecieron nuevas casas por todas partes. Bebés y niños llenaban el pueblo. Necesitábamos una escuela y un buen maestro.

Conocíamos a la señorita Camila desde que llegamos al pueblo. Ella vivía cerca de la costa. El vaquero Charlie fue a buscarla en su caballo y ella aceptó venir con gusto.

La señorita Camila, la maestra, se había casado con un predicador y él también aceptó venir a vivir al pueblo. Todos ayudamos a construir una iglesia y una escuela. Las campanas sonaban todos los días. ¡Ahora éste sí era un pueblo en auge!

Un día, Papá me dijo:

—Amanda, dejaré de buscar oro. ¿Puedo trabajar contigo?

—¡Desde luego! —le dije con alegría—. Me encantaría trabajar contigo, Papá, y también me gustaría ir a la escuela.

Fue así como Papá empezó a hornear pasteles. Todos trabajábamos juntos. Papá cantaba mientras extendía la masa:

Amanda con su sartén
y las grosellas hizo pasteles
ni un molde había usado;

Nuestros pasteles son los mejores
de todo el lejano Oeste.
Soy un hombre afortunado.

Ahora Papá está con nosotros todos los días. Hay movimiento y barullo en todas partes. ¡Y nuestra casa está justo en el centro del pueblo!

¡Y pensar que todo empezó conmigo, Amanda, la de los pasteles!

Reflexionar y responder

1. ¿Cómo ayuda Amanda a su pueblo a tener **auge**?
2. ¿Cómo describirías a Amanda? ¿Cómo sabes qué tipo de persona es?
3. ¿Por qué Papá dice que él es un hombre afortunado?
4. ¿Te hubiera gustado vivir en el pueblo de Amanda en esa época? Di por qué sí o por qué no.
5. Da ejemplos de algunas estrategias de lectura que usaste mientras leíste esta historia. ¿Cómo te ayudaron a entender esta historia?

NOTA HISTÓRICA

Cuando se descubrió oro en el Oeste, miles de personas emigraron con la esperanza de volverse ricos y así empezó la Fiebre del Oro. La mayoría no logró su propósito. Encontrar oro no era nada fácil. Pero muchos hicieron fortunas al abrir tiendas en las que vendían las provisiones y cosas que los mineros y sus familias necesitaban.

La niña que un día hizo un pastel improvisado ganó $11,000 con su pequeña sartén. Este libro está dedicado a ella y a todas las personas que con habilidad y tenacidad construyeron el Oeste.

Conoce a la autora
SONIA LEVITIN

A Sonia Levitin le encanta la historia del Oeste. Ella ha leído diarios escritos por personas que viajaron al Oeste a finales del 1800. Estos escritos la ayudaron a entender cómo la gente vivía en ese entonces. Ella ha escrito tres libros sobre el Oeste basado en lo que aprendió de esos diarios.

Un pueblo en auge es el segundo de una serie, una colección de libros que continúa una historia de los mismos personajes. El primer libro, *Nine for California,* cuenta la historia del viaje de Amanda desde Missouri hasta California. El último libro de esta serie, *Taking Charge,* continúa con las aventuras de Amanda en el Oeste.

Conoce a la ilustradora
CAT BOWMAN SMITH

Cuando pequeña, Cat Bowman Smith escuchaba historias que su familia contaba acerca de viajes hacia el Oeste. Estas historias y sus investigaciones la ayudaron a crear las ilustraciones para los libros escritos por Sonia Levitin. Sus ilustraciones llenas de color captan cómo era la vida en el antiguo Oeste. También ofrecen datos interesantes acerca de los tiempos de la frontera.

Visita *The Learning Site*
www.harcourtschool.com

El famoso Puente de los Leones, en San Agustín, fue construido en 1927.

¿Te imaginas cómo era Estados Unidos antes de que existieran las ciudades? Así vio el explorador Ponce de León nuestro país en 1513. Él llegó por mar desde España hasta el lugar donde ahora se encuentra San Agustín, la ciudad más antigua de la nación.

Las primeras ciudades se crearon cuando varios pueblos que vivían cerca unos de otros decidieron trabajar juntos y formar su propio gobierno. Las personas que crean una ciudad son sus *fundadores.* El fundador de San Agustín fue Pedro de Menéndez de Avilés. Él dio ese nombre a la ciudad en 1565.

En casi todos los casos, las primeras ciudades de nuestro país empezaron su existencia como colonias. Una colonia es una región gobernada por otro país. Al principio, San Agustín fue gobernada por España. En 1763 Inglaterra tomó posesión del territorio de la Florida. Muchas personas que habían llegado de Inglaterra construyeron sus hogares en este lugar.

San Agustín creció de manera constante hasta 1836, pero a los nativos no les gustaban los cambios que ocasionaba este crecimiento. Los seminoles fueron obligados a compartir sus tierras con los colonos. Eventualmente estalló una guerra entre ambos grupos. Esto detuvo el crecimiento de la ciudad por muchos años.

La escuela más antigua de la nación se encuentra en San Agustín.

Aunque la guerra con los seminoles terminó en 1841, fue en la década de 1880 cuando San Agustín reinició su desarrollo. La región se convirtió en un sitio popular de vacaciones debido al excelente clima. Un hombre muy rico llamado Henry M. Flagler contribuyó desarrollo de la ciudad al construir el Club de Golf de San Agustín y el Hotel Ponce de León. Más tarde construyó un hospital, el edificio del ayuntamiento y varias iglesias.

Hoy, San Agustín cuenta con una población de más de 12,000 habitantes. Una comisión formada por cinco funcionarios gobierna la ciudad y está encabezada por el alcalde. Con buen liderazgo y ciudadanos responsables, la ciudad de San Agustín continuará su desarrollo.

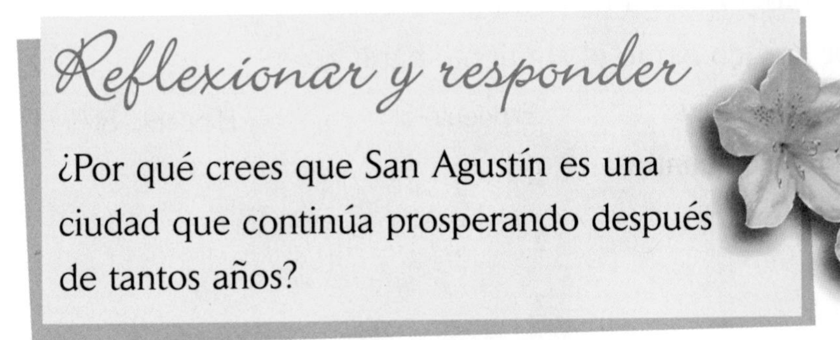

Reflexionar y responder

¿Por qué crees que San Agustín es una ciudad que continúa prosperando después de tantos años?

Hacer conexiones

Un pueblo en auge

Compara textos

1. ¿Por qué "Un pueblo en auge" se incluyó en el tema de Buenos vecinos?
2. ¿Cómo cambiaron de opinión los hermanos de Amanda con respecto a su elaboración de pasteles? ¿Cómo demuestra el autor este cambio?
3. "Un pueblo en auge" y "La ciudad más antigua de nuestra nación" son las historias de dos pueblos que crecieron y se convirtieron en ciudades. ¿Cuál es la diferencia entre ellas?
4. ¿En qué se parecen "Un pueblo en auge" y "El poni de Leah"?
5. ¿De qué tema te gustaría saber más: sobre la fiebre del oro o sobre cómo hacer pasteles? ¿Qué otros temas de "Un pueblo en auge" te interesan?

Escribe un párrafo de contraste

El pueblo descrito en "Un pueblo en auge" cambia cuando Amanda llega a vivir ahí. Piensa en las diferencias que menciona el autor. Escribe un párrafo para contrastar el pueblo al principio y al final de la historia. Usa un organizador gráfico como el siguiente para planear tu párrafo. Puedes buscar mas detalles de contraste en la historia e incluirlos.

CONEXIÓN con la Escritura

El pueblo al principio	El pueblo al final
1.	
2.	
3.	

Escribe un artículo de revista

CONEXIÓN con las Ciencias

El padre de Amanda y otros mineros llegaron al pueblo en auge en busca de oro. Haz una investigación para responder estas preguntas:

- Comparado con otros metales, ¿es el oro más duro o más suave?
- ¿A qué temperatura se funde el oro?
- ¿A qué temperatura hierve el oro y se convierte en un gas?

Usa esta información para escribir e ilustrar un informe breve para una revista infantil de ciencias.

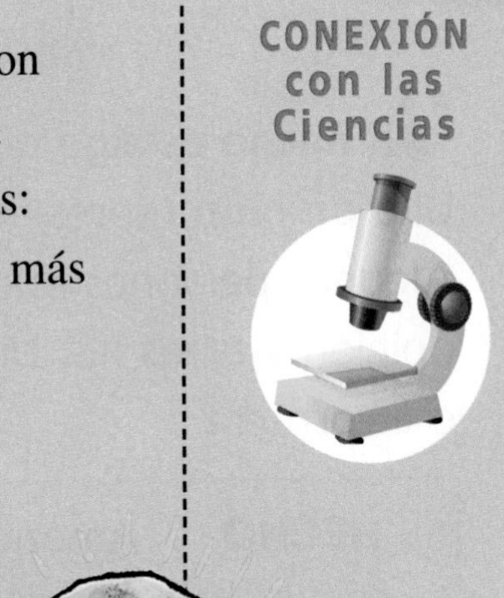

Haz una exhibición

CONEXIÓN con los Estudios sociales

"Un pueblo en auge" explica cómo se estableció y cómo se desarrolló una comunidad de California. ¿Cómo ha cambiado con el tiempo? Consulta la historia de tu pueblo o ciudad en fuentes primarias, como periódicos, mapas, cartas, historias y fotografías. Haz una exhibición para compartir con tus compañeros los datos que encuentres.

Hecho y opinión

Un **hecho** es algo que puede probarse.
Una **opinión** representa lo que alguien piensa o siente. Algunas personas pueden estar de acuerdo con una opinión y otras no. Una opinión no tiene que ser correcta o incorrecta.

HECHO	**Amanda le dijo al vaquero Charlie: "No hay establos en el pueblo".**

OPINIÓN	**Amanda le dijo al vaquero Charlie: "Ese sería el negocio perfecto para ti".**

Observa estas opiniones acerca de abrir un establo.

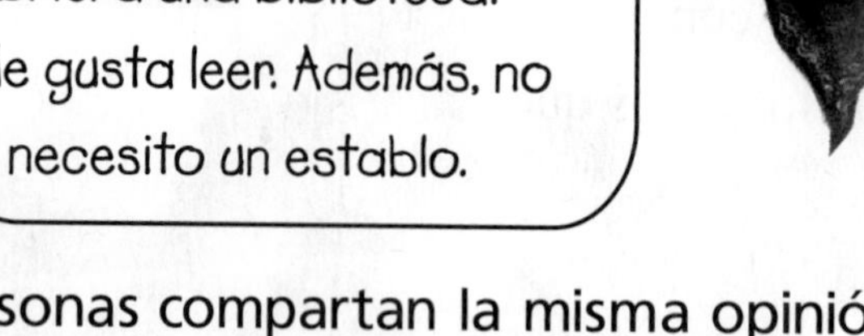

Visita *The Learning Site*
www.harcourtschool.com
Ve Destrezas y Actividades

Aunque varias personas compartan la misma opinión, eso no quiere decir que es un hecho. Aunque alguien no esté de acuerdo, no deja de ser una opinión.

Preparación para las pruebas

Hecho y opinión

No hay áreas verdes

A mi juicio, nuestra ciudad crece demasiado rápido. Se han construido nuevas tiendas y oficinas donde antes había áreas verdes. Creo que la ciudad necesita más espacios abiertos.

El centro comercial de la calle Central es un buen ejemplo. Cuando mi madre era niña, había muchos árboles y hasta un pequeño lago. Luego el lago fue rellenado para hacer nuevas construcciones. Lo único que vemos ahora es un enorme y feo centro comercial.

Usa los datos del párrafo para responder las preguntas.

1. Creo que la ciudad necesita más espacios abiertos. ¿Es éste un hecho o una opinión?

- **A** Es un hecho porque puede probarse.
- **B** Es un hecho porque muchas personas están de acuerdo con eso.
- **C** Es una opinión porque no es verdad.
- **D** Es una opinión porque representa lo que alguien piensa.

Sugerencia

Decide si la oración expresa un hecho o una opinión y explica tu decisión.

2. ¿Cuál de estas opciones es una opinión?

- **F** Se han construido nuevas tiendas y oficinas.
- **G** Lo único que vemos ahora es un enorme y feo centro comercial.
- **H** El lago fue rellenado.
- **J** Cuando mi madre era niña, había árboles.

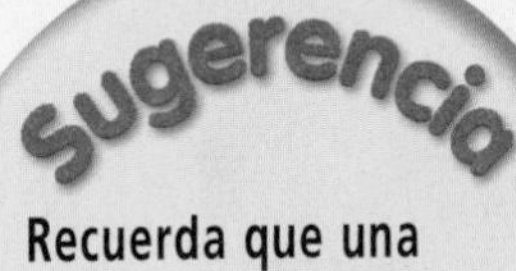

Recuerda que una opinión representa lo que alguien piensa o siente.

El poder de las palabras

Helado de chocolate

mercante

regatea

machete

machacar

manivela

pulpa

orificios

¿Donde vives es un lugar cálido o frío? ¿Qué tipo de vegetales y frutas crecen ahí? Muchas personas han viajado por todo el mundo para obtener alimentos y productos de diferentes países.

GOLETA Este tipo de barco se llama goleta. Tiene dos altos mástiles que sostienen las velas. Hace años una goleta era un barco **mercante**, un barco para el comercio. Viajaban de un lugar a otro intercambiando artículos. Gracias a los intercambios las personas podían comprar cosas de otros lugares, como productos que no podían cultivar o hacer en la parte del mundo donde vivían.

Hoy, como antes, para obtener un mejor precio por los objetos que quiere comprar, una persona **regatea**. Cuando ambas partes están satisfechas con lo que obtienen, se realiza el intercambio.

CAÑA DE AZÚCAR Este hombre está usando un gran cuchillo llamado **machete** para recolectar la cosecha. La planta que está cortando se llama caña de azúcar. Ésta crece en lugares cálidos. Para **machacar** la caña de azúcar se usa una máquina que aprieta el producto con una **manivela**. De la caña sale el azúcar que se distribuye a todo el mundo.

SANDÍA Las sandías crecen en los lugares donde los veranos son largos y calurosos. La sandía es verde oscuro por fuera pero tiene una **pulpa** rojo brillante o rosa en su interior. La pulpa es suave, dulce y jugosa.

PATINAJE SOBRE HIELO En algunas partes del mundo los inviernos son muy fríos. Hace tanto frío que el agua de los lagos y lagunas se congela. El hielo puede ser lo suficientemente grueso para soportar el peso de muchas personas. En la capa de hielo se hacen unos **orificios** para que las personas puedan pescar.

CONEXIÓN
Vocabulario-Escritura

¿Qué objetos de tu vida cotidiana te sirven para **machacar** alimentos? Escribe una lista de esos objetos y para qué los usas.

Autora e ilustradora premiadas

Género

Ficción informativa

Una ficción informativa relata una historia que explica un tema usando personajes y eventos que no son reales.

En esta selección, busca

- **la importancia del escenario en la historia.**
- **la información sobre un tema.**
- **personajes y eventos que usualmente son realistas.**

HELADO DE CHOCOLATE

Texto de **DIANA APPELBAUM**
Ilustraciones de **HOLLY MEADE**

CACAO

El chocolate proviene de una isla lejana, donde las aves tienen plumas rosadas, las hojas son más grandes que yo y parece que siempre fuera verano. Los niños que viven en esa isla no tienen que usar botas o limpiar la ceniza de la estufa porque el invierno nunca llega. Lo mejor de todo es que en esta isla del eterno verano el chocolate crece en las ramas de los árboles.

La isla donde el chocolate se da en los árboles se llama Santo Domingo, y yo sé todo sobre ella porque el tío Jacobo viaja allá con frecuencia en su barco mercante. Una vez trajo a casa un caracol para la repisa de la chimenea. Por dentro es rosado y de lo más terso. Si lo acercas a tu oreja, murmura: "Verano... verano... verano".

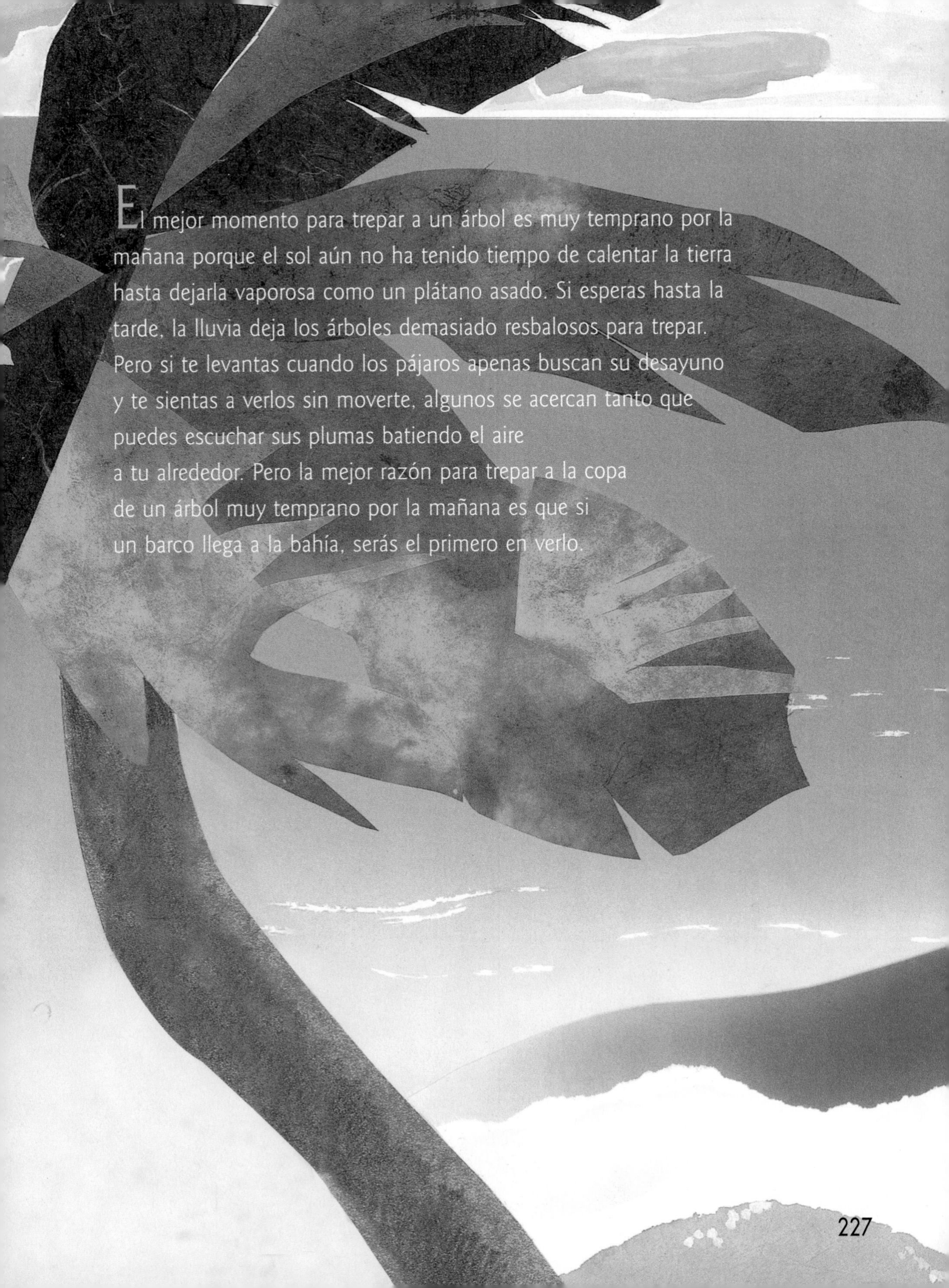

El mejor momento para trepar a un árbol es muy temprano por la mañana porque el sol aún no ha tenido tiempo de calentar la tierra hasta dejarla vaporosa como un plátano asado. Si esperas hasta la tarde, la lluvia deja los árboles demasiado resbalosos para trepar. Pero si te levantas cuando los pájaros apenas buscan su desayuno y te sientas a verlos sin moverte, algunos se acercan tanto que puedes escuchar sus plumas batiendo el aire a tu alrededor. Pero la mejor razón para trepar a la copa de un árbol muy temprano por la mañana es que si un barco llega a la bahía, serás el primero en verlo.

Cerca de casa tenemos árboles de todo tipo: cocoteros, papayos, mangos, naranjos, plátanos, árboles de pan, guayabos y unos muy especiales llamados árboles de cacao, ésos en los que crece el chocolate. Los árboles de cacao sólo crecen en la sombra; por eso papá los siembra junto a los plátanos, que son más altos y les dan sombra mientras crecen.

Las florecillas rosadas del cacao brotan justo en el tronco y las pequeñas vainas verdes crecen junto a las flores. Los frutos maduros, amarillos y rojos son los que se cosechan. Los árboles de cacao siempre están floreciendo y con frutos maduros, listos para ser cosechados.

Papá corta los frutos maduros con su machete y saca de ellos una pulpa blanca con semillas de color claro. Nosotros extendemos la dulce y pegajosa pulpa junto con las semillas sobre un lecho hecho con hojas de plátano. Luego cubrimos todo con más hojas de plátano.

Me gusta comer la pulpa mientras trabajamos, ¡pero sin comerme las semillas! Un día mordí una semilla fresca, pero estaba tan amarga que me escaldó la lengua. Papá se rió y me dijo: "No seas tan impaciente, pequeña. Espera a que el sol las madure". Ahora lo entiendo.

Luego de pasar algunos días envueltas en las hojas de plátano, las semillas de cacao pálidas y amargas empiezan a cambiar de color. Entonces las separamos de la pulpa vieja y las ponemos a secar al sol, dándoles la vuelta hasta que toman un hermoso color dorado.

Hoy hemos puesto a secar las semillas. Como no hay que trabajar en los plantíos, papá me dice que iremos a recoger caracoles. Mamá envuelve pan de yuca en hojas de plátano y lo guarda en una canasta junto con algunas guayabas para el almuerzo. Remar en el río San Juan nos acalora, pero aún tenemos un largo camino por recorrer, ya que después de desembocar en el mar, tenemos que bordear la costa hasta llegar a una pequeña bahía, a salvo de las fuertes olas. Me siento cansada y sedienta cuando por fin atracamos la canoa en la playa. Entonces papá abre algunos cocos y bebemos su dulce agua. Ha llegado el momento de buscar caracoles.

Sumerjo mi canasto en el agua y camino con dificultad hasta que las hojas viscosas de las algas rozan mis piernas. Los caracoles están ocultos entre las algas. Ahora nado con suavidad para abrirme paso. Los caracoles se confunden con las rocas limosas cuando no se mueven, pero si alguno se mueve lo atraparé.

Algo se mueve bajo las algas y me sumerjo para atraparlo, luego salgo a la superficie con un caracol y busco a papá para enseñarle lo que capturé. Pero al tratar de poner mi presa en el canasto, ¡una tenaza roja me atrapa! Doy un chillido y dejo caer el caracol. Es sólo un cangrejo ermitaño. Pero yo quiero caracoles, no cangrejos.

Mamá me da permiso de quedarme con los caracoles después de hervirlos y sacarles la carne para preparar una rica sopa. Los extiendo al sol, en el lugar donde ponemos a secar las semillas de cacao. Después de unos días, puedo quitarles el musgo que los hacía verse opacos y verdosos, y ahora los veo relucir a la luz del sol. Por dentro son rosados como las flores de cacao, pero suaves y brillantes, aun después de secarse.

Nuestras semillas todavía no se han convertido en chocolate; aún son semillas de cacao y tenemos que darles vuelta todos los días hasta que estén completamente secas. Cuando mamá las tuesta, empiezan a oler a chocolate. Ella me deja molerlas con el mortero. La mejor parte de machacar las semillas de cacao es el olor a chocolate que sube en espirales hasta tu nariz.

El siguiente paso es poner las semillas machacadas en una olla. Mientras mamá hierve el agua, la vierte sobre las semillas y le agrega azúcar, yo saco las tazas. Para mí, el chocolate caliente es la bebida más maravillosa del mundo.
A menos que llegue al puerto un barco cargado de hielo.

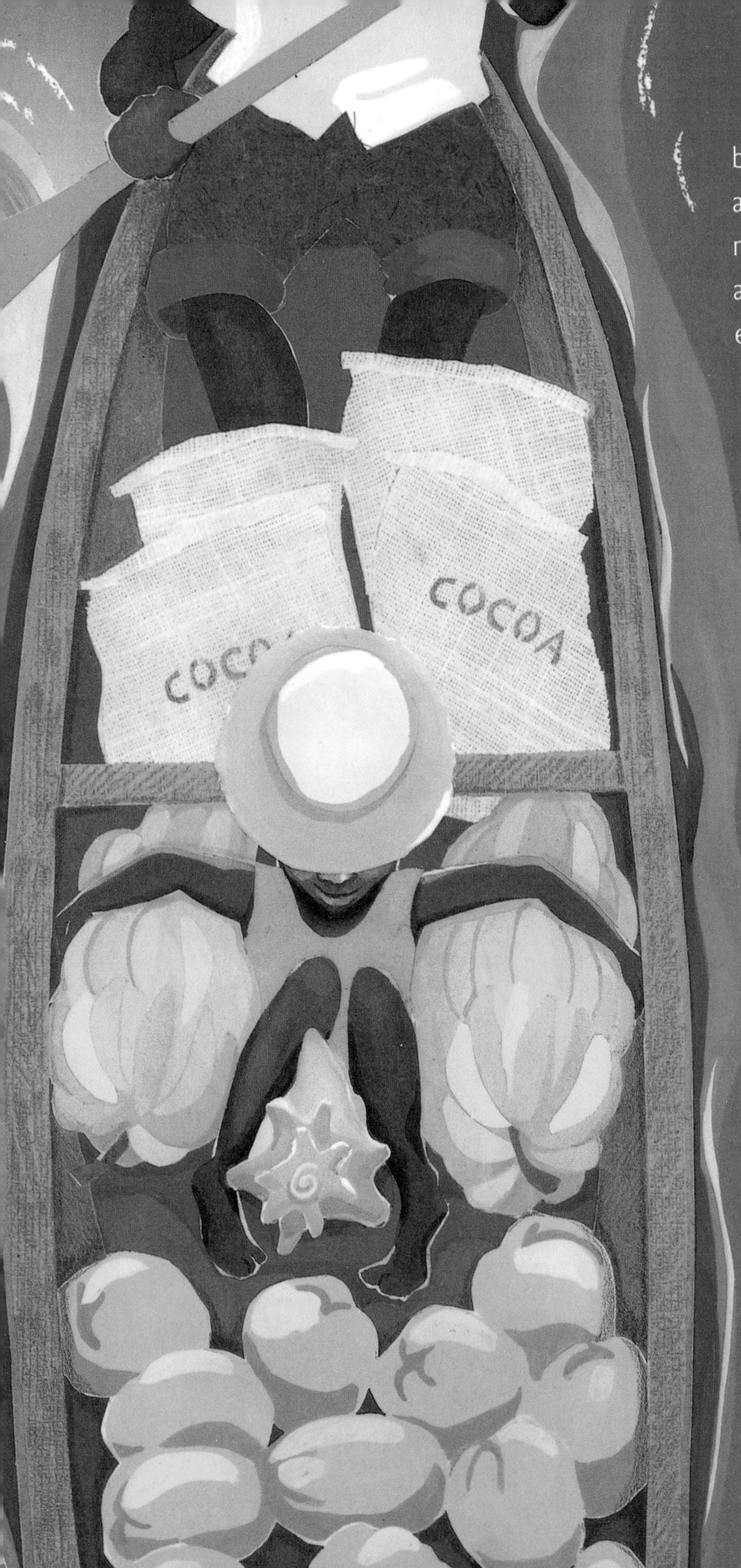

Cada vez que llega un barco, papá va en su canoa a ver el cargamento. Le costó mucho trabajo construirla ahuecando un tronco; por eso tiene mucho cuidado de no acercarla a las rocas.

Acomodamos los bultos de semillas secas en la canoa, junto con una pila de cocos y plátanos. Trepo entre dos enormes pencas de plátanos, protejo entre los pies mi mejor caracol y nos ponemos en marcha.

Papá me ayuda a subir al barco con una soga mientras uno de los marinos se inclina por la barandilla para sujetarme. Otras familias han venido y papá debe esperar su turno para negociar con el capitán. Tomo mi caracol y busco entre la multitud a Jacobo, el marinero que un día me enseñó unas fotos de su lejano país. Él me ve primero y me saluda con una gran sonrisa.

Le enseño mi hermoso caracol y le dejo ver lo suave y rosado que es por dentro. Él me muestra una foto de una niña más o menos de mi edad, que lleva una cinta en el pelo. Luego saca de su bolsillo una pequeña bolsa remendada. Jacobo acerca la bolsa a su cara, la huele y sonríe. Yo también la huelo. No huele a chocolate o a jazmín, ni a papaya, ni a nada que yo conozca. Tiene un aroma extraño y maravilloso. Y ahora es mía.

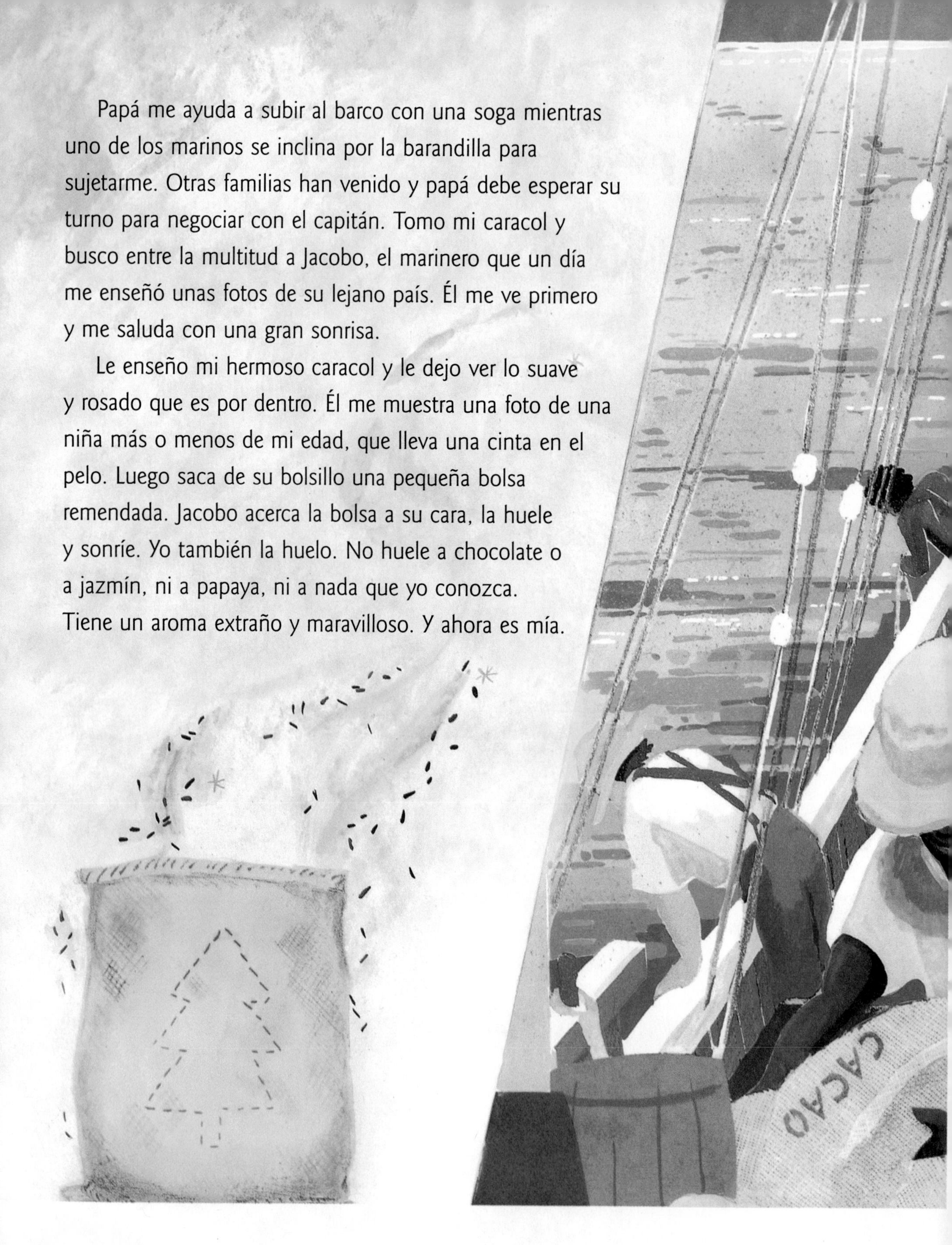

Papá también hace negocios. Pienso que regatea por un rollo de tela, pero salto de gusto cuando veo el artículo por el que ha cambiado nuestro cacao: ¡HIELO!

Los marineros bajan un bloque de hielo a nuestra canoa y papá lo cubre con hojas de plátano. Luego me ayudan a bajar por la barandilla y, una vez en la canoa, uno de ellos me pasa un rollo de tela. Con mucho cuidado, lo pongo en un canasto seco. Sin soltar la pequeña bolsa que huele tan bien, digo adiós a Jacobo con la mano.

Cuando llegamos a casa, vemos a mamá sacando con una cuchara la dulce y blanca pulpa de un fruto maduro de cacao para batirla hasta que se ponga blanda. Luego raspa un poco de hielo, lo mezcla con la pulpa y lo sirve en tazas como postre.

El helado es blanco y dulce, y tan frío que me parece cosa de magia. Se desliza por mi garganta y me estremezco al pensar en los niños que viven en ese lugar tan frío.

HIELO

Los barcos que traen el hielo vienen de un lugar donde el agua de los ríos se pone tan dura con el frío que la gente puede caminar sobre ella –sí, sobre el agua–. Ese lugar se llama Maine, y yo sé muchas cosas sobre él porque Jacobo me mostró unas fotos. En Maine la gente construye estufas con fuego para cocinar dentro de sus casas y los árboles no tienen hojas. Otra cosa que sé sobre Maine es que tiene un olor maravilloso. Aspiro el aroma de mi bolsa y trato de imaginarme aquel lugar donde los niños caminan sobre ríos de hielo.

El invierno es muy duro en Maine. Los días son cortos, la luz es muy brillante y a veces hace tanto frío que nada se mueve, ni el viento, ni los pájaros, ni siquiera el río.

Pero nuestra cocina es tibia. Mamá hornea pasteles de manzana en una estufa grande y yo practico la costura haciendo una bolsita aromática rellena de hojas de abeto. Papá y el tío Jacobo trabajan en una fábrica de hielo. Si logran llenar los enormes refrigeradores antes de la primavera, el tío Jacobo y otros marineros irán en sus barcos a vender el producto del invierno de Maine a países cálidos y lejanos. Por eso nos preocupamos cuando no hay nieve.

Papá, el tío Jacobo y yo estamos al borde del río. Vemos las huellas de nuestras botas y nos preocupamos al ver los copos de nieve que caen sobre el hielo.

—¿Crees que aguante? —pregunta papá, mirando la delgada capa de hielo.

Tío Jacobo no contesta. Ambos saben que si el aire sopla entre los copos, el río no se congelará, y si el río no se congela, no habrá hielo para vender. El hielo formado es demasiado reciente y delgado para rasparlo. Tendrán que cortarlo, pero no se sabe si soportará el peso de una persona.

El tío Jacobo camina sobre un tablón hasta el río. El hielo soporta su peso.

Varios hombres siguen al tío Jacobo. Avanzan perforando el hielo con barretas y mazos. El agua sube por los orificios, transformando la nieve recién caída en una mezcla pastosa. Si el clima se mantiene frío, el agua pronto se congelará y formará una capa suficientemente gruesa para aguantar el peso de un caballo.

Los caballos son importantes cuando el hielo se vuelve grueso y puede rasparse. Después de cada nevada, papá y el tío Jacobo sujetan los pesados raspadores a los caballos para remover la nieve del río. Al congelarse el agua, se forma una capa gruesa y clara. Desde Augusta hasta Merrymeeting Bay, los hombres y los caballos remueven la nieve para que el río se congele con mayor facilidad.

Cuando el cielo está claro y no hay nieve que raspar, papá le quita las ruedas a la carreta y le coloca los patines. Mamá nos abriga bien, nos coloca entre un montón de heno y nos cubre con una gruesa frazada. Viajar en una carreta sobre patines es como volar. Literalmente volamos río arriba. Hace tanto frío que a la mañana siguiente se ha formado en el río una capa de hielo de más de un pie de grueso.

Observo al jefe de la cuadrilla trazar una recta imaginaria en el río como si estuviera preparándose para una lección de aritmética a gran escala. Papá sigue esa línea con el cortador de hielo. La cuchilla de acero corta el sólido hielo con la misma facilidad que el cuchillo de mamá rebana sus pasteles, pero papá tiene cuidado de no llegar al agua. El hielo debe mantenerse sólido para caminar en él hasta que toda la superficie haya sido cortada en bloques. Los hombres siguen marcando surcos y cortando hasta que el río parece un enorme tablero de ajedrez que sólo tiene casillas blancas.

Hay cincuenta hombres en el río cortando y conduciendo los bloques de hielo en el agua hasta el montacargas que los colocará en el gran refrigerador. Aunque las puertas superiores están más altas que el techo de una iglesia, el jefe de la cuadrilla se propone llenarlo hasta el tope antes del deshielo.

Los observo trabajar hasta que me da tanto frío que decido entrar a la cocina. Mamá me prepara un chocolate caliente para entrar en calor.

Pero el hielo no sirve de nada a menos que pueda conservarse sin fundirse hasta el verano. Por eso el refrigerador tiene paredes dobles, separadas por un espacio lleno de aserrín que mantiene frío el interior. Las puertas de los refrigeradores también son dobles y están aisladas con aserrín. Además, el hielo se cubre con una capa de heno fresco. Cuando el tío Jacobo corta las pacas de heno, el suave olor de las praderas en verano inunda el lugar.

Los hombres llenan el gran almacén, apilando los bloques de hielo en hileras perfectas. Largas líneas de bloques de hielo abarcan todo el piso y se levantan en torres hasta que casi tocan el techo. Cuando el refrigerador está lleno, el encargado cierra las puertas y espera a que llegue el deshielo.

Aunque el invierno sea duro, termina con la llegada del verano. Mis pies descalzos sienten la suavidad de los nuevos pastizales y los barcos navegan por el río Kennebec. Los marineros llenan las bodegas con hielo y después lo cubren con aserrín y heno de las praderas.

Mamá dice que el hielo de nuestro río recorre un larguísimo camino en esos barcos que regresan cargados con sedas, casimires, jengibre y té. Para nosotros, el barco más importante de todos es el del tío Jacobo, que zarpará hoy con destino a Santo Domingo, para traer cacao.

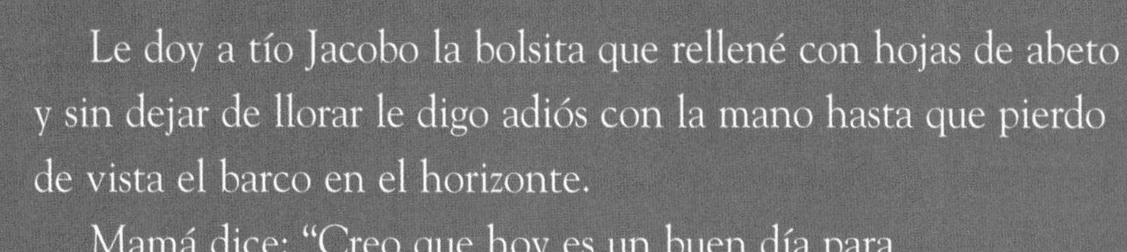

Le doy a tío Jacobo la bolsita que rellené con hojas de abeto y sin dejar de llorar le digo adiós con la mano hasta que pierdo de vista el barco en el horizonte.

Mamá dice: "Creo que hoy es un buen día para preparar helado".

Abrir la puerta del refrigerador gigante en el verano es como entrar a un castillo donde el invierno se detuvo. Adentro está oscuro y frío y los trabajadores usan sombreros, guantes y medias de lana aunque afuera sea verano. Aunque están muy ocupados transportando el hielo hasta los barcos del muelle, nos ayudan a poner un trozo de aquel invierno en nuestra carreta.

Mamá vierte la crema y el azúcar en un cubo para preparar helado mientras yo agrego cuidadosamente el chocolate. Papá parte el hielo en pedazos pequeños, lo pone alrededor del bote y lo cubre con sal. Yo empiezo a girar la manivela. Primero la hago girar suavemente, mezclando el chocolate, la crema y el azúcar sin dificultad. Pero a medida que la crema empieza a congelarse, mi brazo se cansa y la manivela se pone más y más dura hasta que ya no puedo moverla. Entonces mamá empieza a girar la manivela hasta que el helado está tan duro que el cubo no gira ni un centímetro más. Entonces, mamá pone el cubo en hielo para mantenerlo congelado hasta la cena y yo lamo la pala para batir.

Sentada en la puerta de la cocina, mientras lamo el chocolate de la pala, cierro los ojos y me imagino la isla del eterno verano, donde los caracoles rosados se encuentran en las playas, y los niños recogen el chocolate de los árboles.

Reflexionar y responder

1. ¿Por qué son importantes los barcos mercantes para los personajes de esta historia?
2. ¿Por qué es el tío Jacobo un personaje importante en esta historia?
3. ¿Por qué una de las ilustraciones en esta historia de ficción es un mapa?
4. ¿Dónde preferirías vivir, en Santo Domingo o en Maine?
5. ¿Qué estrategias de lectura usaste mientras leíste esta historia?

Conoce a la autora
Diana Appelbaum

Diana Appelbaum vive en Nueva Inglaterra. Ahí estudia historia y escribe artículos sobre el tema. Cuando era niña, a Diana le gustaba leer relatos de personas reales. Sobre todo aquellos que narraban cómo era la vida en el pasado para los habitantes de todo el mundo.

Diana Appelbaum es historiadora. Los historiadores investigan lo que ocurrió en el pasado. En sus libros, Diana comparte las interesantes cosas que ha aprendido. Ella piensa que el estudio de la historia es muy importante. "No entenderíamos el presente si no conociéramos el pasado", comenta Diana.

Visita *The Learning Site*
www.harcourtschool.com

Conoce a la ilustradora Holly Meade

Holly Meade es ilustradora de libros infantiles desde 1991. Antes trabajaba como diseñadora en una revista y en una compañía que fabricaba banderines. En 1997, la Asociación de Bibliotecas de Estados Unidos le entregó la medalla Caldecott por sus ilustraciones en *Hush! a Thai Lullaby* (¡No llores! Una canción de cuna tailandesa). Éste es un importante premio ofrecido a los mejores ilustradores de libros infantiles en Estados Unidos.

Holly Meade sólo utiliza acuarelas y pedazos de papel reciclado para hacer sus ilustraciones. Así como los escritores modifican sus textos, los ilustradores también realizan cambios en las imágenes. Holly Meade dice que casi siempre hace cientos de dibujos para elegir las ilustraciones de un solo libro.

"Me encantó ilustrar *Helado de chocolate*", dice Holly Meade. Y agrega que para ella fue un desafío combinar imágenes de un lugar cálido y uno muy frío en el mismo libro.

Género
Poesía

CANCIÓN AL TRABAJO

TEXTO DE
GARY PAULSEN

ILUSTRACIONES DE
RUTH WRIGHT PAULSEN

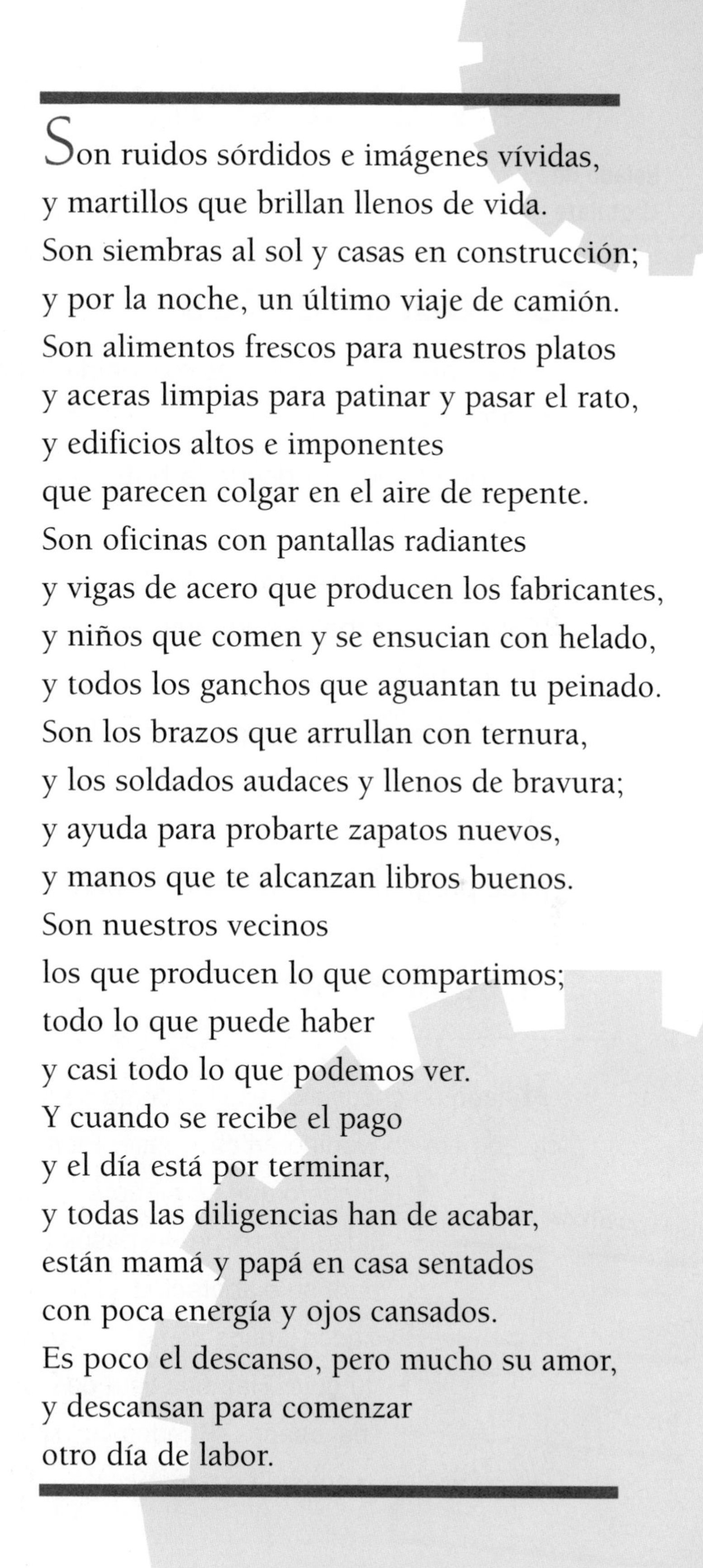

Son ruidos sórdidos e imágenes vívidas,
y martillos que brillan llenos de vida.
Son siembras al sol y casas en construcción;
y por la noche, un último viaje de camión.
Son alimentos frescos para nuestros platos
y aceras limpias para patinar y pasar el rato,
y edificios altos e imponentes
que parecen colgar en el aire de repente.
Son oficinas con pantallas radiantes
y vigas de acero que producen los fabricantes,
y niños que comen y se ensucian con helado,
y todos los ganchos que aguantan tu peinado.
Son los brazos que arrullan con ternura,
y los soldados audaces y llenos de bravura;
y ayuda para probarte zapatos nuevos,
y manos que te alcanzan libros buenos.
Son nuestros vecinos
los que producen lo que compartimos;
todo lo que puede haber
y casi todo lo que podemos ver.
Y cuando se recibe el pago
y el día está por terminar,
y todas las diligencias han de acabar,
están mamá y papá en casa sentados
con poca energía y ojos cansados.
Es poco el descanso, pero mucho su amor,
y descansan para comenzar
otro día de labor.

Helado de chocolate

Hacer conexiones

Compara textos

1. ¿Qué aprendiste sobre las comunidades al leer "Helado de chocolate"?
2. ¿Por qué la autora divide la historia en dos partes tituladas: "Cacao" y "Hielo"?
3. ¿En qué se parecen los padres que se mencionan en el poema "Canción al trabajo" a los padres de las muchachas en "Helado de chocolate"?
4. ¿Qué datos y eventos de "Helado de chocolate" crees que sean reales? ¿Qué eventos y detalles crees que fueron inventados por el autor?
5. ¿Qué preguntas harías sobre los barcos y veleros de antes?

Escribe una guía

"Helado de chocolate" explica cómo se procesa el cacao para convertirlo en chocolate. Piensa en un alimento que se elabore en tu comunidad. Describe los pasos necesarios para su elaboración. Usa un organizador gráfico como éste para planear tu guía. Haz una lista de los pasos necesarios. Puedes incluir un dibujo con cada paso.

Guía para hacer ______

Paso 1

Paso 2

Paso 3

CONEXIÓN con la Escritura

Haz una tabla

El cacao y los caracoles son comunes en Santo Domingo, pero no en Maine. Los pinos balsámicos crecen en Maine, pero no en Santo Domingo. Vuelve a leer la historia y busca los nombres de otras plantas o animales que sólo se desarrollen en un lugar. Consulta enciclopedias, guías y otras fuentes para agregar más ejemplos. Haz una tabla con una lista de plantas y animales por región. Incluye ilustraciones.

Santo Domingo		Maine	
Plantas	Animales	Plantas	Animales

CONEXIÓN con las Ciencias

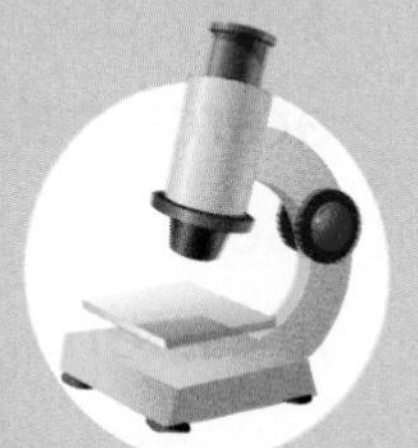

Haz un tríptico

En "Helado de chocolate", las personas intercambian sus bienes por otros que no se producen en su región. Piensa en productos que uses todos los días, como alimentos o ropa. Investiga dónde se elaboran esos productos. Haz un tríptico con descripciones e ilustraciones. La primera parte debe mostrar productos elaborados en la región donde vives. La segunda parte debe incluir productos elaborados en otras partes de Estados Unidos. En la tercera parte muestra los productos elaborados en otros países.

CONEXIÓN con los Estudios sociales

Helado de chocolate

Comparar y contrastar

Hay dos historias en "Helado de chocolate". Una habla acerca del cacao. La otra habla sobre el hielo. Piensa en el escenario, los personajes y la trama de ambas partes de la historia. ¿En qué se parecen? ¿En qué son diferentes?

Usa la tabla para comparar y contrastar el escenario en cada parte de "Helado de chocolate". Escribe algunas oraciones acerca de las semejanzas y diferencias entre Santo Domingo y Maine.

COMPARAR Y CONTRASTAR

	Santo Domingo	Maine
árboles de plátano	✔	
árboles de abeto		✔
río	✔	✔
tiene verano	✔	✔
tiene invierno		✔
una isla	✔	
es parte del continente		✔

Visita *The Learning Site*
www.harcourtschool.com
Ve Destrezas y Actividades

Preparación para las pruebas

Comparar y contrastar

Enrique

Enrique vive en Hawai, donde el clima casi siempre es muy cálido. Le gusta hacer surfing en las tibias aguas del océano.

En la escuela, Enrique aprende cosas acerca de su estado. Él sabe que los cultivos más importantes son la caña de azúcar y la piña.

Alberto

Alberto vive en Alaska, donde el clima casi siempre es frío y nieva mucho. Le gusta esquiar en la nieve.

En la escuela, Alberto también aprende acerca de su estado. Los productos más importantes incluyen la madera y el petróleo.

Compara y contrasta "Enrique" y "Alberto" para responder las siguientes preguntas.

1. Ambas historias son parecidas porque

A los niños disfrutan las mismas cosas.

B el escenario es el mismo.

C ofrecen el mismo tipo de información.

D las dos hablan acerca de la escuela.

Sugerencia

Decide si las opciones son verdaderas y si mencionan semejanzas entre ambas historias.

2. En ambas historias un niño

F disfruta el clima cálido.

G observa una competencia de surf.

H aprende acerca de su estado.

J le gusta esquiar.

Sugerencia

Compara las historias para decidir cuál de las respuestas habla sobre ambos niños.

El poder de las palabras

Si ganaras un millón

decidir

cantidad

valor

combinaciones

recibir

felicidades

El dinero es importante. Si en tu clase se necesitara recaudar dinero por alguna razón especial, ¿cómo podrías hacerlo? Lee acerca de una clase que decidió tener una feria de primavera.

Resumen de las juntas de la clase

5 de abril

Hoy hicimos planes para nuestra Feria de Primavera. Hay muchas ideas sobre diferentes tipos de puestos y juegos. Tuvimos que votar para **decidir** sobre lo que vamos a hacer. Nos gustan las decisiones que tomamos. Para cada juego o puesto hicimos una lista de los trabajos que deben realizarse. Colocamos la lista en la cartelera para que los estudiantes pudieran anotarse en la actividad en que quieran participar.

Reporte de Ignacio Barrios

12 de abril

Algunos comercios de nuestro vecindario nos han dado una gran **cantidad** de cosas para la feria. A pesar de que son muchas cosas, ninguno de los objetos tiene gran **valor**. Es posible que no valgan mucho pero van a ser muy útiles. Podemos usar muchos de los objetos en diferentes **combinaciones**. Por ejemplo, tenemos unas cajas grandes, tablas y pinturas que pensamos unir para hacer un juego. Estuvimos muy contentos de **recibir** estas donaciones.

Reporte de Isabel Arias

19 de abril

Nuestra Feria de Primavera fue un gran éxito. Reunimos treinta y seis dólares. Todos estábamos felices por el dinero que ganamos y además nos divertimos mucho. Nuestro director envió una nota a la clase que decía: "**Felicidades**, han hecho un gran trabajo. Estoy muy contento de que su esfuerzo haya sido un éxito."

Reporte de Juan Santiago

CONEXIÓN
Vocabulario–Escritura

En ocasiones especiales las personas dicen: **¡Felicidades!** Escribe una lista de cinco ocasiones donde felicitarías a un amigo o a un familiar.

Género

No ficción explicativa

Un relato de no ficción explicativa puede usar fantasía para dar información acerca de un tema.

En esta selección, busca

- **las opiniones del autor acerca de los datos que presenta.**
- **personajes fantásticos.**

Si ganaras un MILLÓN

Texto de David M. Schwartz
Ilustraciones de Steven Kellogg

¡FELICITACIONES!

HAS GANADO 1 CENTAVO.

Compraría cualquier cosa que costara un centavo.

¡BIEN HECHO!

HAS GANADO 5 CENTAVOS.

¡BRAVO! AHORA GANASTE 10 CENTAVOS.

AHORA TIENES UNA MONEDA DE DIEZ CENTAVOS.

¡EXCELENTE!

POR TRABAJAR DURO, HAS GANADO VEINTICINCO CENTAVOS.

¡MARAVILLOSO!

AHORA ERES 1 DÓLAR MÁS RICO QUE ANTES.

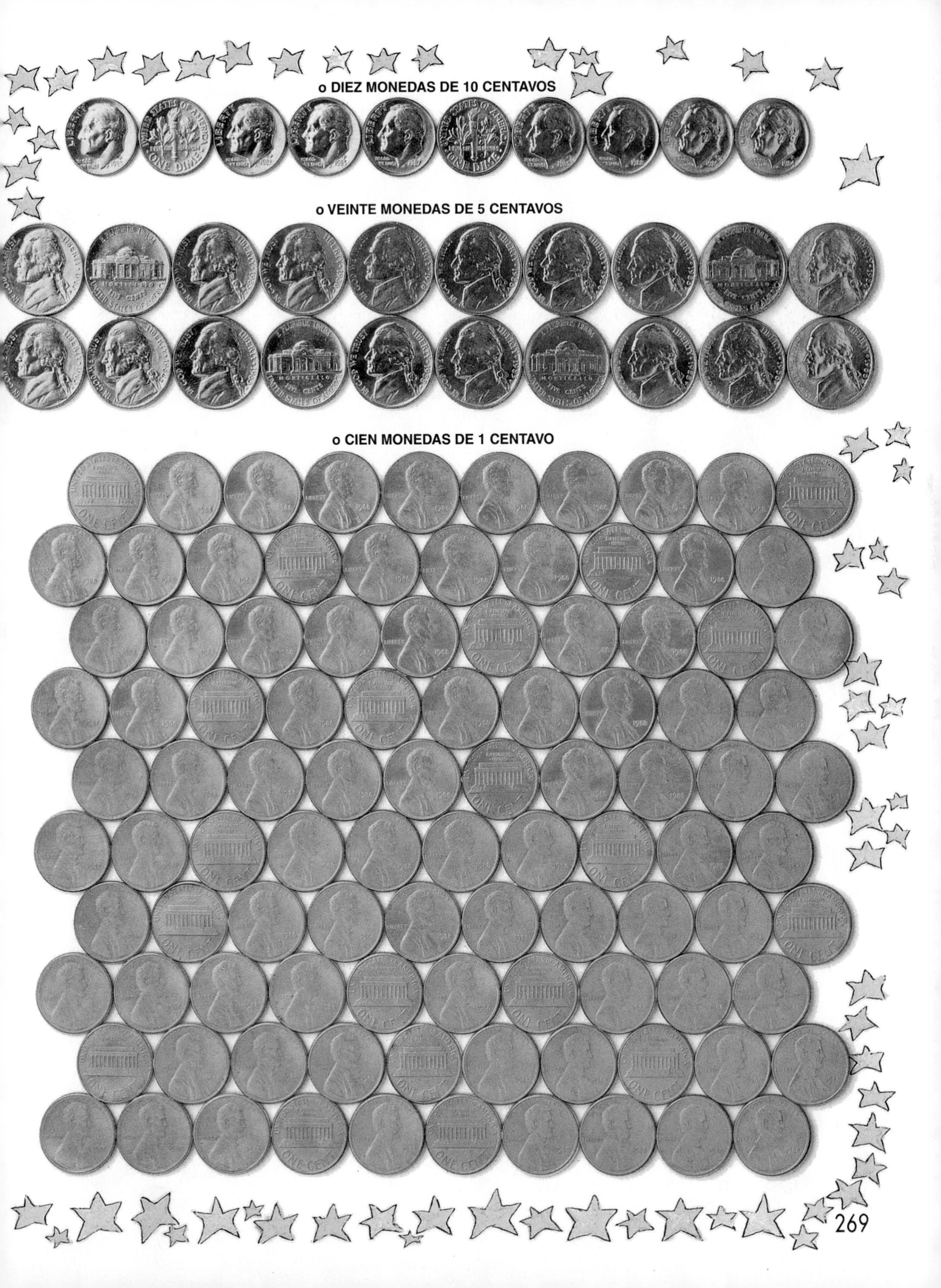
o DIEZ MONEDAS DE 10 CENTAVOS
o VEINTE MONEDAS DE 5 CENTAVOS
o CIEN MONEDAS DE 1 CENTAVO

Con un dólar, puedes comprar cien caramelos de 1 centavo o veinte globos de 5 centavos, o diez calcomanías de 10 centavos o cuatro pelotas de goma de 25 centavos.

Quizá prefieras ahorrarlo. Si lo guardas en un banco, dentro de un año tendrás $1.05.

El banco te pagará cinco centavos por usar tu dinero durante un año. ¡Los cinco centavos son el interés!

¡Si esperas diez años, tu dólar ganará sesenta y cuatro centavos de interés, sólo por estar en el banco!

¿Quieres ganar muchos intereses? Espera veinte años y tu dólar se convertirá en $2.70.

¡DELICIOSO!

HAS GANADO CINCO DÓLARES POR HORNEAR UN PASTEL

Te pueden pagar con un billete de cinco dólares o cinco billetes de un dólar. Ambas formas son iguales.

¡ESTUPENDO!
HAS GANADO DIEZ DÓLARES.

¿Cómo te gustaría que te pagaran? ¿Con un billete de diez dólares? ¿Dos billetes de cinco dólares? ¿Diez billetes de un dólar? O quizá un billete de cinco dólares y cinco billetes de un dólar. Elige la manera que te guste. Todas son iguales.

Si lo prefieres, puedes recibir una pila de 5 pies de altura con monedas de un centavo (mil monedas) o una pila de 15 pulgadas con doscientas monedas de cinco centavos. También pueden pagarte con cien monedas de diez centavos, en una pila de poco más de cinco pulgadas. Incluso puedes formar una pila de 3 1/4 pulgadas si recibes cuarenta monedas de veinticinco centavos.

Con tus diez dólares puedes comprar diez gatitos o mil galletas para gato.

También puedes invitar a tu mamá al cine.

Tal vez prefieras ahorrar tu dinero. Si lo guardas en un banco por diez años, ganarás $6.40 de interés y tendrás $16.40.

Si lo guardas cincuenta años, tus diez dólares se convertirán en $138.02.

TRABAJASTE DURO Y HAS GANADO CIEN DÓLARES.

Has decidido gastarlos en un boleto de avión para ir a la playa. Puedes pagar con un billete de cien dólares, o dos billetes de cincuenta dólares, o cinco billetes de veinte dólares o varias combinaciones: seis billetes de cinco dólares, tres billetes de diez dólares y dos billetes de veinte dólares, por ejemplo.

¿Prefieres monedas de un centavo? Se necesitarían diez mil monedas de un centavo. Con ellas podrías formar una pila de cincuenta pies de alto.

¡TRABAJASTE MUCHO Y MUY DURO, Y HAS GANADO MIL DÓLARES!

Si piensas comprar una mascota, puedes pagar con billetes o monedas.

Si no quieres llevar mil dólares en el bolsillo, puedes llevarlos a un banco y cambiarlos por un cheque para comprar tu hipopótamo.

El cheque le dice al banco que le pague $1,000 a la persona que te vendió el hipopótamo.

GRACIA
Compañía sonriente y dispuesta
Mascotalandia, E.E.U.U.

Páguese este cheque a la orden de **SR. HORACIO ABRAZOS** $ **$1,000**

MIL DÓLARES

EL BANCO
Mascotalandia, E.E.U.U.

Gracia

Así funcionan los cheques: Tú le das el cheque a la persona que te vendió el hipopótamo. Esa persona lleva el cheque al banco. El banco envía el cheque a revisión a un centro de crédito que siempre está muy ocupado. Si es aceptado, el banco toma mil dólares de tu dinero y llama al banco del vendedor.

Luego, tu banco le dice al banco del vendedor que guarde los mil dólares. Así, esa persona podrá usarlos cuando quiera. Quizá con ellos compre más hipopótamos para venderlos.

Si compras una rueda de la fortuna de $10,000 con monedas de un centavo, tal vez al vendedor no le agrade. Aunque uses diez mil billetes de un dólar, es muy difícil llevar tanto dinero en el bolsillo.

Tal vez sea mejor usar un cheque.

¡MAGNÍFICO!

HAS GANADO $50,000 y te enteraste de que puedes comprar un castillo antiguo, hermoso y fácil de reparar, que además sólo cuesta $100,000.

El castillo cuesta $100,000, pero sólo tienes $50,000. Te faltan $50,000, pero no te preocupes. Puedes pagar $50,000 como adelanto y pedir un préstamo a un banco.

Luego le pagarías al banco poco a poco. Cada mes… por varios años.

Sin embargo, la cantidad que debes pagar al banco es mayor que la que te prestó. Eso se debe a que el banco cobra intereses cuando le presta dinero a la gente. Así como el banco paga intereses cuando usa tu dinero, también cobra intereses si alguien más usa su dinero. Ahora usarás el dinero del banco, así que tendrás que pagar intereses.

Si tus planes son mucho más grandes, necesitarás un trabajo mejor pagado.

Si crees que cuidar a un bebé ogro es un reto, piensa que puedes divertirte y además ganar mucho dinero. A lo mejor no te gusta cuidar bebés ogros o construir puentes o pintar jarrones de morado. Disfrutar de tu trabajo es más importante que el dinero. Tal vez puedes buscar otro trabajo o hacer planes menos costosos.

¡FELICIDADES!

HAS GANADO UN MILLÓN.

En monedas de un centavo, se formaría una pila de noventa y cinco millas de alto. En monedas de cinco centavos, se llenaría un autobús escolar. En monedas de veinticinco centavos, sería el peso de toda una ballena.

¿Prefieres billetes? También es una carga muy pesada. Un millón de dólares en billetes de un dólar pesan 2,500 libras y forman una pila de 360 pies.

¿Cómo puedes cobrar sin cargar demasiado? Los billetes de cien dólares son la mejor opción. Aun así, se necesitarían diez mil de ellos para pagarte si cuidas al bebé ogro.

Pero un cheque de $1,000,000 es más fácil de llevar en el bolsillo. Y tiene el mismo valor que esas pilas de billetes o monedas.

Hasta podrías comprar un boleto para viajar a la luna.

O comprar un terreno y construir un refugio de rinocerontes.

Si prefieres ahorrar tu millón, puedes guardarlo en un banco, donde ganarías $1,000 de intereses a la semana, es decir, $143 diarios, $6 por hora o 10 centavos por minuto. ¡Sólo por guardarlo!

Si ahorras el millón, podrías vivir de los intereses, sin tener que trabajar por el resto de tu vida. Aunque tal vez eso sería algo aburrido.

Si ganas mucho dinero, tendrás que decidir qué hacer con él.

ENTONCES, ¿QUÉ HARÍAS SI GANARAS UN MILLÓN?

REFLEXIONAR Y RESPONDER

1. ¿Por qué las personas guardan su dinero en un banco?
2. ¿Cómo sabes cuáles trabajos se hicieron para ganar diferentes cantidades de dinero?
3. ¿Por qué el autor hace divertido aprender acerca del dinero? Da algunos ejemplos.
4. ¿Cuál es el dato más interesante que aprendiste de esta selección? ¿Cómo lo usarías en el futuro?
5. ¿Cómo te ayudaron las estrategias de lectura mientras leíste esta selección?

Imagina que quieres escribir o ilustrar un libro que se venda en las librerías. Quizá necesites un editor. Un editor se asegura de que tu libro esté listo para publicarse. Éstas son las cartas que David Schwartz y Steven Kellogg pudieron haber escrito a su editor.

Querido Editor:

Mi libro anterior, *¿Cuánto vale un millón?* habla acerca de cantidades muy grandes. Siempre me han gustado los números grandes. A veces me pregunto si alguien podría contar las estrellas que hay en el cielo. Algunos lectores me han dicho que también les gustan los números grandes. ¡En especial, un millón de dólares!

Eso me dio una idea para escribir un nuevo libro. ¿No sería fantástico escribir una historia que hablara de mucho dinero? Después de todo, la gente gana, gasta y ahorra dinero toda la vida.

Por ahora le enviaré un borrador de mi idea. Por favor hable con Steven Kellogg sobre este proyecto. Me encantaría que él ilustrara mi libro.

Atentamente,

David M. Schwartz

David M. Schwartz

Querido Editor:

Gracias por tomarme en cuenta para un nuevo proyecto. Estoy muy interesado en ilustrar el nuevo libro de David M. Schwartz, *Si tuvieras un millón*. Ya he empezado a pensar en las ilustraciones.

Me parece maravillosa la idea de hacer un libro que ayude a los niños a comprender lo que es el dinero. De hecho, el libro sería más útil si les muestra *cómo ganar* dinero. Tal vez podríamos cambiar el título a *Si ganaras un millón*. Considero que es muy importante que las personas ganen dinero haciendo el trabajo que más les gusta. ¡Me encantaría que este libro enseñara a los niños a ayudar a los demás, a ganar dinero y a divertirse, todo al mismo tiempo!

Pronto le enviaré algunos bocetos. Estoy encantado de colaborar de nuevo con usted y con el señor Schwartz.

Atentamente,

Steven Kellogg

Steven Kellogg

Visita *The Learning Site*
www.harcourtschool.com

Género
Anuncio

Imagina que has ganado algo de dinero por hacer un trabajo. Tú decidirías en qué gastarlo. Podrías dar un vistazo a anuncios como el que aparece a continuación para decidir qué comprar. Estudia el ejemplo de estas páginas para conocer los elementos de un anuncio publicitario.

Eslogan o frase publicitaria fácil de recordar.

¿Es muy pequeña tu colección de pegatinas? ¿Te gustaría tener la colección más grande de todos tus amigos?

Ven a LA PEGATINA PERFECTA.

Hecho demostrable

Llevamos más de veinte años vendiendo pegatinas y *tenemos miles de diseños distintos.*

Opinión no demostrable

En LA PEGATINA PERFECTA creemos que *la mayor colección es la mejor colección.*

¡Podemos ayudarte a formar una colección tan grande como quieras!

¡Pero no nos creas!

Esto opina **Stevie "Ruedas" Smith**, famoso campeón de patineta, acerca de nuestras pegatinas perfectas.

Respaldo o comunicado de aprobación de una persona famosa.

"¡Las pegatinas perfectas no tienen comparación!"

PEGATINAS

TIENDA LA PEGATINA PERFECTA

Conoce personalmente a Stevie "Ruedas" Smith en la tienda LA PEGATINA PERFECTA este sábado a las 10 a.m.

Reflexionar y responder

¿Qué decisiones debes tomar al leer un anuncio publicitario?

Hacer conexiones

Si ganaras un millón

Compara textos

1. ¿Qué aprendiste en "Si ganaras un millón" sobre la forma en que las personas se ganan la vida en una comunidad?
2. ¿Por qué el autor y el ilustrador combinan la fantasía con la realidad en los textos y en las imágenes?
3. ¿Por qué el propósito del autor de "Si ganaras un millón" es diferente del propósito de "La pegatina perfecta"?
4. ¿Cuál es la diferencia entre "Si ganaras un millón" y un artículo de enciclopedia sobre dinero?
5. Si pudieras hablar con el autor de "Si ganaras un millón", ¿qué otras preguntas acerca del tema le harías?

Escribe una guía de viaje

CONEXIÓN con la Escritura

Una guía de viaje contiene información sobre varios temas, como clima, transporte y dinero. Piensa en cuál sería la información que necesitaría un visitante extranjero acerca de los billetes y monedas en Estados Unidos. Escribe una guía de viaje con información sobre el dinero en Estados Unidos. Usa un organizador gráfico como el siguiente para planear tu guía.

Billetes	Monedas	Otros datos útiles

Haz un diagrama

CONEXIÓN con las Ciencias

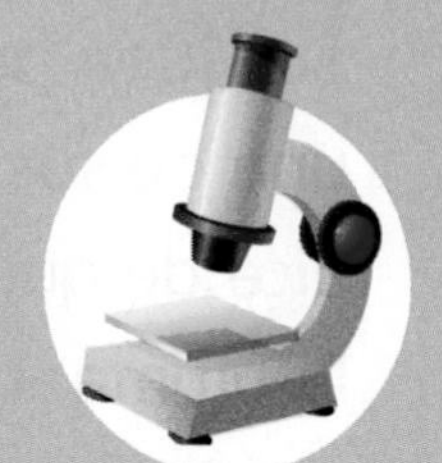

Observa la ilustración de la página 287. ¿Habías visto un globo aerostático como éste? Investiga qué son los globos aerostáticos, cómo logran elevarse en el aire y cómo se controla su descenso. Puedes consultar una enciclopedia, un libro sobre el tema o un sitio web para niños. Haz un diagrama que muestre cómo se eleva y desciende un globo aerostático. Incluye rótulos que ayuden a los lectores a comprender las partes del diagrama.

Compara precios

CONEXIÓN con las Matemáticas

"Si ganaras un millón" te dice que si ganas dinero, tendrás que decidir qué hacer con él. Esto es porque en ocasiones, un artículo puede costar más en una tienda que en otra. Busca anuncios parecidos en periódicos viejos y volantes. Recórtalos y pégalos en una hoja. Encierra en un círculo el artículo que te gustaría comprar. Escribe un párrafo en el que expliques por qué lo elegiste.

Idea principal y detalles

La **idea principal** de un párrafo puede estar incluída en una de sus oraciones. Muchas veces la primera oración dice de qué trata el párrafo, aunque también puede ser la última. Las demás oraciones contienen **detalles de apoyo** que complementan la idea principal.
A veces el autor no incluye la idea principal en el párrafo o pasaje. En este caso, deberás buscar los detalles que apoyan la idea principal y definir la idea principal en tus propias palabras.

detalle + detalle + detalle = idea principal

Las siguientes oraciones incluyen detalles, pero no mencionan la idea principal. ¿Cómo expresarías la idea principal de este párrafo?

Has decidido gastar cien dólares en un boleto de avión. Puedes pagar con un billete de cien dólares, o dos billetes de cincuenta dólares, o cinco billetes de veinte dólares. También podrías pagar con diez billetes de diez dólares o con cien billetes de un dólar.

Visita *The Learning Site*
www.harcourtschool.com

Ve Destrezas y Actividades

Preparación para las pruebas

Idea principal y detalles

Para gastar dinero	**Para ganar dinero**
Todos debemos aprender a gastar el dinero de la mejor manera. Una vez que gastas tu dinero nunca regresa. Con frecuencia compramos cosas y nos lamentamos después. Nadie está conforme cuando eso sucede.	**Para ganar dinero puedes desyerbar un jardín o alimentar a un gato cuando su dueño no está en casa. Algunos niños ganan dinero haciendo los encargos de las personas mayores de su vecindario.**

Ahora responde la siguiente pregunta. Usa los datos de "Para gastar dinero".

1. ¿Incluye el párrafo la idea principal?

A La idea principal se incluye en la primera oración.

B La idea principal se incluye en la segunda oración.

C La idea principal se incluye en la última oración.

D La idea principal no se incluye.

Sugerencia

Recuerda que la idea principal es la idea más importante y de lo que trata el párrafo.

Ahora responde esta otra pregunta. Usa los datos de "Para ganar dinero".

2. Escribe la respuesta a lo siguiente en una hoja por separado. Escribe en una oración la idea principal de "Para ganar dinero".

Sugerencia

Si identificas un tema común en todas las oraciones, sabrás que esa es la idea principal.

TEMA 3

¡Viva el mundo!

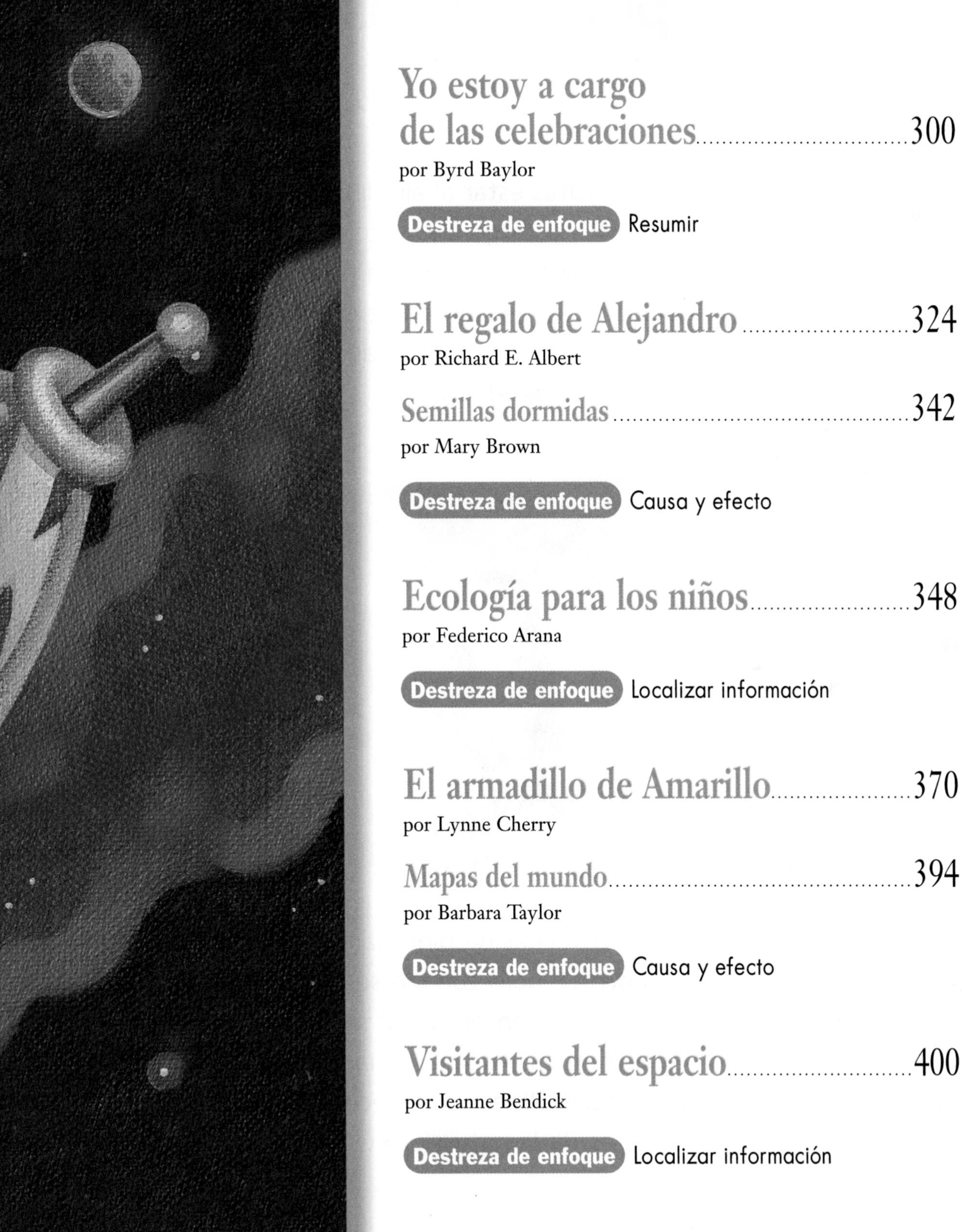

CONTENIDO

Yo estoy a cargo de las celebraciones 300
por Byrd Baylor

Destreza de enfoque Resumir

El regalo de Alejandro 324
por Richard E. Albert

Semillas dormidas 342
por Mary Brown

Destreza de enfoque Causa y efecto

Ecología para los niños 348
por Federico Arana

Destreza de enfoque Localizar información

El armadillo de Amarillo 370
por Lynne Cherry

Mapas del mundo 394
por Barbara Taylor

Destreza de enfoque Causa y efecto

Visitantes del espacio 400
por Jeanne Bendick

Destreza de enfoque Localizar información

El poder de las palabras

Yo estoy a cargo de las celebraciones

normal

celebraciones

escoger

huellas

repentinas

señalar

¿Disfrutas estar al aire libre? La autora de "Yo estoy a cargo de las celebraciones" adora la naturaleza y su casa en el desierto. Las personas que viven en otros lugares también aman sus casas, las plantas y criaturas que viven a su alrededor.

Estas piñas de pino parecen de aspecto **normal**, pero cuando se pinten y se adornen con cintas no serán comunes y corrientes. Adornarán la casa en nuestras **celebraciones**. Con frecuencia incluimos cosas de la naturaleza en nuestras fiestas.

Los inviernos en el norte son fríos y nevosos. Los animales salvajes no pueden **escoger** su comida. Deben comer lo que encuentran. Nosotros dejamos semillas regadas en el exterior de nuestra casa para que coman los pájaros. Mira las **huellas** en la nieve. Parece que una ardilla también ha encontrado las semillas para los pájaros.

Disfrutamos cuando, **repentinas**, crecen estas pequeñas plantas, pues florecen para **señalar** el final del invierno. Su hermosa flor anuncia la llegada de la primavera. Aquí está mi mamá admirando las flores. Son sus flores favoritas.

CONEXIÓN
Vocabulario-Escritura

¿Qué pistas podrían **señalar** el cambio de la estación? Escribe un párrafo que describa una o dos cosas que indiquen el comienzo de cada nueva estación.

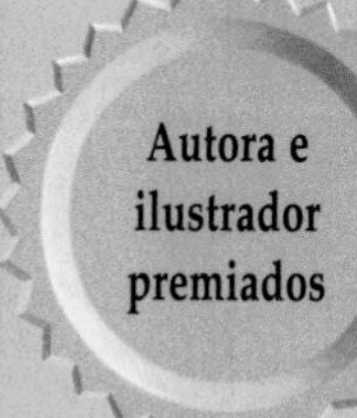

Género

Poesía

La poesía usa imágenes, lenguaje figurado e imaginación para expresar sentimientos e ideas.

En esta selección, busca

- **como el autor usa imágenes.**
- **como el autor crea efectos rítmicos.**

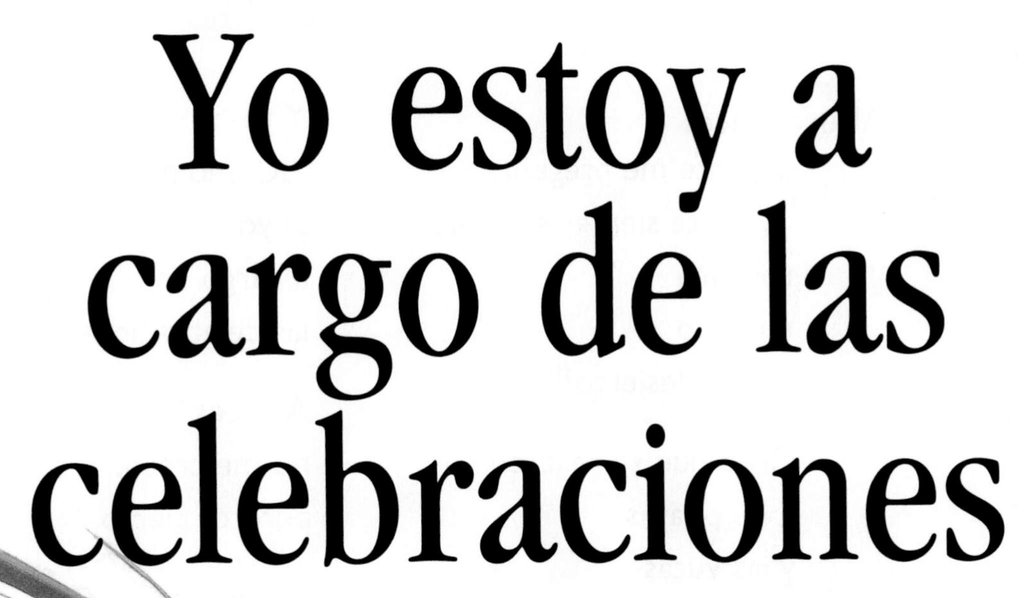

Yo estoy a cargo de las celebraciones

Texto de *Byrd Baylor*
Ilustraciones de *Peter Parnall*

Algunas veces
la gente me pregunta:
"¿No te sientes sola allí,
rodeada
tan sólo
por el desierto?"

Creo que se refieren
a las pitayas
y las yucas
y los cactus
y las rocas.

Creo que se refieren
a las barrancas profundas
y los nidos de halcones
en los peñascos
y a las huellas de coyote
que serpentean
por los cerros.

"¿Sola?"

No puedo evitar
reírme
cuando me
preguntan eso.

Siempre los miro...
sorprendida.

Y respondo:
"¿Cómo podría sentirme sola?
Si yo estoy
a cargo de
las celebraciones."

A veces
no me creen,
pero es cierto.

Yo misma
me nombro
responsable.
Y elijo
mis propias celebraciones.

El año pasado
me regalé
ciento ocho
celebraciones,
sin contar aquellas
por las que cierran
la escuela.

No puedo conformarme
con sólo
unas cuantas.

Amigo, te diré
qué es lo que hago.

Tengo un cuaderno
en el que escribo la fecha,
y luego escribo algo
sobre la celebración.

Soy muy cuidadosa
al elegir
lo que va a entrar
en ese cuaderno.

Tiene que ser algo
que pienso recordar
por el resto de mi vida.

Puedes saber
qué merece
una celebración
porque
tu corazón
PALPITARÁ
y
te sentirás
como si estuvieras
en la cima de una montaña
y recobrarás el aliento
como si estuvieras
respirando
un nuevo
tipo de aire.

Si no es así,
lo cuento tan sólo
como un día normal.
(Te dije que era muy
cuidadosa para
escoger.)

Amigo, cómo me hubiera
gustado que estuvieras aquí
el Día de los Remolinos
de Arena.

Pero como no estuviste,
te contaré cómo
se convirtió
en mi primera
y real celebración.

Puedes llamarlos
torbellinos
si así lo deseas.
Yo, por mi parte, pienso
que remolinos de arena
suena mejor.

Pues, sea como sea,
siempre me detengo
a mirarlos. Aquí,
todos lo hacen.

Como sabes, llegan
desde muy lejos,
levantándose
desde los llanos,
dando vueltas,
balanceándose,
cayendo
y revolviéndose,
levantando palitos
y arena y plumas
y rodadoras secas.

Resulta que el pasado
once de marzo
nos dirigíamos a algún lugar.
Yo iba en la parte trasera de
un camión de redilas
cuando los remolinos
de arena
empezaron
a formarse.

Se podía ver
que eran
gigantescos.

Uno juraría
que estaban
llamando
a sus amigos
a venir también.

Y llegaron:
bailando
al ritmo
de su propia
música
airosa.

Todos empezamos
a contarlos.
Todos empezamos
a buscar otros.

El camión se detuvo
y anduvimos
dando vueltas
y más vueltas
mirándolos a todos.
Eran siete.

En momentos como ése
algo dentro de ti
como que se vuelve loco.
Tienes que correr
para alcanzarlos,
y gritas
todo el tiempo.

Tienes que
remolinear
como si fueras
uno de ellos,
y no puedes detenerte
hasta que
te sientes caer.

Y luego, todo el día
piensas
en lo afortunado
que fuiste
de estar allí.

Algunas de mis mejores
celebraciones
son sorpresas repentinas
como ésa.

Si no hubieras salido
en ese preciso
momento,
no los hubieras
visto.

Yo paso
mucho tiempo afuera
mirando lo que
me rodea.

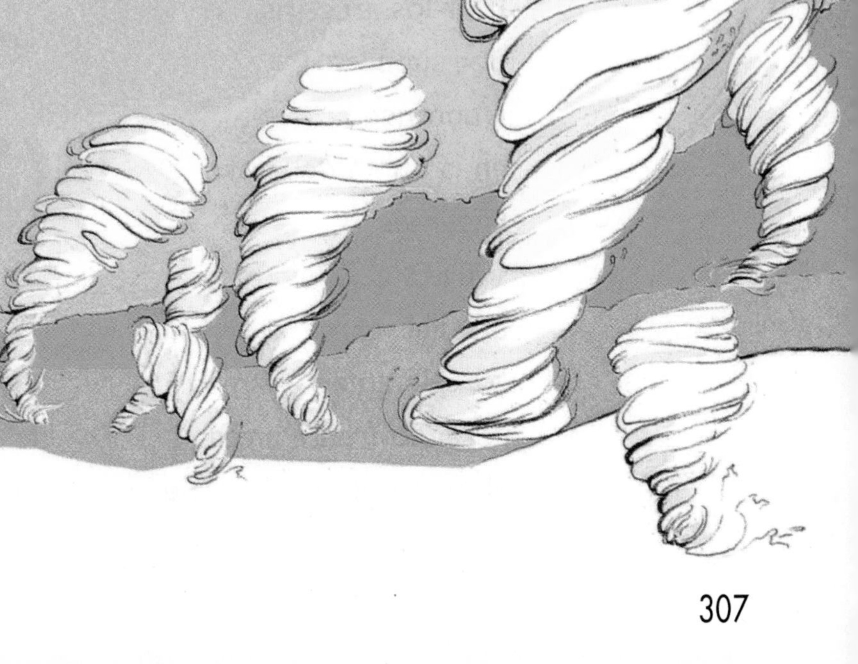

Una vez
vi un arco iris triple
que terminaba en un cañón
donde había estado
el día anterior.

Había subido hasta la mitad
de un cerro
y me quedé parada
en medio de la llovizna.

Casi había oscurecido
pero yo no pensaba
pasar por allí
(por los arco iris,
por supuesto),
y entonces
en la punta del cerro
vi parada
sobre sus patas traseras,
una liebre,
completamente inmóvil,
mirando frente a ella
el mismo arco iris triple.

Quizá yo sea
la única persona en el
mundo que ha visto
un conejo
inmóvil en la bruma
mirando tranquilamente
tres arco iris.

Eso merecerá
siempre una
celebración.

Lo escribí en mi cuaderno
y dibujé la colina
y el conejo
y el arco iris
y me dibujé a mí misma.

Desde entonces
el nueve de agosto
es el Día de Celebración
del Arco Iris.

Tengo también
el Día de la Nube Verde.

Si le preguntas a cualquiera
te dirá
que las nubes
no son verdes.

Pero una tarde de invierno,
ya avanzada,
vi esa enorme
nube verde.

No era
azul verdosa
ni gris verdosa
ni nada por el estilo.
Esta nube
era
verde...

verde como un loro
de la selva.

Y lo más extraño es que
empezó
a tomar la forma de un loro,
primero las alas,
luego la cabeza
y el pico.

En lo alto del
cielo invernal
ese pájaro verde
voló.

No duró
más de un minuto.
Ya sabes qué
rápido puede
cambiar una nube,
pero aún recuerdo
cómo se veía.

Así que celebro
a las Nubes Verdes
el seis de
febrero.

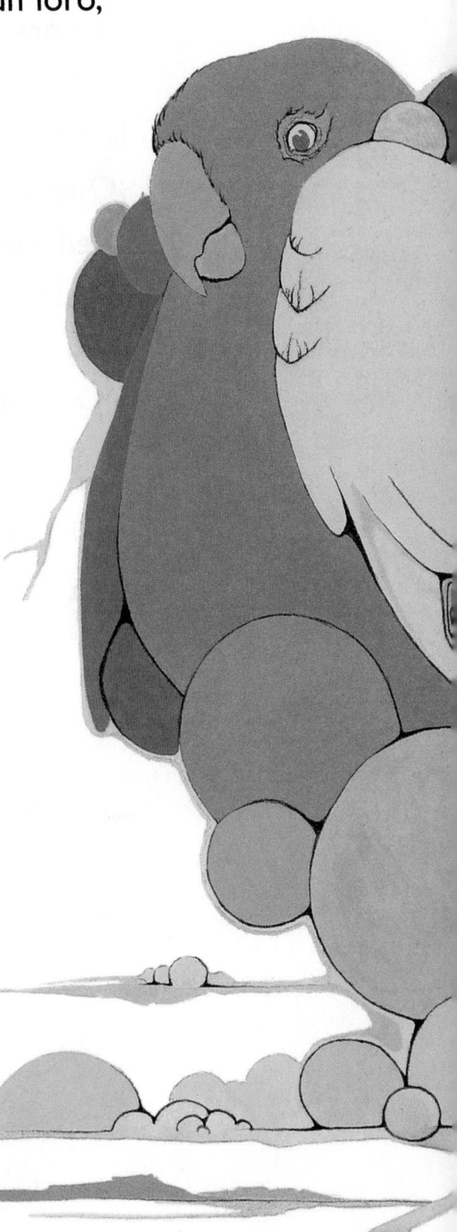

En momentos como ésos
siempre pienso:
"¿Qué tal si no
la hubiera visto?
¿Qué tal si me hubiera
quedado en casa?
¿O si no hubiera
mirado hacia arriba
en ese instante?"

Como puedes ver, soy
muy afortunada
para cosas como ésa.

Y fui afortunada
el Día del Coyote,
porque de entre
todos los instantes
sólo podía
haber uno
en el que
un determinado coyote
y yo podíamos
encontrarnos, y así fue.

Amigo, me hubiera gustado
que estuvieras también.

Yo rastreaba
huellas de venado,
sin ninguna prisa
agachándome
mientras caminaba
y como canturreando.
(Me gusta canturrear
cuando estoy sola.)

Levanté la vista
a tiempo para ver
a una coyota joven
trotando
por la maleza.

Pasó frente a mí.
Hacía viento ese día
y ella caminaba hacia
el este.

Con ese andar suave
y silencioso
con que se mueven
los coyotes,
avanzó
en contra del viento.

Me quedé inmóvil
con el aliento
cortado deseando
poder moverme
como ella.

Me sorprendió
verla
detenerse
de pronto
y voltear
a verme.

Como si pensara
que yo era sólo
una criatura más
siguiendo otro
sendero rocoso.

(Esto, desde luego,
es cierto.)

No se apresuró.
Ni estaba asustada.

Yo vi sus ojos
y ella vio
los míos.

Y esa mirada
creó un lazo
entre nosotras.

Por ese motivo,
nunca volveré
a ser la misma
de antes.

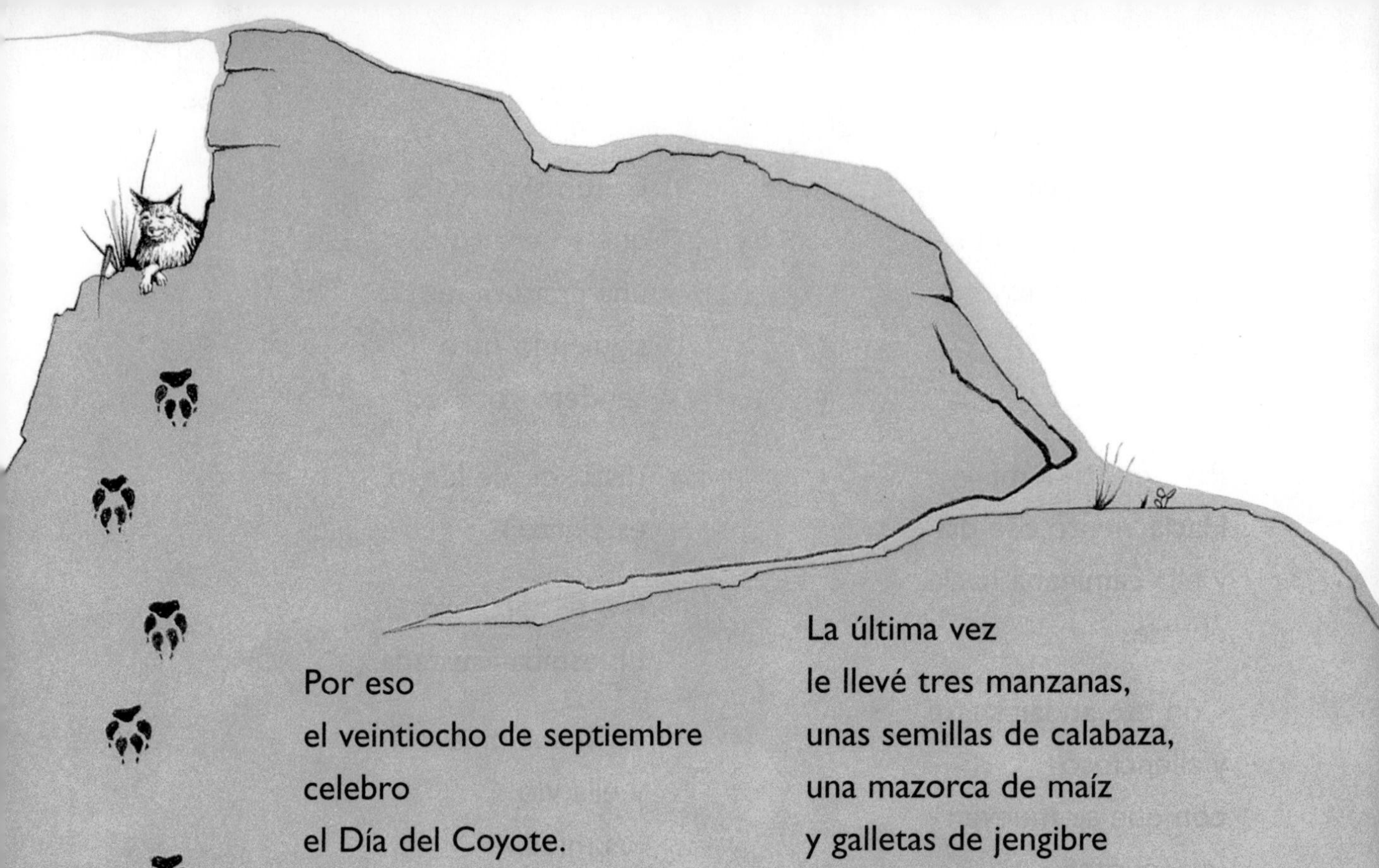

Por eso
el veintiocho de septiembre
celebro
el Día del Coyote.

Esto es lo que hago:
recorro el sendero
por el que caminé
ese día,
y canturreo
suavemente
mientras avanzo.

Por último
desenvuelvo
el regalo
que traje para ella.

La última vez
le llevé tres manzanas,
unas semillas de calabaza,
una mazorca de maíz
y galletas de jengibre
grandes, suaves,
hechas en casa.

Al día siguiente
pasé casualmente
por ese camino otra vez.
Por toda la roca
había huellas de coyote,
donde había dejado
la comida, y la comida
ya no estaba.

El año próximo
prepararé algo
mucho mejor.
Traeré un bocado adicional
y también comeré allí.

Otra de mis
principales celebraciones
es la que llamo
La Época de las
Estrellas que Caen.

Dura casi una semana
a mediados de agosto,
y yo espero
todo el año
esas cálidas
noches de verano
cuando el cielo
se vuelve loco.

Puedes llamarla
lluvia de meteoros
si deseas.
Pero a mí me gusta
decirles
estrellas que caen.

Toda esa semana
duermo al aire libre.

Pongo
toda mi atención
en el cielo.

Y cada vez
que una franja de luz
se proyecta
en la oscuridad,
siento que
el corazón
se me sale
del pecho.

Una noche
vi una bola
de fuego
que dejó
una larga estela
roja
brillante
en el cielo.

Cuando
desapareció,
me quedé quieta
mirando
hacia arriba,
sin poder
creer
lo que veía.

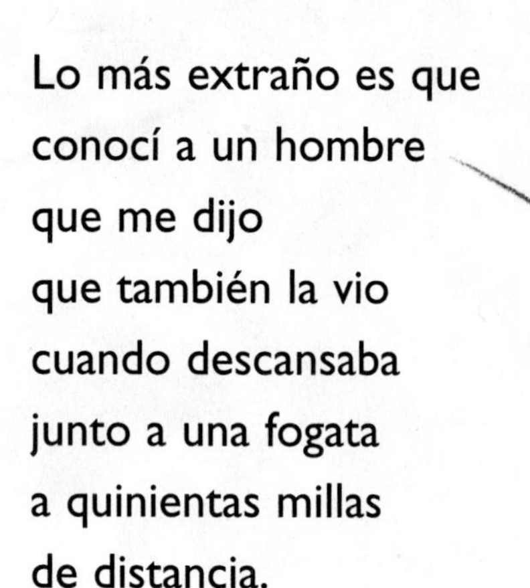

Lo más extraño es que
conocí a un hombre
que me dijo
que también la vio
cuando descansaba
junto a una fogata
a quinientas millas
de distancia.

Me dijo que esa noche
no pudo
volver a dormir.

De repente pareció
que los dos
hablábamos
una lengua
que nadie más
podía
entender.

Cada mes
de agosto
de mi vida,
me acordaré
de eso.

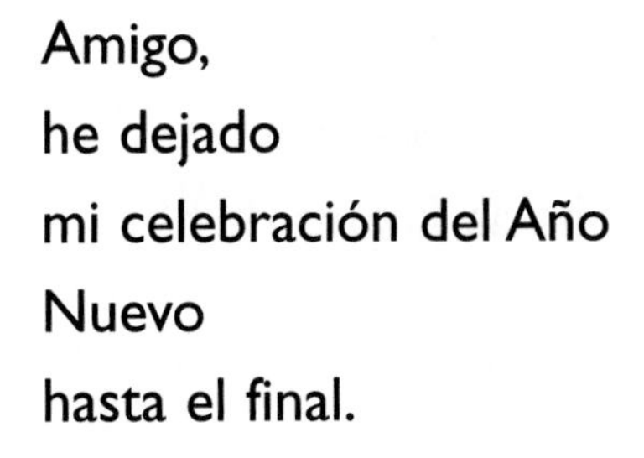

Amigo,
he dejado
mi celebración del Año
Nuevo
hasta el final.

Mi festejo
es un poco diferente
al de la mayoría
de la gente.

Sucede en
primavera.

Para ser franca
nunca sentí que
mi año nuevo
empezara
el primero de enero.

Para mí
es tan sólo
otro día
de invierno.

Yo dejo
que mi año
empiece
cuando termina
el invierno
y la luz matutina
aparece
más temprano
tal como *debe ser*.

Entonces me siento
como si estuviera
empezando algo nuevo.

Espero hasta que
las palomas de alas blancas
regresan de México,
y las flores silvestres
cubren los cerros,
y florece
mi cactus
favorito.

Siempre me
recuerda
que yo también
tengo que florecer.

Es entonces
cuando empiezo
a planear
mi celebración
del Año Nuevo.

Por último elijo
un día que sea
precisamente
el indicado.

Hasta el aire
tiene que
estar perfecto,
y la tierra
debe sentirse
agradable y tibia
con los
pies descalzos.

(Casi siempre
es un sábado,
hacia finales de abril.)

Tengo un tambor
que toco
para señalar
El Día.

Luego me voy
a vagabundear
por todos
mis senderos
favoritos
a todos los
lugares
que me gustan.

Reviso
cómo está todo.

Me paso el día
admirando cosas.

Si la vieja tortuga
del desierto
a la que conozco desde el
año pasado
anda fuera
dando un paseo,
camino en busca de ella
un rato.

Celebro
con los sapos cornudos,
los cuervos,
los lagartos
y la codorniz...

Y, amigo,
no es
mala la fiesta.

Al caminar de regreso a casa
(con una especie
de canturreo),
a veces
pienso en la gente
que me pregunta si
me siento *sola* aquí.

Tengo
que reírme
a carcajadas.

Reflexionar y responder

1. **¿Por qué la narradora elije sus propias celebraciones? ¿Cómo las recordará todas?**
2. **¿Por qué la narradora se ríe cuando la gente pregunta si se siente sola?**
3. **¿Por qué la narradora celebra el Año Nuevo en abril en vez de enero?**
4. **¿Cuál de las celebraciones en el poema es tu favorita? Explica tu respuesta.**
5. **Describe una estrategia de lectura que te ayudó a entender o a disfrutar el poema.**

Conoce a la autora **Byrd Baylor**

Queridos amigos:

Yo estoy a cargo de las celebraciones es un poema que habla de mi vida y del lugar donde vivo. Nací en Texas y pasé muchos veranos en un rancho al oeste de Texas. Me gusta vivir donde crecen los cactus y las pitayas. Me encanta escuchar el aullido de los coyotes en las noches frías y claras. Éstas son las cosas que celebro.

Tú también puedes celebrar la naturaleza. Escucha el canto de los pájaros, mira las flores y contempla las rocas. Siente el viento, el sol y la lluvia. ¡En la vida hay muchas razones para celebrar!

Sinceramente,

Byrd Baylor

Conoce al ilustrador Peter Parnall

Queridos lectores:

Amo a la naturaleza, en especial a los animales. Desde muy joven quería ser veterinario, pero al final decidí que prefería dibujar animales que curarlos. Disfruto mucho al ilustrar los libros de otros autores, pero me encanta escribir e ilustrar mis propios libros.

Actualmente vivo y trabajo en una granja que tengo en Maine. Dos de mis actividades favoritas son dar largas caminatas por la granja y compartir mi arte con los niños. Espero que disfrutes las ilustraciones de *Yo estoy a cargo de las celebraciones*.

Sinceramente,

Visita *The Learning Site*
www.harcourtschool.com

Hacer conexiones

Compara textos

1. ¿Cómo expresa lo que siente por la naturaleza la autora de "Yo estoy a cargo de las celebraciones"?
2. ¿Por qué la protagonista siente una conexión especial con el hombre que estaba a quinientas millas de distancia de ella cuando vio la bola de fuego?
3. ¿Qué diferencia observas entre la manera en que la muchacha celebra el Año Nuevo y las otras celebraciones del poema?
4. Piensa en otro poema que conozcas. ¿En qué se parece y en qué se diferencia de "Yo estoy a cargo de las celebraciones"?
5. ¿Qué otras cosas te gustaría saber sobre el desierto después de leer "Yo estoy a cargo de las celebraciones"?

Escribe una conversación

CONEXIÓN con la Escritura

La protagonista de "Yo estoy a cargo de las celebraciones" habla acerca de un hombre que también había visto la bola de fuego en el cielo. Piensa en la conversación que ellos pudieron haber tenido. Escribe lo que ambos pudieron haber pensado y sentido. Usa un organizador gráfico como el siguiente para planear la conversación.

LA MUCHACHA: ______

EL HOMBRE: ______

LA MUCHACHA: ______

EL HOMBRE: ______

LA MUCHACHA: ______

Experimenta con espejos

La muchacha del poema celebra el día que vio un arco iris triple. Los arco iris aparecen cuando la luz pasa por la lluvia o la niebla y se refracta en diferentes ángulos. Trata de formar un arco iris con un espejo o algún objeto brillante. Consulta un libro de ciencias para saber por qué tu experimento tuvo o no tuvo éxito.

CONEXIÓN con las Ciencias

Haz un mapa

"Yo estoy a cargo de las celebraciones" describe la vida en el desierto. Investiga dónde se localiza el desierto más cercano al lugar donde vives. Dibuja un mapa con la posición del desierto y la de tu ciudad. Rotula el mapa con los nombres del desierto, de tu estado y de tu ciudad. Puedes incluir otras ciudades y estados cercanos. Identifica y rotula algunas formaciones geográficas de la región, como lagos, ríos, océanos, montañas y valles.

CONEXIÓN con los Estudios sociales

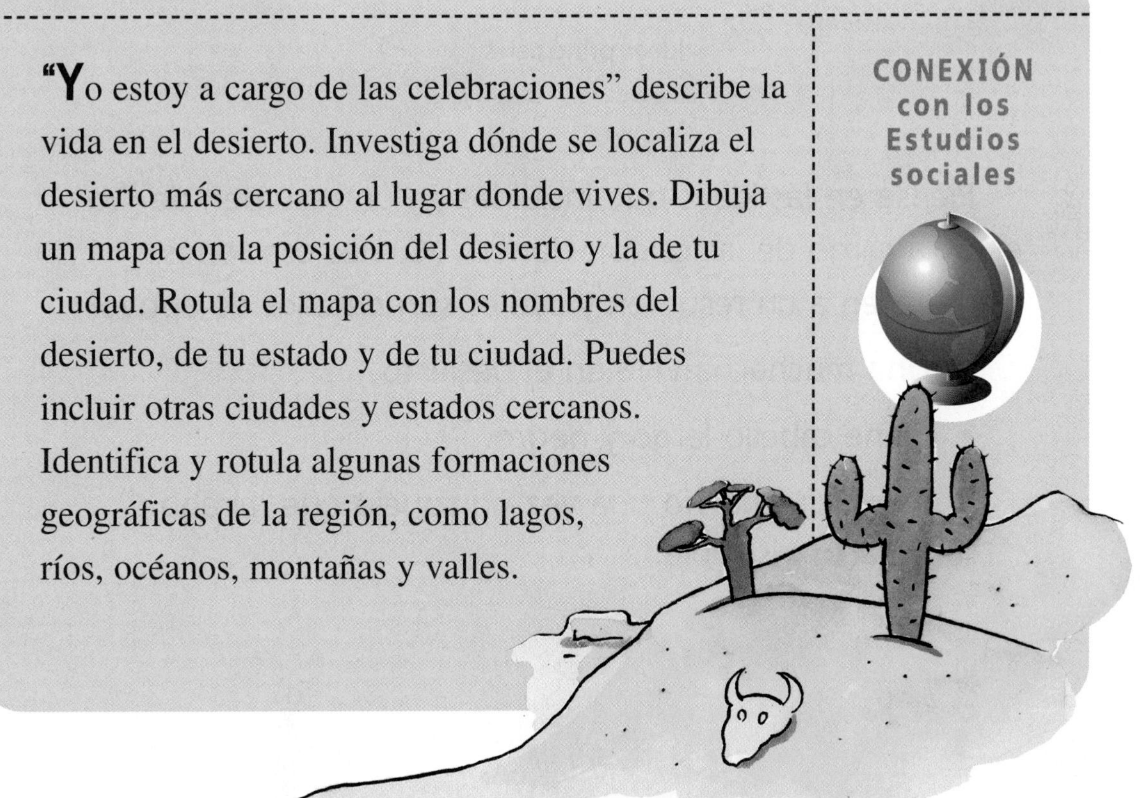

Resumir

Ya sabes que para hacer un buen resumen debes presentar las ideas o eventos más importantes de una historia en tus propias palabras. Aquí se presenta otra manera de pensar en un resumen. En él se incluyen las ideas importantes, pero ningún detalle de apoyo.

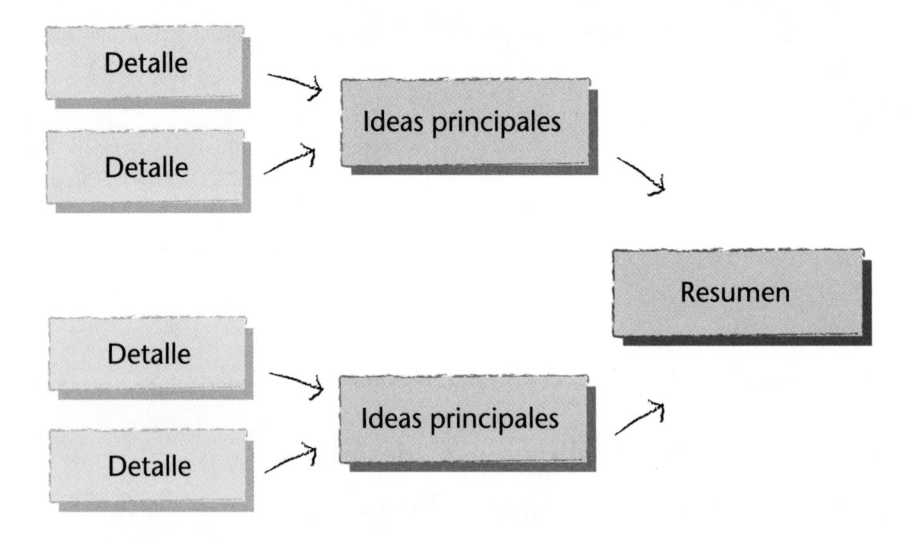

Piensa en las ideas que incluirías en un resumen de "Yo estoy a cargo de las celebraciones". ¿Cuáles oraciones pertenecen a un resumen y cuáles son detalles de apoyo?

- Una muchacha vive en el desierto.
- Tiene cabello largo y negro.
- La muchacha vio una vez un conejo que miraba un arco iris triple.

Visita *The Learning Site*
www.harcourtschool.com

Ve Destrezas y Actividades

Preparación para las pruebas

Resumir

▶ **Lee el siguiente párrafo.**

El cacto

La mayoría de los cactos son plantas que están adaptadas para vivir en el clima caliente y seco del desierto. Sus tallos son largos y pueden almacenar una gran cantidad de agua. Muchos tallos tienen formas especiales que sirven para recolectar el agua de lluvia directamente en las raíces. Las raíces crecen cerca de la superficie y abarcan un área muy extensa para obtener toda el agua posible. Por lo general, estas plantas crecen bastante separadas a fin de contar con mayor espacio para buscar el agua en el suelo.

Responde las preguntas. Basa tus respuestas en la información de "El cacto".

1. **¿Cuál de estas ideas pertenece al resumen del párrafo?**

   A La cantidad de agua que un cacto puede almacenar.

   B Cómo las partes de los cactos los ayudan a sobrevivir en el desierto.

   C Cómo son los tallos de los cactos.

   D Si alguna vez has visto un cacto.

Sugerencia

Elimina las opciones que presentan detalles de apoyo.

2. **Escribe una oración que resuma el párrafo.**

Sugerencia

Recuerda que un buen resumen sólo debe incluir las ideas principales del párrafo.

El poder de las palabras

El regalo de Alejandro

matorrales

surcos

enmendar

abundante

molino

apreciaba

En la siguiente selección leerás sobre Alejandro. Él cultiva muchos tipos de hortalizas en su huerta. Cosechar, ya sea en un pequeño jardín o en una granja grande, implica mucho trabajo.

TRABAJO EN LA GRANJA

Antes de sembrar, los granjeros deben preparar la tierra. Primero la limpian: quitan las hierbas, arbustos y **matorrales**. Después aran la tierra para aflojarla. El granjero en este tractor usa un arado para hacer **surcos** largos y profundos. Él colocará las semillas para su cosecha en los surcos y los cubrirá con tierra.

A veces los granjeros riegan sus cosechas con insecticidas. En investigaciones recientes se ha dicho que esto es una equivocación. Para **enmendar** ese error muchos granjeros han evitado los venenos para no hacer daño a los animales silvestres.

Las cosechas no pueden crecer sin agua. Cuando hay lluvia **abundante**, hay agua suficiente para las necesidades del granjero. Cuando hay poca lluvia los granjeros necesitan conseguir agua de otras maneras. Un ejemplo es este **molino** de viento que bombea agua del subsuelo; su mecanismo se mueve al tomar la fuerza del viento.

Se decía que el granjero que **apreciaba** su siembra por lo general era recompensado con una buena cosecha. El granjero que trabaja duro se preocupa profundamente por su siembra.

CONEXIÓN
Vocabulario-Escritura

¿Qué tipo de cosas **apreciaba** la gente en el pasado? Escribe un párrafo que describa estas cosas y di por qué piensas que las personas las apreciaban.

Género

Ficción realista

Un relato de ficción realista habla acerca de personajes y eventos que son como personas y eventos de la vida real.

En esta selección, busca

- **un personaje principal que resuelve un problema.**
- **lenguaje descriptivo que ayuda al lector a imaginar el ambiente.**

TEXTO DE RICHARD E. ALBERT
ILUSTRACIONES DE SYLVIA LONG

El regalo de Alejandro

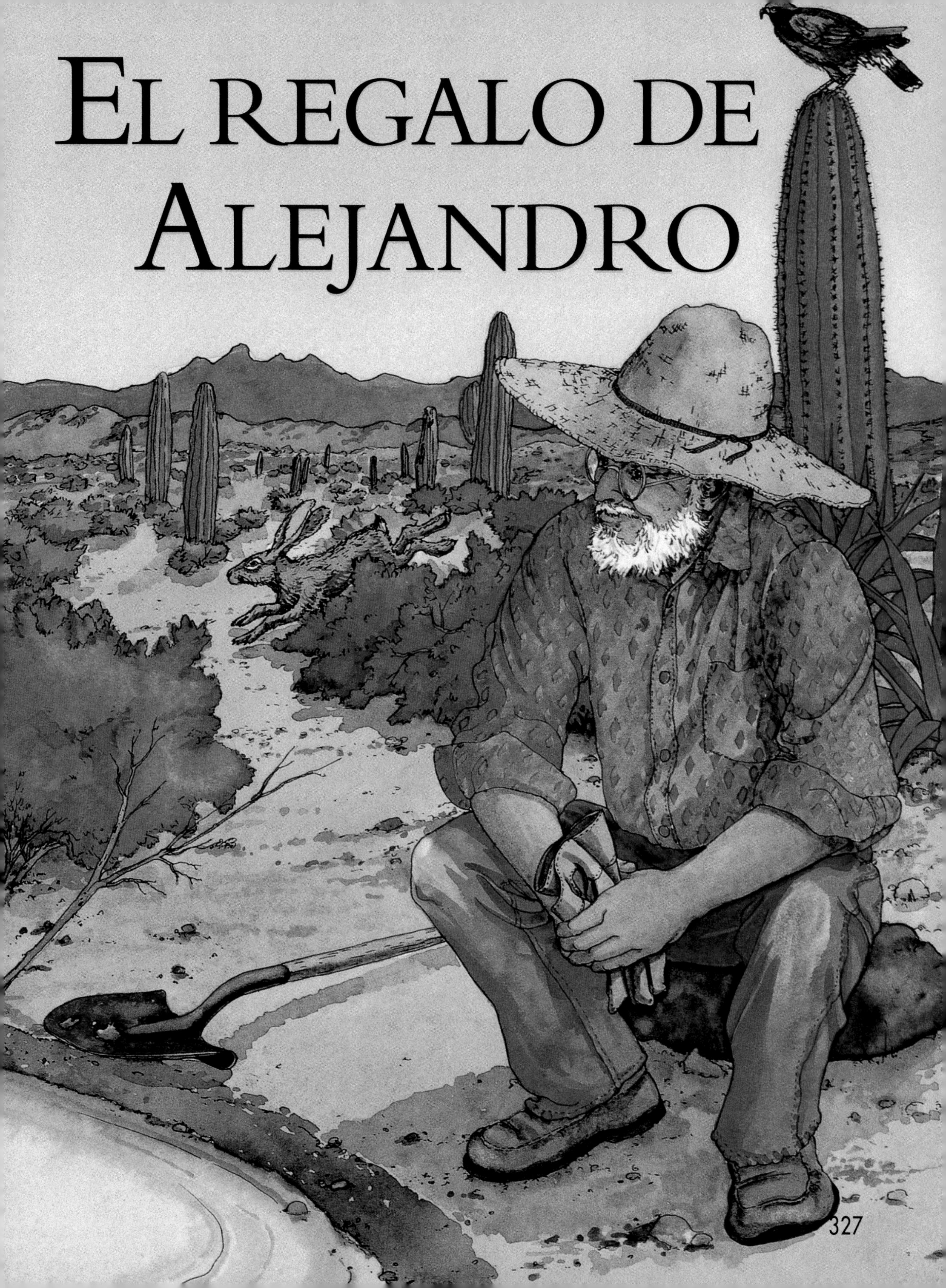

Alejandro tenía una pequeña casa de adobe junto a un solitario camino del desierto.

Junto a la casa había un pozo y un molino que bombeaba el agua. Agua para Alejandro y su único compañero: un burro.

Era un lugar muy solitario y Alejandro recibía con gusto a todo aquél que pasaba a refrescarse con el agua del pozo. Pero los visitantes eran pocos y se iban demasiado pronto. Cuando ellos partían, Alejandro se sentía más solo que antes.

Para soportar las largas horas que pasaba solo, Alejandro sembró una huerta. Una huerta con zanahorias, frijoles y unas enormes cebollas color café.

Tomates y maíz.

Melones, calabacitas y pequeños pimientos rojos.

Casi todas las mañanas, Alejandro despertaba y de inmediato iba a su huerta para verla crecer. Eran los momentos que más apreciaba, y con frecuencia se quedaba ahí por horas, trabajando hasta que el calor del desierto lo obligaba a regresar a la casa.

Los días pasaban sin mucha diferencia entre uno y otro, hasta que una mañana llegó un visitante inesperado. El visitante no había llegado por el camino del desierto, venía del desierto mismo.

Una ardilla salió de un arbusto. Moviéndose sin dirección fija en la arena, la ardilla titubeó y miró a Alejandro. Él hizo una pausa y trató de mantenerse en silencio mientras la ardilla se aproximaba a la huerta. Ella corrió hasta uno de los surcos, bebió el agua que había ahí y se alejó a toda prisa. Cuando la ardilla se fue, Alejandro se dio cuenta de que al menos por un instante había olvidado su soledad.

Y como se sentía menos solo, Alejandro deseó que la ardilla regresara.

La ardilla regresaba de vez en cuando, ahora con algunos pequeños amigos.

Ratas silvestres y otros roedores.

Conejos saltarines, ratas canguro y ratones diminutos.

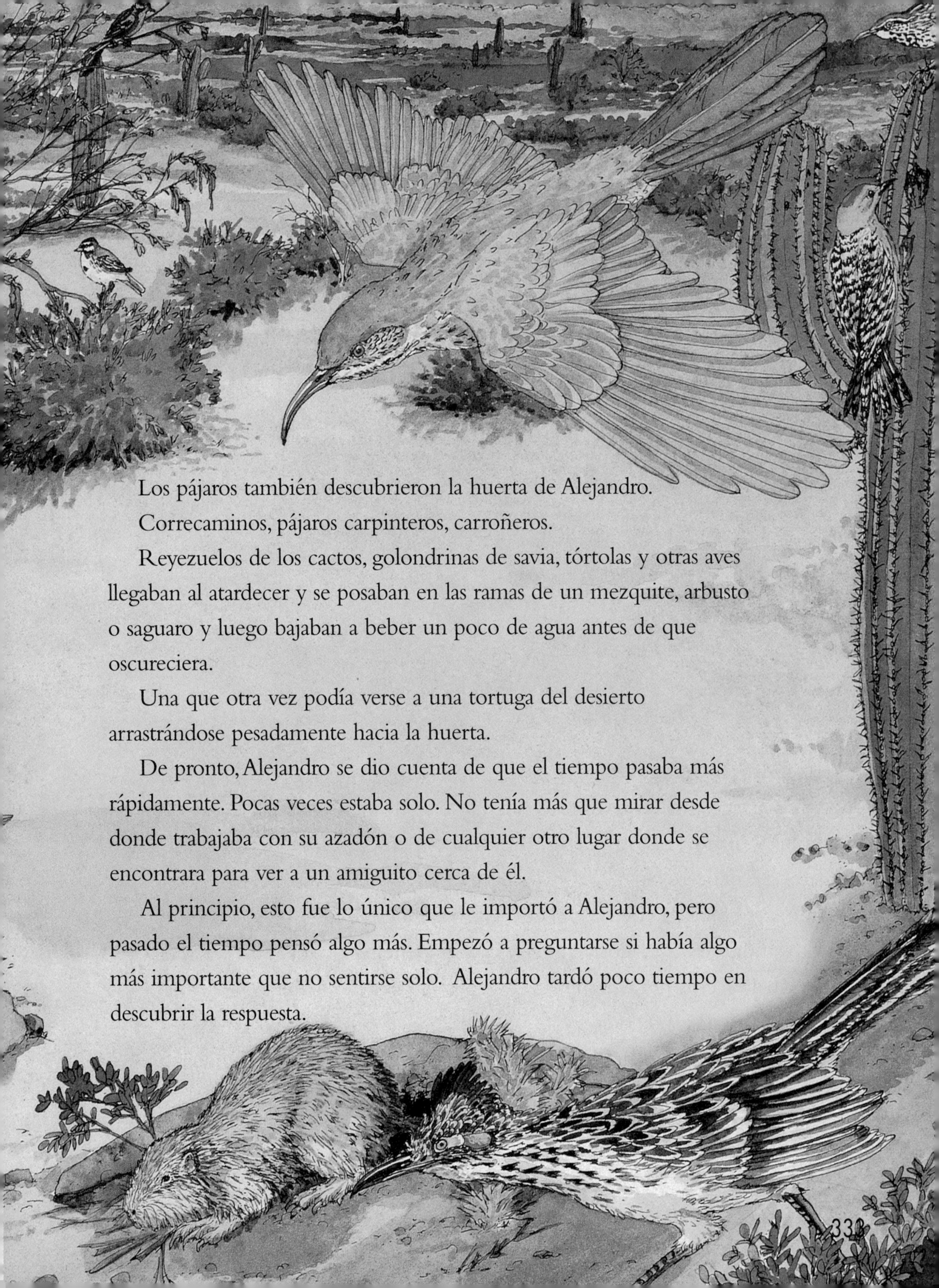

Los pájaros también descubrieron la huerta de Alejandro.

Correcaminos, pájaros carpinteros, carroñeros.

Reyezuelos de los cactos, golondrinas de savia, tórtolas y otras aves llegaban al atardecer y se posaban en las ramas de un mezquite, arbusto o saguaro y luego bajaban a beber un poco de agua antes de que oscureciera.

Una que otra vez podía verse a una tortuga del desierto arrastrándose pesadamente hacia la huerta.

De pronto, Alejandro se dio cuenta de que el tiempo pasaba más rápidamente. Pocas veces estaba solo. No tenía más que mirar desde donde trabajaba con su azadón o de cualquier otro lugar donde se encontrara para ver a un amiguito cerca de él.

Al principio, esto fue lo único que le importó a Alejandro, pero pasado el tiempo pensó algo más. Empezó a preguntarse si había algo más importante que no sentirse solo. Alejandro tardó poco tiempo en descubrir la respuesta.

Alejandro se dio cuenta de que sus pequeños amigos del desierto no venían a su huerta por compañía, sino por agua. Entonces pensó en los demás animales del desierto.

Animales como el coyote y el zorro gris del desierto.

Gatos monteses, zorrillos, tejones y coatíes de nariz puntiaguda.

Los jabalíes, esos temperamentales cerdos salvajes del desierto.

Venados, gamos y ciervos.

Encontrar agua abundante no fue ningún problema. Con su molino de viento y su pozo, Alejandro podía ofrecerles agua a todos. Hacerles llegar el agua que necesitaban era el verdadero problema.

Ese algo más, lo decidió Alejandro, era un pozo de agua en el desierto.

Sin demora, Alejandro empezó a cavar. Fue un trabajo agotador que le tomó varios días bajo el ardiente sol del desierto. Pero la idea de ofrecer agua a tantos animalitos sedientos hacía que el esfuerzo valiera la pena. Al ver el pozo lleno, Alejandro se sintió satisfecho con el regalo que les había hecho a sus amigos del desierto.

Había buenas razones para imaginar que los animales de mayor tamaño también descubrirían la fuente, así que Alejandro

esperó con paciencia. Realizaba sus actividades de costumbre: alimentar a su burro, vigilar su huerta y otras tantas labores.

Los días pasaban sin que nada sucediera, pero Alejandro no perdía la confianza. Sin embargo, los días se convirtieron en semanas y el pozo seguía como antes. ¿Por qué?, se preguntaba Alejandro, ¿por qué no habían venido? ¿Cuál había sido su error?

La ausencia de los visitantes del desierto habría permanecido como un misterio para Alejandro de no ser porque, una mañana, salió de su casa y vio que un zorrillo salía del pozo. Al ver a Alejandro, el zorrillo escapó como una flecha y se resguardó debajo de un arbusto.

De pronto resultó evidente por qué el regalo de Alejandro no había sido aceptado como él esperaba.

Alejandro lamentó haber pasado por alto ese detalle. Pero lo importante ahora era enmendar el error lo más pronto posible.

Alejandro construyó un segundo pozo lejos de la casa y protegido del sol por unos matorrales del desierto. Una vez listo y lleno de agua, Alejandro esperó con una mezcla de sensaciones. Aunque se sentía esperanzado, no olvidaba lo que había sucedido la primera vez.

Sin embargo, esta vez no sufrió otra desilusión.

Los animales del desierto llegaron al pozo, cada uno descubriendo el sitio por su cuenta. En vista de que el nuevo pozo estaba alejado de la casa y lejos de la carretera, los animales se

acercaron sin mayor temor. Aunque Alejandro no veía con claridad lo que sucedía en el pozo, se las arregló para saber que esta vez su regalo no había sido desaprovechado.

Una pista era el canto de los pájaros al atardecer.

Otra era el ruido de los matorrales cuando se acercaba un coyote, un mapache o hasta un zorro del desierto.

Una pista más eran las ligeras pisadas de un venado o el inconfundible sonido de una horda de pecaríes en desbandada hacia el pozo.

Y en esos momentos, cuando Alejandro se sentaba en silencio a oír los sonidos de sus vecinos del desierto, sabía que el regalo que les había dado no era tan valioso como el que había recibido.

REFLEXIONAR Y RESPONDER

1. ¿Qué regalo hizo Alejandro y qué regalo recibió?

2. ¿Qué tipo de persona es Alejandro? ¿Cómo lo sabes?

3. ¿Por qué el primer pozo de Alejandro no fue aceptado por los animales como él esperaba?

4. ¿Te gustaría visitar a Alejandro? Explica tu respuesta.

5. ¿Qué estrategias de lectura usaste para comprender "El regalo de Alejandro"? ¿En qué momento las usaste?

CONOCE AL AUTOR
Richard E. Albert

Richard E. Albert trabajó la mayor parte de su vida como ingeniero en una compañía de gas. Escribió varias historias del oeste y algunos cuentos para varias revistas infantiles. Escribió *El regalo de Alejandro* a la edad de ochenta y tres años. Éste fue su primer libro dedicado a los niños.

CONOCE A LA ILUSTRADORA
Sylvia Long

Dibujar caballos ha sido el pasatiempo favorito de Sylvia desde niña. Le encantaba que le regalaran creyones, pinturas y pinceles en sus cumpleaños. Otro regalo que Sylvia siempre deseó para su cumpleaños era un caballo. Sin embargo, no pudo cumplir este deseo hasta después de casarse.

En la actualidad, Sylvia vive en Arizona, donde hace ilustraciones para libros y revistas infantiles. Ella dice: "Soy muy afortunada al hacer dibujos para ganarme la vida".

Visita *The Learning Site*
www.harcourtschool.com

Género
No ficción explicativa

Semillas dormidas

Texto de Mary Brown

Cada protuberancia en la cápsula tiene una fruta. La fruta es del tamaño y forma de un cacahuate y contiene una semilla.

Como los animales, las plantas necesitan agua para vivir. Algunas plantas tienen estructuras que les permiten sobrevivir sin agua por largo tiempo. El loto es una de estas plantas. Sus semillas pueden permanecer secas por muchos años antes de germinar y crecer. De hecho, una científica en California logró hacer germinar una semilla de loto que tenía ¡más de 1,000 años! Es la semilla germinada más antigua en la historia.

En 1982, la doctora Jane Shen-Miller recibió siete frutos de loto como regalo. Los frutos habían sido desenterrados por varios científicos en Beijing, China. Debido a la gran profundidad a la que fueron encontrados, la doctora Shen-Miller supuso que los frutos habían caído en ese lugar hace mucho tiempo. Ella y un equipo de científicos estudiaron las semillas para saber qué antigüedad tenían. ¡La de mayor antigüedad resultó tener 1,288 años! La más joven sólo tenía 95 años.

Al darse cuenta de esto, la doctora Shen-Miller inició el proceso de germinación. Con mucho cuidado, hizo un orificio en la corteza externa de la semilla más antigua. Después de haber dormido durante mil años, la vieja semilla por fin recibiría agua y aire. De ella brotó un pequeño tallo verde en sólo cuatro días.

¿Cómo es posible que una semilla permanezca dormida, es decir, viva, pero no en crecimiento durante tantos años? Las investigaciones revelaron varias razones para la supervivencia de las semillas de loto. La más importante de ellas es lo duro de la corteza externa de la semilla. Esto la protegió de los cambios de clima y de las bacterias que pudieron haberla destruido. Además, la corteza contenía la cantidad justa de agua para la conservación de la semilla. Otra razón para que la semilla pudiera germinar después de mil años es que de alguna manera se mantuvo en buen estado. Los científicos aún tratan de descifrar cómo lo hizo.

Las investigaciones acerca de esta sorprendente planta aún continúan. Los científicos tienen la esperanza de que sus hallazgos acerca de las semillas de loto les ayuden a encontrar formas de proteger y almacenar cosechas como el maíz y el trigo. Si se hallara una manera de alargar la vida de estos productos, ¿cómo crees que esto afectaría el intercambio comercial en el mundo?

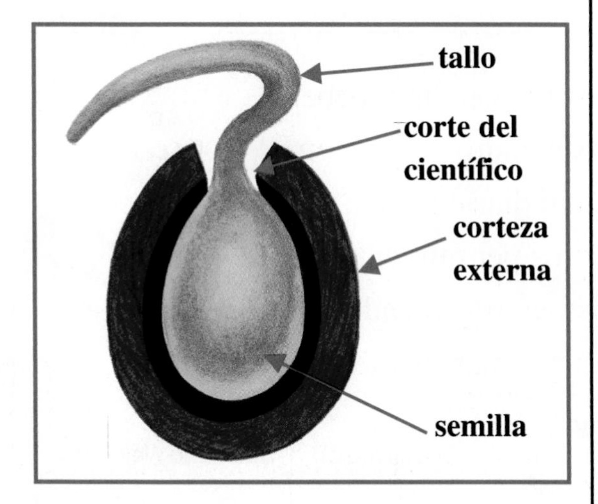

Corte transversal de una semilla de loto

La cápsula madura a la derecha muestra la fruta al descubierto.

Reflexionar y responder

¿Por qué es la semilla de loto importante para los científicos?

El regalo de Alejandro

Hacer conexiones

Compara textos

1. ¿Cómo se relaciona “El regalo de Alejandro” con el tema ¡Viva el mundo!?
2. ¿Por qué en la historia los pájaros y animales pequeños se comportan de manera diferente de los animales grandes?
3. ¿Por qué el autor de “El regalo de Alejandro” usa un lenguaje más vívido que la autora de “Semillas dormidas”?
4. ¿Qué otras historias de ficción realista sobre la vida salvaje conoces? ¿Cuál describe de mejor manera cómo las personas deben tratar a los animales? Explica tu respuesta.
5. De los animales mencionados en “El regalo de Alejandro”, ¿sobre cuál te gustaría saber más? Explica tu respuesta.

Escribe una entrada en un diario

CONEXIÓN con la Escritura

El primer día que los animales se acercan a beber agua es un día especial para Alejandro. Piensa en lo que Alejandro escribiría en su diario acerca de ese día. Escribe para expresar los pensamientos y sentimientos de Alejandro. Usa un organizador gráfico como el siguiente para ordenar lo que escribiría Alejandro.

¿Cuándo y dónde ocurrieron los eventos?	¿Qué sucedió?	¿Qué sintió Alejandro?

Investiga acerca de los molinos de viento

CONEXIÓN con las Ciencias

En "El regalo de Alejandro", Alejandro usa un molino de viento para sacar agua del pozo. Los molinos de viento se han usado por cientos de años para bombear agua y moler granos. Investiga cómo los molinos de viento usan la energía del viento para funcionar. Haz un dibujo o diagrama rotulado con los resultados de tu investigación. Luego construye un modelo y explica su funcionamiento.

Haz una presentación oral

CONEXIÓN con los Estudios sociales

Alejandro plantó varios tipos de vegetales en su huerta. El tipo de plantas que crecen en una región depende del suelo y el clima. ¿Cómo cosechaban sus alimentos los amerindios en el pasado? ¿Cuáles eran sus alimentos y cómo afectaba el clima de la región la manera de obtener éstos? Haz una investigación para responder estas preguntas y prepara un informe oral con los datos que encuentres.

Causa y efecto

En muchas historias, un evento suele dar origen a otro. La razón por la que ocurre un evento es la **causa**. Lo que sucede es el **efecto**. Observa estos ejemplos de "El regalo de Alejandro".

Causa		Efecto
Los animales necesitaban agua.	➜	Ellos se acercaron a la huerta de Alejandro.
El pozo estaba demasiado cerca de la casa y de la carretera.	➜	Los animales no querían acercarse al pozo.

Con frecuencia, los autores usan claves para representar las causas y sus efectos.

Y como se sentía menos solo, Alejandro deseó que la ardilla regresara.

Como es una clave que representa una causa y su efecto. Otras claves similares son **así que**, **desde**, **como resultado**, **por lo tanto**, **por esta razón**, **para**, y **de forma que**.

Con frecuencia deberás usar tus propios conocimientos para identificar las causas y efectos en una historia. También puedes hacerte preguntas. Para encontrar un efecto, pregunta "¿Qué sucedió?". Para identificar una causa, pregunta "¿Por qué sucedió?".

Visita *The Learning Site*
www.harcourtschool.com
Ve *Destrezas y Actividades*

Preparación para las pruebas

Causa y efecto

Lee el siguiente pasaje.

Betsy se sentía sola. No podía tener una mascota porque estaba prohibido en el edificio donde vivía. Pero un día, Betsy vio un anuncio en el periódico: "Si al menos tuviera un comedero para aves como éste", pensó Betsy, "ya no me sentiría sola".

Betsy tenía razón. Pronto, muchos pájaros empezaron a llegar al comedero. A ella le encantaba sentarse a mirarlos.

1. ¿Por qué se sentía sola Betsy?

A Porque vivía en un edificio.

B Porque vio un anuncio en el periódico.

C Porque no podía tener una mascota.

D Quería tener un comedero para aves.

Sugerencia

Usa tus conocimientos para identificar las causas y efectos y elegir una respuesta razonable.

2. ¿Qué efecto tuvo para Betsy el anuncio del periódico?

F Ella no podía tener una mascota.

G Ella consiguió un comedero para aves.

H Ella se sentía sola.

J Ella vivía en un edificio.

Sugerencia

Recuerda que un efecto siempre ocurre después de una causa.

Destreza de enfoque

El poder de las palabras

Ecología para los niños

ambiente

protección

reducida

organismos

húmedas

visible

En la selección "Ecología para los niños" aprenderás más acerca de nuestro hogar: la Tierra. Una parte importante de este hogar son las ciudades: ciudades grandes, llenas de gente y ruidosas.

Medidas de protección

La contaminación en las grandes ciudades daña cada vez más el **ambiente**; los habitantes de las ciudades sufrimos día a día las consecuencias de la falta de control sobre las emisiones de contaminantes que las fábricas y los coches producen. Por eso, el gobierno de nuestra ciudad dio a conocer su nuevo programa de **protección** ambiental, para evitar que la contaminación siga destruyendo nuestro hogar. "Queremos que para el próximo año, la contaminación sea mucho menor; esperamos que se vea **reducida** al menos en una cuarta parte", dijo el ecólogo encargado del programa.

El cajón de la ciencia

Quizá hayas visto alguna vez que en las paredes se forma una capa verde muy difícil de quitar. A estos **organismos**, o formas de vida, se les conoce como hongos. Se forman cuando las condiciones son **húmedas**. El agua y el vapor se van acumulando en las paredes y esto facilita que los hongos se reproduzcan. Pero este tipo de hongo es tan pequeño que necesitamos un microscopio para hacerlo **visible**.

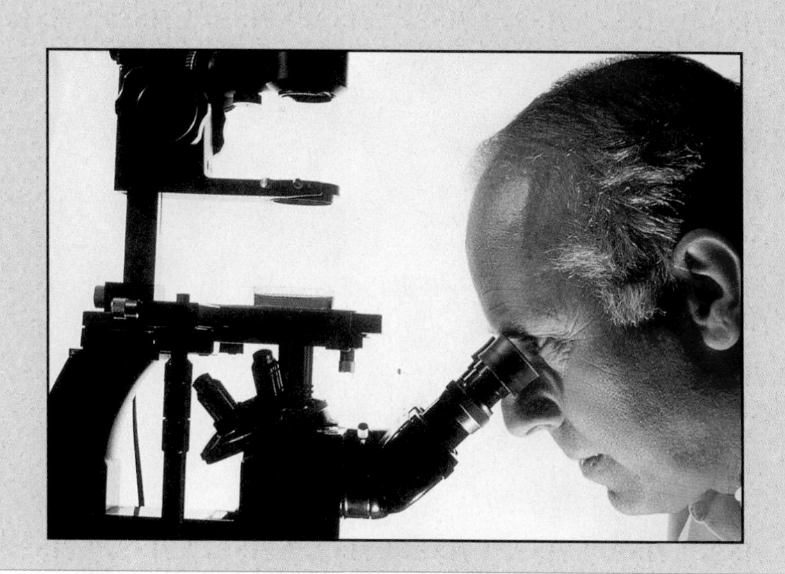

CONEXIÓN
Vocabulario-Escritura

Para que todos podamos andar sin peligro por las calles, necesitamos la **protección** de la policía. Escribe algunas líneas acerca de alguna vez que la policía haya ayudado a alguien en tu comunidad.

Género

No ficción explicativa

Los textos de no ficción explicativa presentan y explican información e ideas.

En esta selección, busca

- **texto dividido por secciones con encabezados.**
- **información, fotografías e ilustraciones acerca de un tema.**

ECOLOGÍA para los niños

TEXTO DE FEDERICO ARANA

ECOLOGÍA

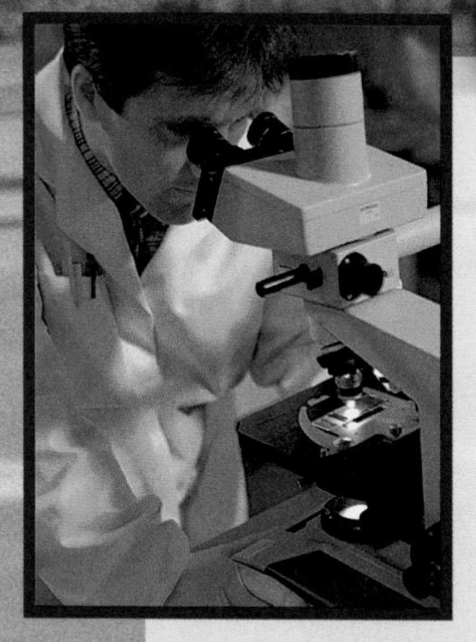

Ecología es una palabra formada por términos griegos que, traducidos al español, significan “estudio de la casa”. Sin duda, el biólogo alemán Ernesto Haeckel estaba pensando realmente en nuestro planeta que está habitado por todos los seres vivientes tales como animales, plantas, hongos y cantidades asombrosas de microbios.

En realidad, los organismos no sólo se relacionan entre sí, sino con otra cantidad de materiales. Lo que conocemos como medio ambiente incluye agua, gases, rocas, temperatura y arena entre muchísimos otros.

El estudio de la ecología es el estudio de la relación recíproca entre los organismos y el ambiente.

En cierta ocasión un ecólogo preguntó a un niño cómo imaginaba la protección del ambiente natural. Ésta fue su respuesta:

—Te vas al bosque. Buscas a alguien deseoso de tumbar un árbol, le quitas el hacha y le echas un sermón sobre la importancia de los árboles para la lluvia, la formación y conservación del suelo, la oxigenación del aire, la belleza del paisaje, la vida de pájaros y lagartijas, mariposas y . . .

—Eso no estaría mal —respondió el ecólogo— pero me parece difícil andar por ahí discutiendo con leñadores y, además, recuerda que no siempre es malo cortar un árbol. Lo importante para conservar el bosque es no cortar ni un árbol de más, pero tampoco ninguno de menos. Si se cortan demasiados árboles, el bosque desaparece pero, si no se corta ninguno, el bosque no produce.

—Ya veo —exclamó el niño—. Si el bosque no produce, no hay madera, ni muchas otras cosas hechas de diversas plantas, ni papel . . . y sin papel no habría libros, ni periódicos, ni cuadernos.

—De cualquier modo —apuntó por último—, recuerda dos cosas fundamentales para proteger el ambiente natural. Primero, aprender un poco de ecología y segundo, actuar enérgicamente.

LOS ECOSISTEMAS

Para estudiar apropiadamente la biosfera hay que dividirla en numerosas unidades llamadas ecosistemas.

Llamamos ecosistema a un área determinada donde interactúan grupos de seres vivos y no vivos con su medio ambiente. Así, por ejemplo, un bosque, un pantano o un islote son ecosistemas distintos.

A pesar de que un ecosistema aparenta tener bastante independencia, a menudo depende de otros y no es raro, además, que ciertos organismos pasen de su ecosistema al del vecino para buscar agua o comida. Por ejemplo, un oso que vive en el bosque puede acudir a un lago en pos de deliciosos pescados o un poco de agua fresca.

El Sol es capaz de aliviar los miedos de la noche, dar calor y proporcionar alimento a todos los habitantes del planeta. También podría, si lo mirásemos desde otro lugar o a través de un cristal distinto, parecernos algo terrible, un horror.

Si se nos presentara el astro rey a cincuenta kilómetros por encima del nivel del mar, es decir, más arriba de la protectora capa de ozono, aparecería como un monstruo entregado incansablemente a hacernos daño con sus más peligrosas radiaciones.

Gracias al Sol, la Tierra recibe luz y calor en cantidades adecuadas para la existencia de los seres vivos que conocemos. Todos los seres vivos dependen de la llegada a nuestro planeta de los famosos rayos solares. Éstos incluyen no sólo la luz visible, sino otras radiaciones como los rayos X, los ultravioleta y las ondas microondas que son muy capaces de ocasionar muchos daños.

El planeta recibe, en condiciones naturales, la cantidad justa de radiaciones para el desarrollo de la vida. Si llegara a desaparecer la capa de ozono, la Tierra recibiría cantidades excesivas de rayos ultravioleta dañinos para la salud. Además peligrarían las plantas y los animales.

DESTRUCCIÓN DE LAS SELVAS

En la Tierra existen, entre el trópico de Cáncer y el de Capricornio, selvas tropicales húmedas. En cuatro de los siete continentes existen restos de lo que en otros tiempos fueron extensísimas selvas tropicales.

¿Cómo se llegó a esto? En primer lugar por extraer maderas preciosas y en segundo por abrir nuevas tierras a la agricultura. La capa de tierra donde se asienta la selva es delgada y, perdida la protección del follaje, no tarda en ser arrastrada por el agua de lluvia hasta quedar reducida a terrenos secos y arenosos donde la vida casi no prospera.

Y es aún más grave de lo que parece porque no sólo se extinguen plantas y animales valiosísimos e interesantísimos, sino desaparece un área productora de grandes cantidades de oxígeno. Se calcula que la selva amazónica produce la tercera parte del oxígeno atmosférico habido en el planeta. También en las plantas que crecen en las selvas se encuentran sustancias de gran ayuda para lo científicos. Por ello vale la pena prevenir la destrucción de las selvas.

EL MAR NO ES UN BASURERO

El mar, esa masa de agua salada que ocupa cuatro quintas partes de la superficie del planeta, es un mundo fascinante habitado por todo tipo de criaturas y tesoros.

Peces, delfines, focas, morsas, ballenas, cangrejos, medusas, corales, erizos, esponjas, almejas, caracoles y algas son algunos tipos de organismos marinos conocidos. Pero la variedad es tan grande que ni siquiera los especialistas pueden conocer todas las especies de peces o cangrejos establecidos en el mar.

El mar nos aporta cincuenta millones de toneladas de pescado anuales, cifra capaz de poner en peligro a algunas especies. Conocer los ciclos vitales de las especies en cuestión así como sus relaciones con otros organismos y con el ambiente puede ser útil para proteger la vida marítima. Se pueden establecer vedas y emplear redes adecuadas para no atrapar especies demasiado jóvenes ni dañar a otros organismos.

Pero aunque los animales marinos aprovechables son muchos, no perdamos de vista que el mar aporta también minerales como sales, hierro y cobre, y combustibles fósiles tales como petróleo y gas natural.

Por si fuera poco, el mar también nos ayuda a transportar personas, animales, plantas y materiales diversos; y constituye, gracias a la fuerza de las mareas, una prometedora fuente de energía para el futuro.

Tú puedes poner tu granito de arena para frenar la contaminación del ambiente natural. He aquí algunas sugerencias:

Por favor no botes nunca la basura en el valle ni en la calle, ni en la acera ni en la carretera ni en la feria ni en el río ni en el patio de tu tío; ni en el tren ni en el andén; ni en la playa, ni en el mar ni en la casa de Baltasar; ni en el bosque ni en la escuela ni en el cuarto de tu abuela, ni aquí ni allá ni acullá.

Procura usar relojes y calculadoras activados por energía solar. Si usas aparatos de pilas, procura, al cambiarlas, devolverlas para su reciclaje.

Los cohetes y fuegos artificiales son artilugios muy divertidos, pero, por su acción contaminante, más vale no usarlos. Además, pueden ocasionar incendios, muertes y lesiones graves.

No tengas animales silvestres como mascotas. Transmiten enfermedades.

Cuando salgas de una habitación apaga la luz y los aparatos eléctricos. De hacerlo, así no sólo ayudarás a reducir el gasto de energía sino que favorecerás a quienes carecen de ella y ahorrarás dinero a tu familia.

Ahorra agua a toda costa. Cierra bien los grifos. Si alguno de ellos gotea, pide a un adulto que lo arregle.

Por último, no te enojes. La mayor parte de la gente carece de información sobre asuntos relativos a ecología y contaminación, de modo que pueden cometer errores.

Si compartimos con los demás lo que acabamos de aprender en esta lectura, y si todos seguimos ciertas reglas básicas, estaremos contribuyendo a tener un medio ambiente más adecuado para nuestro futuro.

Reflexionar y responder

1. **¿Qué significa la palabra ecología?**
2. **¿Por qué el autor usa fotografías, ilustraciones y datos?**
3. **Da un ejemplo de lo que tú puedes hacer para proteger el ambiente.**
4. **¿Cuál es un hecho que aprendiste en este artículo que no sabías antes?**
5. **¿Cuál estrategia de lectura usaste mientras leíste este artículo?**

Hacer conexiones

Ecología para los niños

Compara textos

1. ¿Crees que "Ecología para los niños" le ofrece al lector un mejor entendimiento de nuestro mundo? Explica tu respuesta.
2. ¿Por qué el autor divide el texto en secciones?
3. Compara "Ecología para los niños" con algún poema que hayas leído y que hable sobre la naturaleza. ¿En qué se parece y en qué se diferencia la forma en la que ambos hablan de la naturaleza?
4. ¿Crees que la lectura de "Ecología para los niños" sirva para que las personas piensen en proteger el medio ambiente? Explica tu respuesta.
5. Si quisieras leer más acerca de la ecología, ¿en dónde buscarías información?

Escribe una carta

CONEXIÓN con la Escritura

Muchas veces necesitamos que alguien nos ayude a resolver un problema. Piensa en uno de los problemas que "Ecología para los niños" menciona. Escribe una carta para un representante del gobierno responsable de vigilar las buenas condiciones del medio ambiente de la localidad donde vives. En ella explica lo que tú harías para resolver el problema.

Estimado señor...
Mi nombre es
Rita Rosas y
quisiera...

Haz un dibujo

CONEXIÓN con el Arte

En cada ecosistema viven distintos animales y plantas. Elige uno de los siguientes ecosistemas: bosque, selva, desierto, ciénaga o estepa. Averigua cuál es la vida animal y vegetal que ahí habita. Luego, haz un dibujo de una parte de ese ecosistema en el que muestres algunos de sus habitantes más comunes.

Haz un mapa

CONEXIÓN con las Ciencias

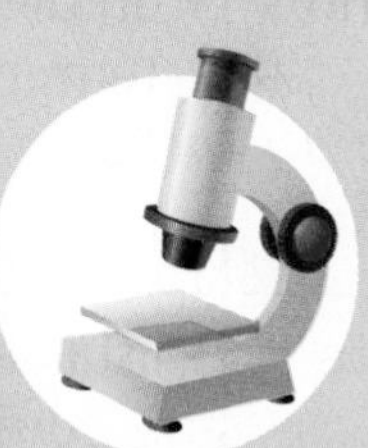

En "Ecología para los niños" aprendiste que la selva del Amazonas es una importante productora de oxígeno. Con un compañero, investiga cuáles son las selvas más importantes del mundo y dónde están ubicadas. Después, sobre una cartulina, pega un mapamundi y señala dónde se encuentran. Junto al mapa, llena una tabla como la siguiente con la información de la selva que más te haya llamado la atención.

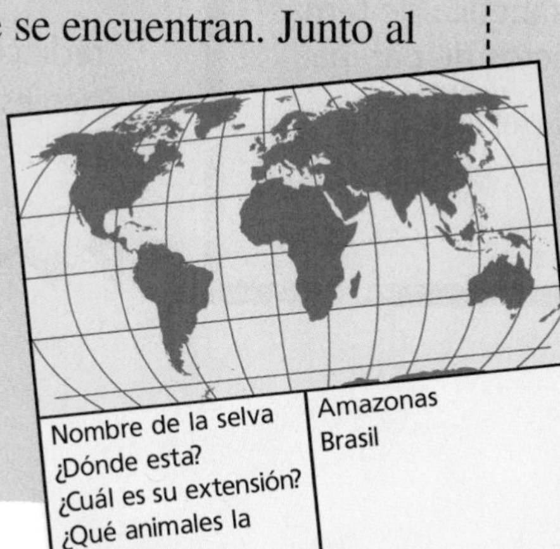

Nombre de la selva ¿Dónde esta? ¿Cuál es su extensión? ¿Qué animales la habitan?	Amazonas Brasil

Localizar información

Imagínate cómo se vería "Ecología para niños" si fuera un libro. ¿Qué partes tendría ese libro? ¿Cómo usarías las partes de ese libro para encontrar información?

Partes del libro	Descripción	Ejemplo
título	• nombre del libro, unidad, capítulo o historia	**Ecología para los niños**
contenido	• una lista de los títulos con los números de página • cerca del principio del libro	**Contenido** Ecología 599 Los ecosistemas 603 La protectora capa de ozono 605
encabeza-miento del capítulo	• el título que aparece al inicio de cada capítulo.	**Encabezamiento del capítulo** **Los ecosistemas** en la página 603
glosario	• un diccionario de los términos usados en el libro	**Glosario** **ecología** *(gr. oikos- logos)* ***s.f.*** Ciencia que estudia y protege el medio ambiente en la Tierra.
índice	• lista alfabética de temas y números de página • al final del libro	**Índice** radiaciones 605, 606 relojes 612 restos 604, 607

Visita *The Learning Site*
www.harcourtschool.com
Ve *Destrezas y Actividades*

Preparación para las pruebas

Localizar información

▶ **Aquí tienes el contenido de un libro acerca de los bosques.**

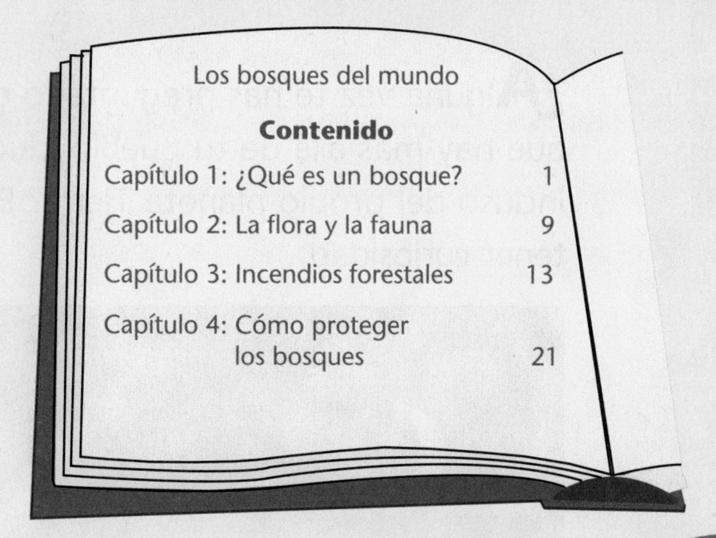
Los bosques del mundo

Contenido

Capítulo 1: ¿Qué es un bosque? 1

Capítulo 2: La flora y la fauna 9

Capítulo 3: Incendios forestales 13

Capítulo 4: Cómo proteger los bosques 21

1. La flora y la fauna es

- **A** el título del libro.
- **B** el título de un capítulo.
- **C** el título de una historia.
- **D** lo más importante del libro.

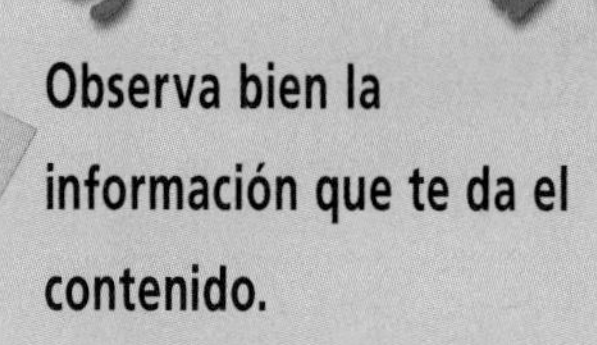

Observa bien la información que te da el contenido.

2. Este contenido te serviría para saber

- **F** el significado de la palabra *forestal.*
- **G** qué parte de Canadá es mejor para vivir.
- **H** en qué página puedes encontrar los incendios forestales.
- **J** cuántos tipos de bosques hay.

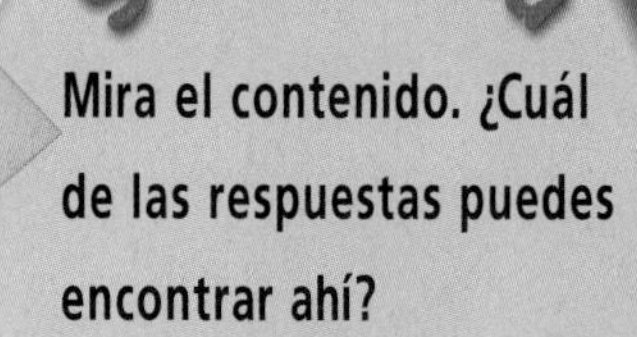

Mira el contenido. ¿Cuál de las respuestas puedes encontrar ahí?

El poder de las palabras

El armadillo de Amarillo

eventualmente

universo

atmósfera

sensacional

esfera

continente

¿Alguna vez te has preguntado qué es lo que hay más allá de tu pueblo, ciudad, país, o incluso del propio planeta Tierra? Es natural tener curiosidad.

DANNY: Papá, ¿las personas podrán viajar alguna vez a otros planetas?

PAPÁ: **Eventualmente** podrán hacerlo, pero no muy pronto.

DANNY: ¿De qué tamaño es el **universo**, Papá?

PAPÁ: Es demasiado grande para medirlo. El universo contiene todo lo que existe: todas las estrellas que ves en el cielo, la Luna, el Sol, los planetas, la **atmósfera** y el espacio.

DANNY: ¡**Sensacional**! Es más grande de lo que pensé. *(Calla por un momento.)* Papá, ¿por qué la Luna cambia su forma?

PAPÁ: Realmente no cambia de forma, la Luna es una **esfera.** Es redonda como una pelota pero sólo vemos parte de ella. La parte que vemos cambia conforme la Luna se mueve alrededor de la Tierra.

DANNY: Papá, mi maestra dice que vivimos en el **continente** de América del Norte. Dice que un continente es una gran extensión de tierra. ¿Cuántos continentes hay?

PAPÁ: Hay siete continentes, Danny. Podemos verlos en el mapa del mundo cuando lleguemos a casa. Podríamos conversar sobre esto durante horas. He disfrutado mucho nuestra conversación. (*Mira su reloj*.) Pero se hace tarde, debemos ir a casa.

DANNY: Bien, estoy listo para ir a casa.

CONEXIÓN
Vocabulario–Escritura

Un círculo es una forma plana, pero una **esfera** es redonda como una pelota. Escribe una lista de objetos que sean esferas y una lista de objetos que sean círculos.

Género

Narrativa informativa

Una narrativa informativa es una historia que presenta información y datos.

En esta selección, busca

- **elementos de ficción y no ficción.**
- **información acerca de un tema.**

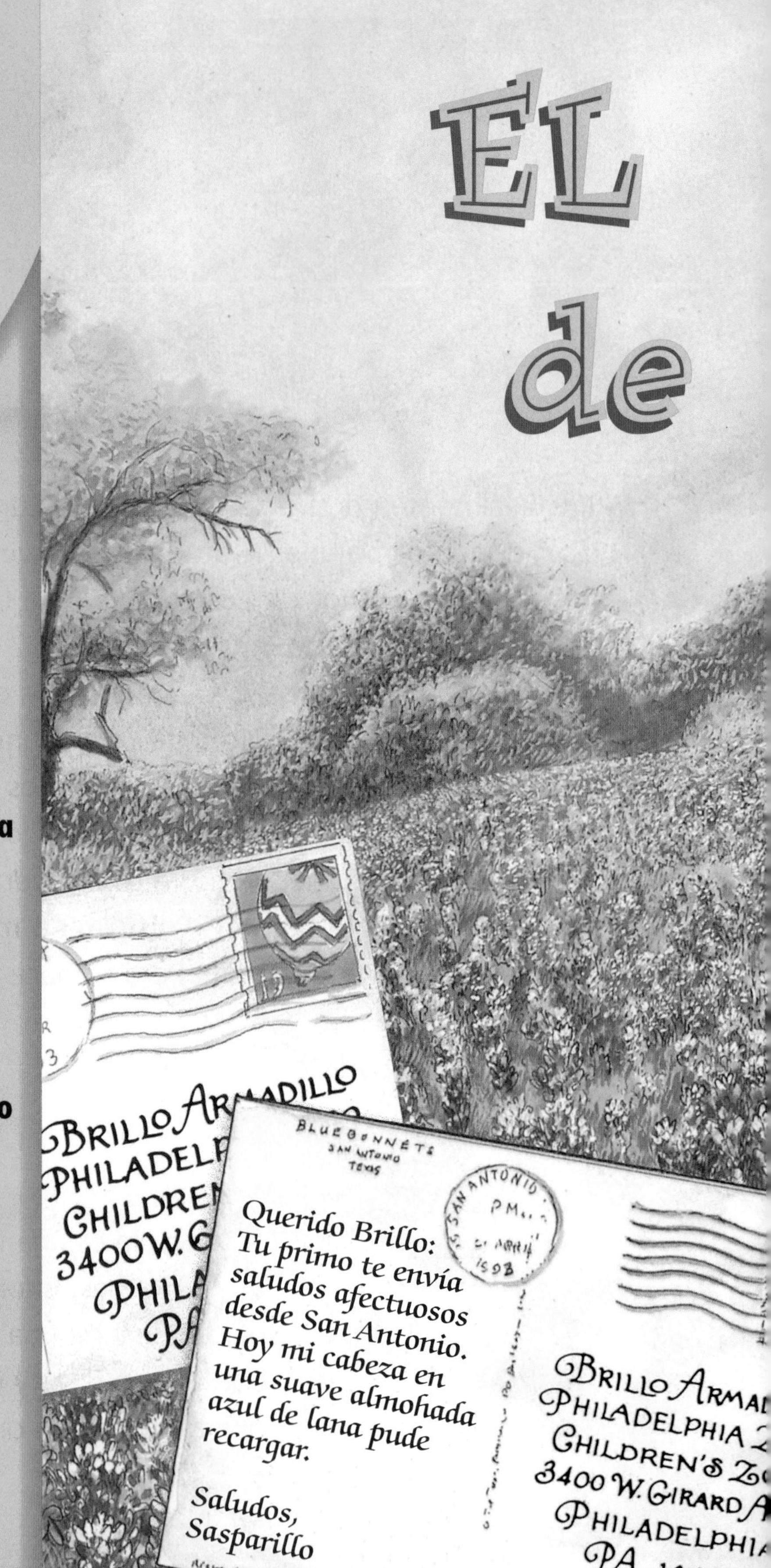

Armadillo Amarillo

Texto
e ilustraciones
de Lynne Cherry

Un armadillo de Texas se preguntaba:
"¿En qué parte del mundo puedo estar?
Después de esos espesos bosques, ¿qué
puede pasar?
Más allá del cielo, ¿qué puedo encontrar?"

Así que Armadillo empacó sus cosas
y dejó su casa atrás.
Se marchó con rumbo al noreste;
respuestas a sus preguntas fue a buscar.

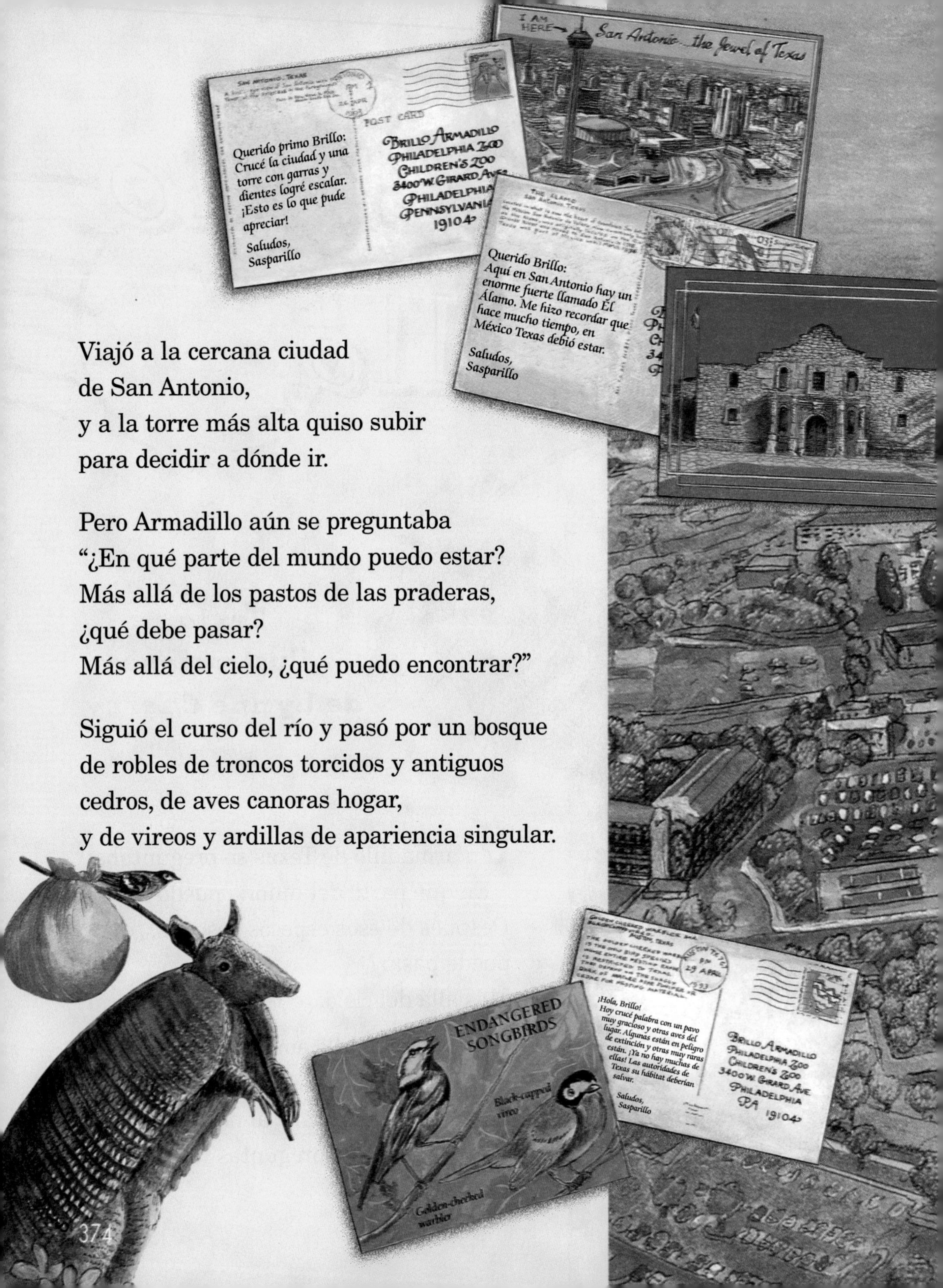

Viajó a la cercana ciudad
de San Antonio,
y a la torre más alta quiso subir
para decidir a dónde ir.

Pero Armadillo aún se preguntaba
"¿En qué parte del mundo puedo estar?
Más allá de los pastos de las praderas,
¿qué debe pasar?
Más allá del cielo, ¿qué puedo encontrar?"

Siguió el curso del río y pasó por un bosque
de robles de troncos torcidos y antiguos
cedros, de aves canoras hogar,
y de vireos y ardillas de apariencia singular.

El paisaje de manera dramática cambiaba
en los bosques, pueblos y planicies.
Armadillo exploraba los cañones
y bajo intensas lluvias caminaba.

Caminó varias semanas para a Austin llegar.
Luego al oeste rumbo a Abilene
y al norte hacia Lubbock continuó,
y muy lejos caminó.

En varias partes,
Armadillo a lugares altos quería escalar.
Luego se escurría por las paredes de los
cañones
y el paisaje se detenía a contemplar.

Qué distintas se veían las planicies en
lo alto;
¡las flores cubrían una milla de distancia!
Quedarse por un tiempo allá
Armadillo decidió de un salto.

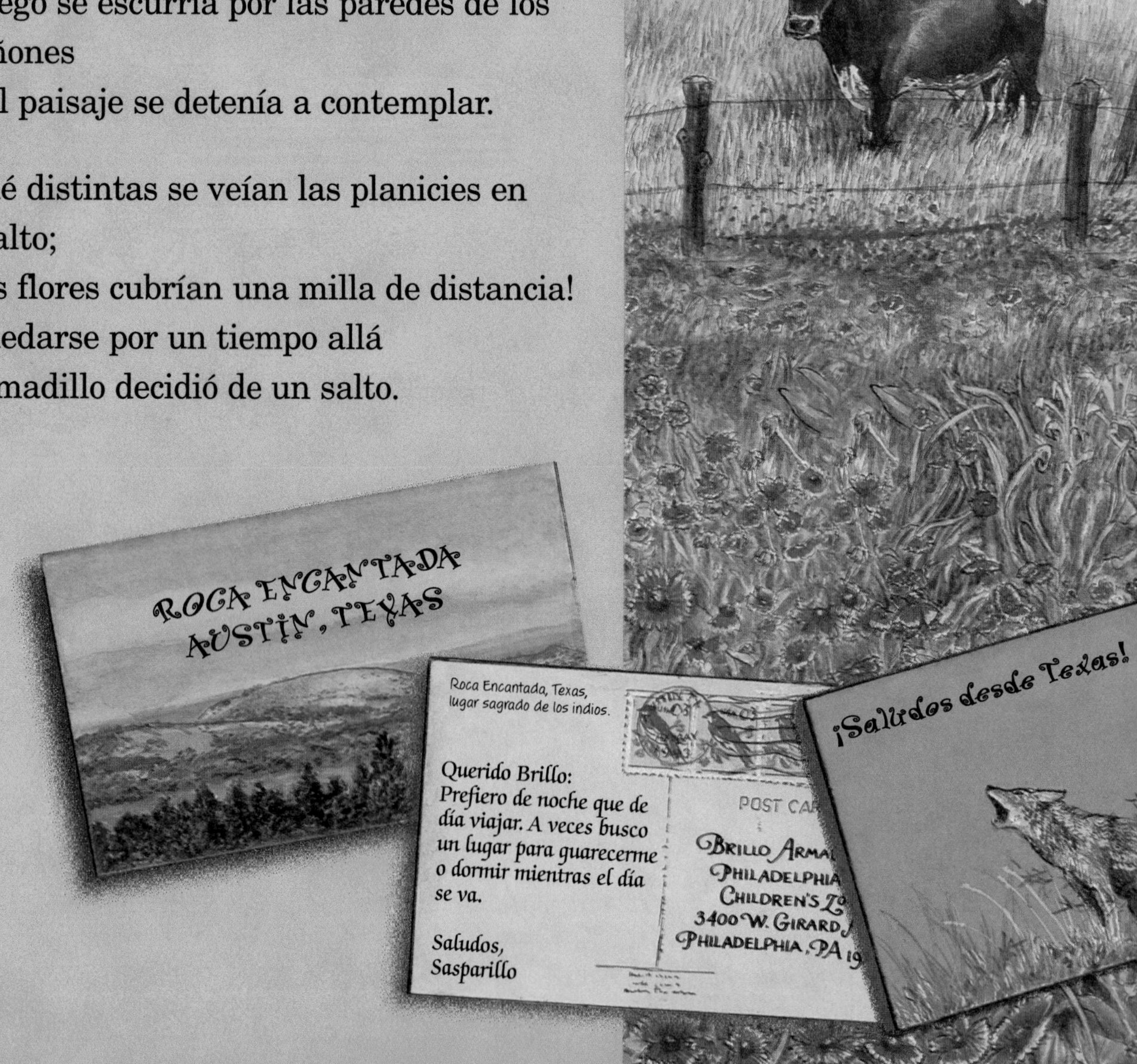

Querido Brillo:
Ya estoy cerca de Amarillo. ¡Estas tierras son demasiado frías y planas! ¡No son buenas para un armadillo! Si aquí me pudiera quedar, sería el único armadillo cerca de Amarillo.

Saludos,
Sasparillo

20 JUNE 1993

POST CARD

BRILLO ARMADILLO
PHILADELPHIA ZOO
CHILDREN'S ZOO
3400 W. GIRARD AVE.
PHILADELPHIA, PA
19104

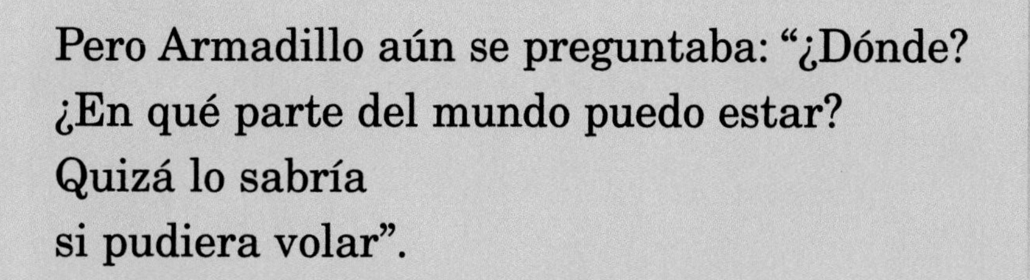

Pero Armadillo aún se preguntaba: “¿Dónde?
¿En qué parte del mundo puedo estar?
Quizá lo sabría
si pudiera volar”.

Un día vio al águila dorada
veloz por allí pasar.
“¿Cómo puedo saber dónde estoy?”,
preguntó al águila sin chistar.

“Súbete a mi espalda”, le dijo el águila.
“Muy alto y muy lejos habré de volar.
Así, eventualmente sabrás
en dónde estás”.

El águila se elevaba más y más.
Armadillo con fuerza se tuvo que sujetar.
“¡Con mi cola enroscada”, decía, “el mundo
explorare en una mirada!
¡Eso es lo que haré del alba al anochecer!”

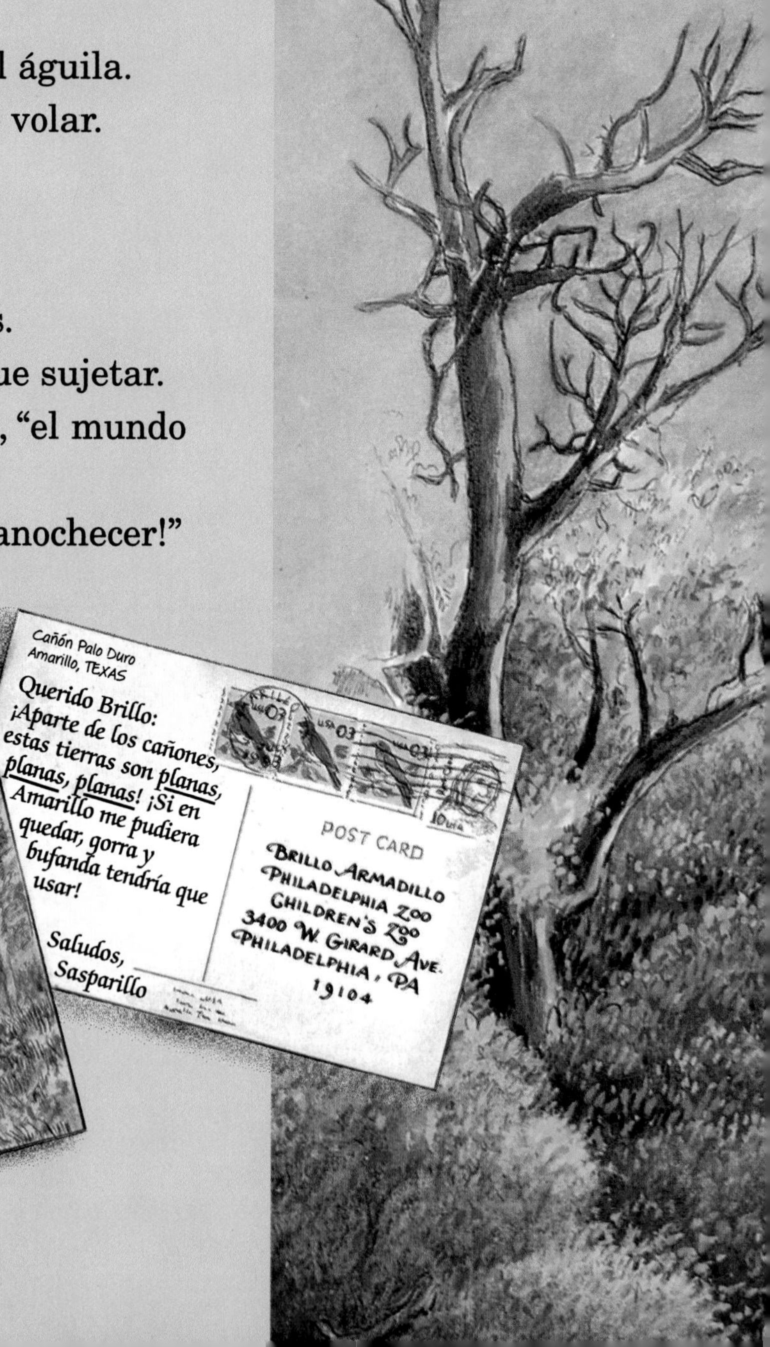

Armadillo miró hacia abajo y tuvo que preguntar:
"¿En qué parte del mundo podemos estar?"
"Sobre una pradera, y eso que ves a la distancia,
amigo mío, Amarillo es, a no dudar".

"Hemos volado sobre la pradera.
Hemos volado sobre un poblado.
¡Amarillo y café son los colores que la pradera,
querido amigo, nos ha mostrado!"

"Ya veo a Amarillo", dijo Armadillo.
"¿Podemos recorrer Texas
y más alto volar
hasta Nuevo México divisar?

¿O podemos ir aún más alto
y la Tierra recorrer?"
"Bueno, si te sujetas con fuerza, lo podríamos
intentar!",
dijo el águila, sin titubear.

"¿Amarillo es una ciudad?", preguntó Armadillo.
Y el águila respondió:
"Sí, Amarillo está en Texas,
el estado donde vivimos.

Y Texas está en Estados Unidos,
nuestro querido y vasto país
en el continente de América del Norte,
y en la Tierra, una gran esfera.

La gran esfera es nuestro planeta.
Uno de nueve en total.
En el universo, ninguno deja de girar,
alrededor del sol todos dan vueltas sin parar".

Armadillo se sujetaba con fuerza al cuello de Águila,
temeroso que desde muy alto fuera a caer.
Y por sobre sus hombros, en el aire que se enfría,
esto es lo que veía.

Alto, muy alto volaron
y fue Texas abajo lo que presenciaron.
La parte que llaman "el mango de la sartén"
y el estado de Nuevo México.

"¡Con mi cola enroscada,
el mundo exploraré en una mirada!",
decía Armadillo a su amigo. ¡Entre las nubes pasaron,
el viento surcaron, y de nuevo se elevaron!

Y cuando parecía que al espacio llegarían,
el aire cada vez más ligero se volvía.
"¡No se puede respirar! ¡Será mejor empezar a bajar!
¡Águila, a casa volemos sin parar!"

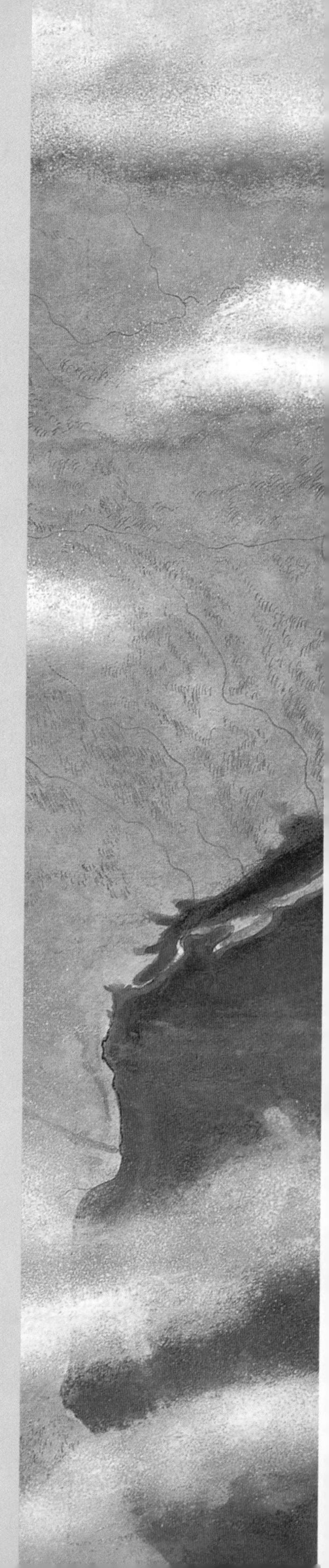

“En camino vamos ya”, Águila repetía.
“Entre el cielo y el espacio,
¡donde la atmósfera termina y el cielo ya no se ilumina,
es un lugar sensacional!

Debe haber una manera de subir aún más
y llevar aire para respirar.
¿Por qué no vamos a Cabo Cañaveral?”,
a Águila se le ocurrió preguntar.

Mientras pensaban en ese lugar,
de la torre de lanzamiento un cohete pudo despegar;
de fuego su rugido,
subió al espacio como un silbido.

A Águila se le ocurrió una idea brillante.
Empezó a silbar una tonada radiante.
“¡Subamos a esa nave
para a la luna llegar!”

Con un gran impulso,
el águila logró llegar
al cohete para continuar
su viaje con Armadillo.

Entre más alto volaban,
más lejos todo se apreciaba:
¡Louisiana y Arkansas!, y otros países también.
Se veía Cuba, ¡y hasta México lograron ver!

La nave voló tan alto,
que Armadillo no distinguía
dónde empezaba un país
o dónde su límite tenía.

La Tierra estaba muy lejos,
tan, pero tan lejos,
que Armadillo se preguntaba:
"¿En qué parte del mundo podemos estar?"

"Estamos fuera del mundo",
respondió el águila a su amigo el armadillo.
"A diez millas de la Tierra empieza el universo,
justo al final de la atmósfera".

Desde el espacio, la Tierra se ve como un globo
con remolinos de nubes blancas
en un cielo azul profundo,
como el cielo nocturno.

Los planetas brillan a su alrededor,
reflejando la luz como estrellas en resplandor.
Y en el silencio de la oscuridad,
viajaban de noche en la inmensidad.

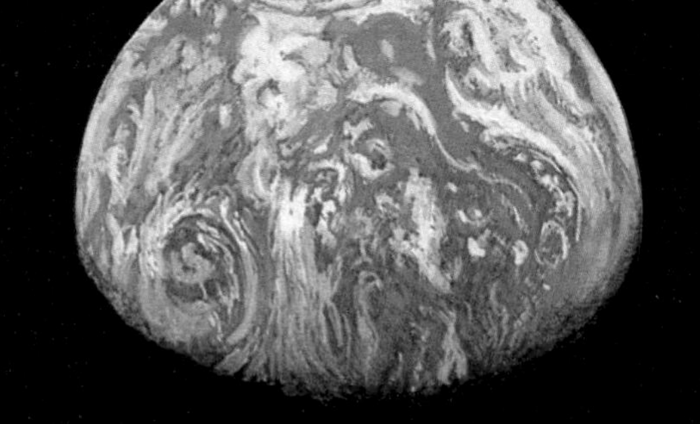

Ante sus ojos estaba la luna de plata,
una esfera brillante y blanca.
Alunizaron allí,
sobre sus cráteres, sin miedo sentir.

Y mientras veían maravillados,
la Tierra en el horizonte pudieron ver.
Observaron su hogar en la distancia,
del amanecer al atardecer.

Armadillo dijo: "Extraño mi hogar.
Oye, Águila, deberíamos regresar.
Viajemos a nuestro poblado amarillo,
lejos de esta oscura soledad".

El cohete empezó a bajar
y luego cayó en el mar.
El aventurero par se elevó en el aire
para volar a la pradera amarilla, su hogar.

Si Armadillo aún se preguntara: "¿En qué parte del mundo puedo estar?"
Ahora su pregunta podía contestar.
"¡Ahora sé, gracias a ti, Águila,
en dónde debo estar!

Vivo cerca de Amarillo,
una ciudad pequeña, a no dudar,
en el estado de Texas,
uno de cincuenta estados en total.

En Estados Unidos,
el país donde nací,
en el continente de América del Norte,
en la Tierra, nuestro planeta.

Uno de nueve en total,
y la Tierra es singular.
Ocho planetas hay además
de nuestra cálida, caliente, fría y
fresca esfera,
que alrededor del sol
no paran de girar".

Reflexionar y responder

1. ¿Por qué Armadillo se va de viaje? ¿Qué aprende él?

2. Si la autora no hubiera usado rima, ¿crees que la historia hubiera sido diferente? Explica tu respuesta.

3. ¿Cómo crees que las ilustraciones de las postales realzan la historia? Explica tu respuesta.

4. En la última página de la historia, Armadillo dice exactamente dónde se encuentra él en el **universo**. ¿Dónde te encuentras tú? Di dónde estás exactamente, comenzando con tu escuela.

5. Da un ejemplo de una estrategia de lectura que usaste mientras leíste esta historia. ¿Cómo te ayudó?

Conoce a la autora e ilustradora Lynne Cherry

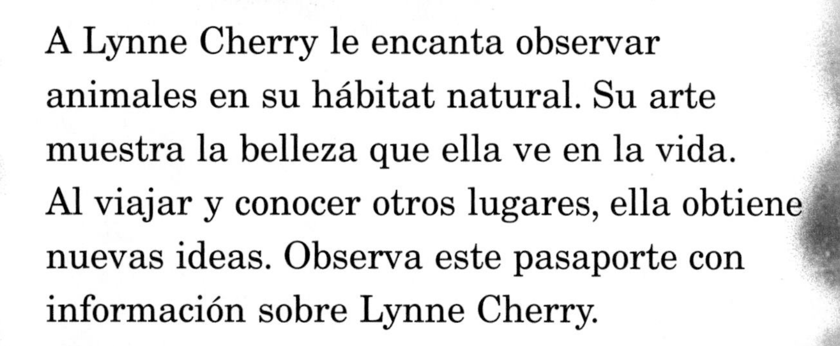

A Lynne Cherry le encanta observar animales en su hábitat natural. Su arte muestra la belleza que ella ve en la vida. Al viajar y conocer otros lugares, ella obtiene nuevas ideas. Observa este pasaporte con información sobre Lynne Cherry.

PASAPORTE

de Lynne Cherry

Número: J00932A09 Armadillo

Nombre: Lynne Cherry

Dirección: Washington, D.C., y Maryland

País de nacimiento: Estados Unidos

Lugar de nacimiento: Filadelfia, PA, EE.UU.

Fecha de nacimiento: 5 de enero de 1952

Profesión: Autora e ilustradora de libros infantiles

Género
No ficción explicativa

Mapas del mundo

Texto de Barbara Taylor

Probablemente has visto muchos mapas planos del mundo con la superficie terrestre y el mar extendidos sobre una página o una hoja. Pero como la Tierra es redonda, el único mapa del mundo realmente fiel es un globo terráqueo—un modelo esférico de la Tierra. El globo nos muestra la verdadera medida y forma de nuestras tierras y mares. También se inclinan ligeramente sobre un lado. Pero los globos son incómodos de llevar de un sitio a otro. No se pueden plegar y meter en un bolsillo como un mapa plano, por eso usamos los mapas más a menudo.

Mapas antiguos

Hace varios siglos la mayoría de la gente creía que la Tierra era plana, como una gigantesca superficie hasta el cielo. Pensaban que saldrían de los confines si navegaban lo bastante lejos, mar adentro. Este mapa fue dibujado hace unos 500 años. Aunque no es exacto, resulta fácil reconocer las formas de las diferentes áreas de la Tierra. ¿Puedes reconocer partes de Europa o de África?

Inténtalo

¿Ya has envuelto un regalo de cumpleaños? Intenta cubrir una pelota con una hoja de papel y no dejes ningún resquicio. Puedes ver lo difícil que es hacer un mapa plano de la Tierra.

Reflexionar y responder

¿Cuándo es un mapa plano más útil que un globo terráqueo?

Hacer conexiones

El armadillo de Amarillo

Compara textos

1. ¿Cómo pudo haber cambiado lo que siente Armadillo por la Tierra después de su viaje? Explica tu respuesta.
2. Da algunos ejemplos de datos fantásticos y hechos de "El armadillo de Amarillo".
3. ¿En qué se parecen y en qué son diferentes "El armadillo de Amarillo" y "Mapas del mundo"?
4. Piensa en otra historia fantástica que hayas leído. ¿Presenta esa historia información como en "El armadillo de Amarillo"? Explica tu respuesta.
5. ¿Sobre cuál de estos temas te gustaría aprender más: tu ciudad, tu estado, tu país, tu continente o el universo? Explica por qué hiciste esa elección.

Escribe un poema

CONEXIÓN con la Escritura

"El armadillo de Amarillo" es una historia rimada. Piensa en un tema del que te gustaría escribir un poema, como un lugar o tu animal favorito. Expresa tus sentimientos en un poema rimado. Anota en un organizador gráfico las palabras que piensas rimar.

Palabra que quiero usar	Palabras que riman

Haz un diagrama o modelo

CONEXIÓN con las Ciencias

En "El armadillo de Amarillo", Armadillo aprende que la Tierra es uno de los nueve planetas que giran alrededor del sol. Investiga los nombres de los planetas. Luego ordénalos del más cercano al más lejano y del más pequeño al más grande. Haz un diagrama o construye un modelo. Incluye una breve explicación escrita.

Diseña tarjetas postales

CONEXIÓN con los Estudios sociales

Armadillo envía muchas tarjetas postales a su primo Brillo. Diseña al menos una tarjeta postal que creas que un antiguo habitante de tu comunidad enviaría a un amigo. En un lado de la tarjeta, dibuja un lugar característico de tu ciudad en el pasado. Puedes consultar tu libro de estudios sociales y otras fuentes, como fotografías y periódicos antiguos. Al otro lado de la tarjeta, describe lo que aparece en la imagen e indica la época.

Causa y efecto

Destreza de enfoque

Una **causa** es la razón de un suceso. Un **efecto** es el resultado de una acción o evento.

A veces una causa tiene más de un efecto.

Causa

Armadillo se preguntaba: ¿En qué parte del mundo puedo estar?

Efectos

- Armadillo empacó sus cosas y dejó su casa atrás.
- Armadillo le pregunta a un águila: ¿Cómo se ve el mundo desde lo alto?
- Armadillo viaja en una nave espacial.

A veces algunos efectos tienen más de una causa.

Causas

- Armadillo camina por el mundo durante semanas y conoce lugares diferentes.
- Armadillo ve el mundo montado en la espalda de un águila.
- Armadillo ve la Tierra desde una nave espacial.

Efecto

Armadillo encuentra dónde está él en el mundo.

Visita *The Learning Site*
www.harcourtschool.com
Ve *Destrezas y Actividades*

Preparación para las pruebas

Causa y efecto

Un día, una pequeña lagartija se encontró con un conejo que parecía muy triste. Entonces, el conejo le dijo: "Por lo general, las cosechas del granjero son muy buenas. El suelo es rico y siempre habíamos tenido suficiente sol y lluvia. Pero esta vez no ha llovido en muchas semanas. Pronto la cosecha se marchitará y luego se secará por completo. ¡Ni el granjero ni yo tendremos nada qué comer!"

Entonces la lagartija sintió cómo una gota golpeaba su cabeza. Había empezado a llover. La lagartija estaba empapada, pero se sentía feliz de que la cosecha se hubiera salvado.

Sugerencia

Vuelve a leer la historia y di cuántas razones da para cada evento.

1. La historia nombra tres razones por las que

A la lagartija se va a recorrer el mundo.

B el conejo está triste.

C las cosechas siempre habían sido muy buenas.

D la lagartija estaba empapada.

Asegúrate de que los efectos de la respuesta que elegiste hayan sido causados por la falta de lluvia.

2. ¿Qué puede suceder cuando no llueve por varias semanas?

F Puede empezar a llover y las cosechas se salvarán.

G Las cosechas tendrán suficiente sol y crecerán bien.

H El suelo se enriquecerá y habrá mucha comida.

J Las cosechas se marchitarán y luego se secarán por completo.

El poder de las palabras

Visitantes del espacio

viento solar

partículas

fuerza

esparcen

fluorescente

núcleo

¿Qué son los cometas? ¿De dónde vienen? Estas preguntas eran acertijos para las personas de la antigüedad. A continuación se presentan otras preguntas sobre ciencias y acertijos que puedes tratar de responder.

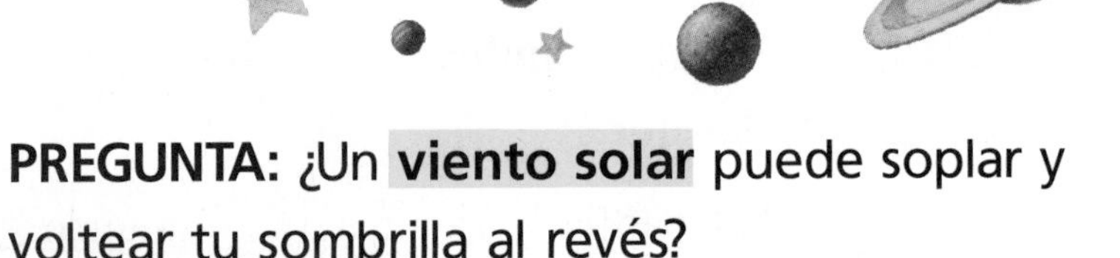

PREGUNTA: ¿Un **viento solar** puede soplar y voltear tu sombrilla al revés?

RESPUESTA: No, el viento solar es un material magnético que fluye desde el Sol. Es una corriente de **partículas** tan pequeñas que no se pueden ver o sentir. La **fuerza** o energía de un viento solar no alcanza la superficie de la Tierra. Sin embargo, son vientos muy fuertes que se **esparcen** y hacen que la cola de los cometas se mueva y cambie de forma.

PREGUNTA: ¿En qué se parece la pantalla de la televisión a una luciérnaga?

RESPUESTA: Las pantallas de televisión están revestidas de un material **fluorescente** que las hace brillar. Las luciérnagas también brillan porque tienen una sustancia que las hace ver luminosas.

PREGUNTA: ¿En qué se parece la cabeza de un cometa al centro de una gota de lluvia?

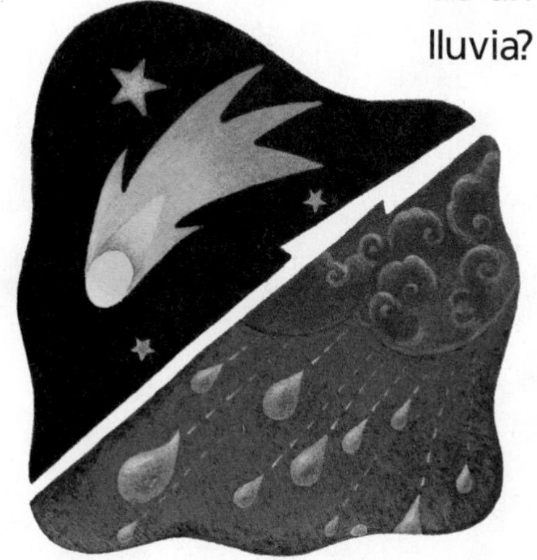

RESPUESTA: Ambos tienen un **núcleo.** La cabeza de un cometa es el núcleo que gira en forma ovalada alrededor del Sol. Cuando el agua se agrupa alrededor de una partícula para formar una gota de lluvia, esa partícula se llama núcleo.

CONEXIÓN
Vocabulario-Escritura

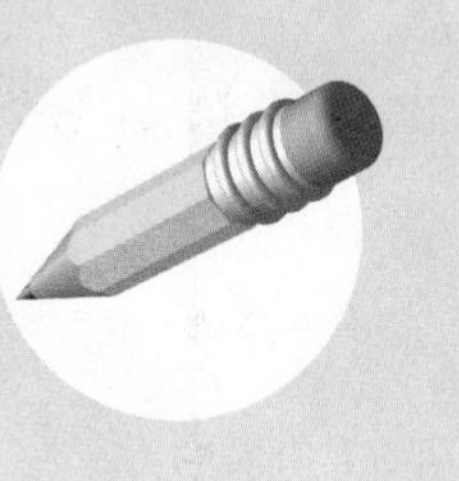

En los cruces escolares los señalamientos de tránsito son de color amarillo **fluorescente.** Escribe un párrafo diciendo qué piensas al respecto y dónde más puede ser útil la pintura fluorescente.

Género

No ficción explicativa

No ficción explicativa presenta y explica información e ideas.

En esta selección, busca

- **ilustraciones con leyendas y rótulos.**
- **secciones divididas por encabezados.**

VISITANTES DEL ESPACIO

Texto de Jeanne Bendick

Ilustraciones de David Schleinkofer

¡Mira! ¡Un cometa!

Así se ve un gran cometa brillante en el cielo. (página 405, arriba)

Hace mucho tiempo, la gente pensaba que un cometa era una señal de que algo terrible iba a pasar en la Tierra. Podía ser un terremoto, una inundación o tal vez una guerra. ¿Si no, por qué aparecería de repente una bola de fuego en el cielo?

En la actualidad sabemos mucho más acerca de los cometas. Un cometa no es un aviso de que vayan a ocurrir cosas malas. También sabemos que los cometas no aparecen de repente. Lo que pasa es que sólo podemos verlos cuando están cerca del Sol.

¿De dónde vienen los cometas?

Los *astrónomos* son científicos que estudian los planetas y las estrellas. Ellos creen que los cometas están formados por pedazos de roca, polvo, hielo y gas que quedaron en el espacio cuando se formó el *sistema solar*, hace alrededor de 4 mil millones de años. Al sistema solar lo integran el Sol y su familia de planetas y lunas.

Los científicos creen que en el espacio remoto, mucho más allá del planeta más lejano de nuestro Sol, hay una enorme nube de cometas que rodea a nuestro sistema solar. Es posible que haya miles de millones de cometas, moviéndose en todas direcciones como un enorme panal de abejas.

La nube de Oort es una especie de concha gigantesca que rodea al sistema solar. La nube de Oort fue llamada así en honor al astrónomo holandés Jan H. Oort.

La gravedad del Sol atrae a los planetas. Al mismo tiempo, la energía cinética de los planetas los lanza hacia el exterior. Sin embargo, ambas fuerzas permanecen en equilibrio perfecto.

Se inicia el viaje de un cometa

De vez en cuando, alguna estrella lejana le da un empujón o un jalón a un cometa y puede sacarlo violentamente de la nube de cometas. El cometa es arrojado entonces al espacio. O puede adentrarse en el sistema solar y moverse en dirección al Sol.

Todo lo que hay en el sistema solar está unido al Sol por una fuerza que no se puede ver. A esta fuerza se le llama *gravedad*.

La gravedad del Sol atrae los planetas y sus lunas. Atrae las grandes rocas que flotan en el sistema solar, los llamados *asteroides*. Atrae los cometas. Y atrae a todos hacia la estrella que es el centro de nuestro sistema solar. Esa estrella es nuestro Sol.

Los cometas cambian

Algunos cometas parecen esferas mal hechas y otros estrellas de cabello largo. Un cometa es al principio una bola de gases congelados. Un astrónomo los llama “bolas de nieve sucia”.

Esa bola de nieve sucia es el núcleo del cometa. Es la semilla alrededor de la cual se forma el resto del cometa. Puede ser una gran semilla, de una milla (kilómetro y medio) o hasta varias de ancho.

A medida que el cometa se acerca al Sol, el hielo comienza a derretirse por el calor. Los gases congelados se esparcen y forman una nube imprecisa alrededor del núcleo llamada *cabellera*, y puede medir medio millón de millas.

Una parte de la cabellera es empujada hacia atrás del cometa. Una fuerza procedente del Sol, llamada viento solar, barre esta *cola* hacia afuera y atrás del cometa.

Casi todos los cometas poseen dos o más colas. Una de ellas está compuesta de gas. Es recta, larga, y llega a medir 10 millones de millas de longitud.

Las otras colas son más cortas y curvadas. Están compuestas de polvo espacial.

Las colas de un cometa siempre apuntan en sentido contrario al del Sol. Cuando el cometa le da la vuelta al Sol, el viento solar empuja la cola hacia el frente del cometa.

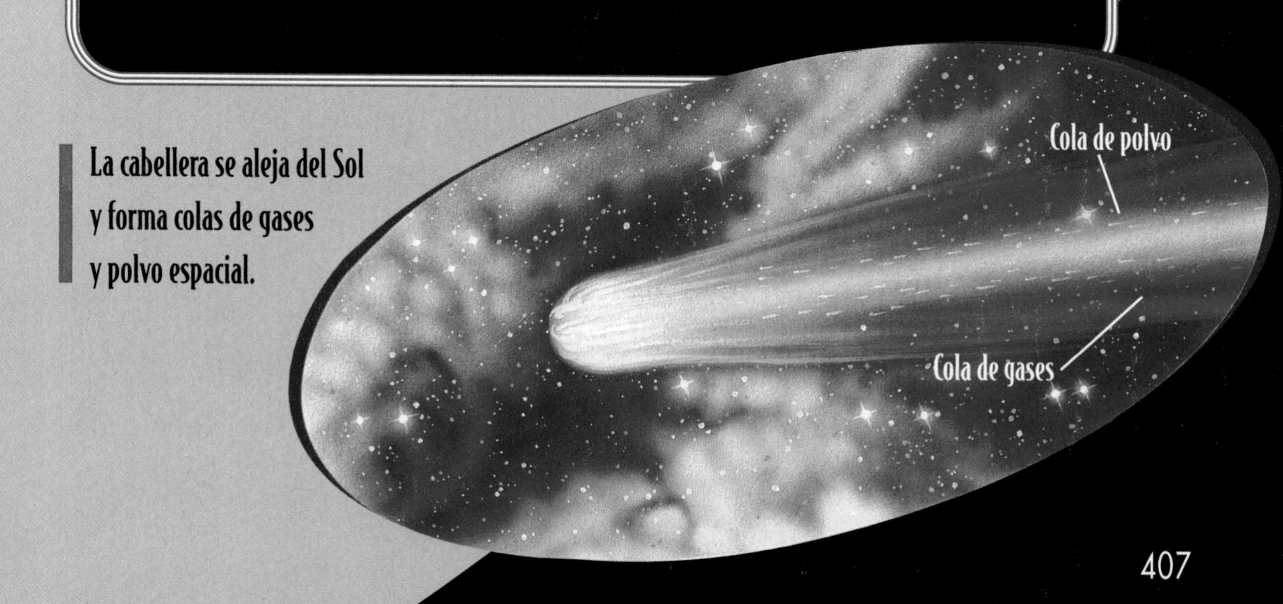

La cabellera se aleja del Sol y forma colas de gases y polvo espacial.

¿Por qué brilla un cometa?

En el espacio exterior, los cometas son oscuros. No tienen luz propia.

Pero a medida que se acercan al Sol empiezan a brillar porque sus partículas de hielo reflejan la luz solar.

Los cometas reflejan la luz del Sol incluso de noche. Ese reflejo de la luz solar es también lo que hace que brillen nuestra Luna y los planetas. Sólo las estrellas poseen luz propia.

Pero también los cometas brillan por otro motivo. El gas de la cabellera absorbe parte de la luz del Sol. Se vuelve algo parecido al gas de una lámpara fluorescente. Alumbra.

Acerca de las órbitas

Los planetas dan vuelta al Sol siguiendo caminos regulares llamados *órbitas*. La órbita de un planeta es casi redonda. Cuando un planeta completa una órbita alrededor del Sol, se cumple un *año* en ese planeta.

Los cometas también describen órbitas alrededor del Sol. Sus órbitas tienen la forma de un huevo. A estas órbitas se les llama *elipses*. Las órbitas de los cometas pueden ser sumamente largas si el camino del cometa se inicia en una zona del espacio muy lejana.

Algunos cometas tardan miles o incluso millones de años en completar sus órbitas. Otros tardan sólo unos cuantos años. Sus órbitas pueden cruzarse con las de los planetas. Al tiempo que tarda un cometa en completar su órbita se le llama *periodo*.

Los cometas avanzan muy rápido. Sin embargo, parecen quedarse casi inmóviles en el cielo durante varias noches seguidas. Esto se debe a que se hallan muy distantes. ¿Acaso la Luna no parece también estar inmóvil? Hay que mirarla durante largo rato para darse cuenta de que se está moviendo.

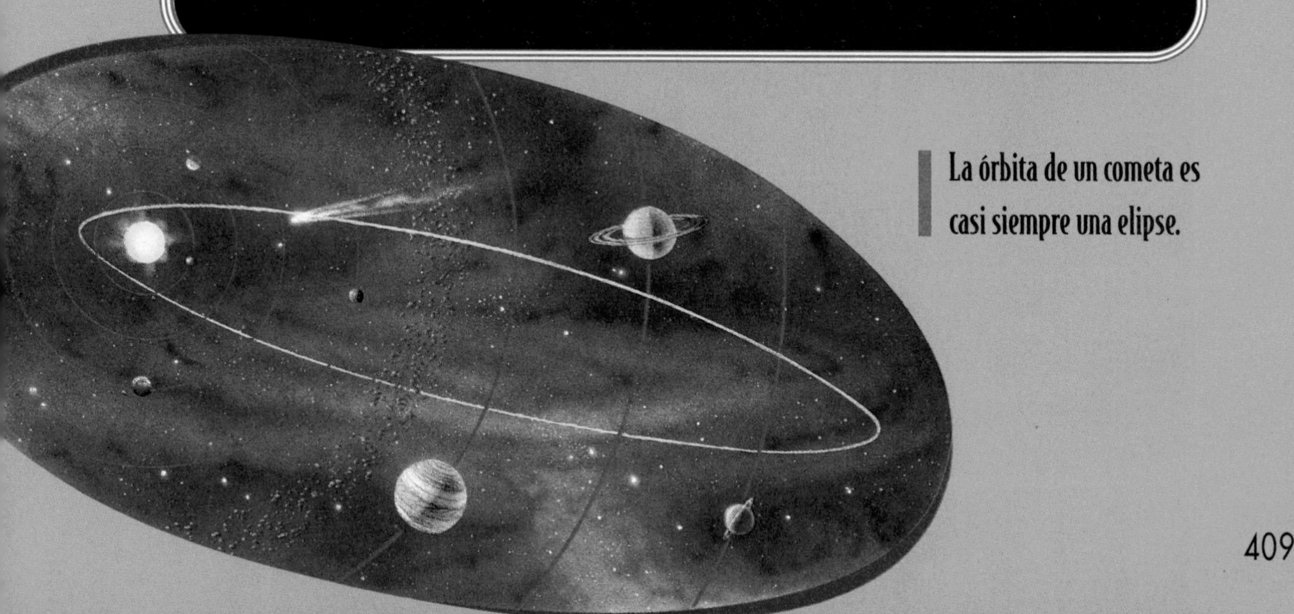

La órbita de un cometa es casi siempre una elipse.

El cometa más famoso

Algunos cometas aparecen en el cielo una y otra vez. Se puede predecir cuándo regresarán. A estos cometas por lo general se les dan nombres. Normalmente se les da el nombre de la persona que los vio por primera vez.

El más famoso es el llamado cometa Halley. Podemos verlo aproximadamente cada 76 años, cuando más se acerca al Sol. Su periodo es de 76 años.

El cometa Halley pasó junto a nosotros entre los años 1985 y 1986. Se le verá de nuevo en 2060. ¿Cuántos años tendrás para entonces?

El científico usa una enorme y sucia bola de nieve para enseñar a sus estudiantes acerca de los cometas.

¿Qué les sucede a los cometas?

Cuando los cometas se acercan al Sol, el Sol quema parte de los gases en la cabellera y la cola. Trozos de polvo espacial y roca estallan del núcleo. Esto deja una trayectoria de materia del cometa a lo largo de su órbita. Estos pedazos, llamados *meteoritos*, continúan en órbita.

Cuando la Tierra pasa a través de la órbita del cometa, los meteoritos brillan. Esto se debe a que la Tierra está envuelta en una manta de aire llamada *atmósfera*. Al entrar a la atmósfera, los meteoritos chocan con partículas de aire. Los meteoritos se calientan hasta que se comienzan a quemar. Entonces, se les llaman *meteoros*.

Algunas personas llaman a los meteoros *estrellas fugaces*. En realidad no son fugaces. Las estrellas que parecen caer del cielo, en realidad, son *meteoros*.

Reflexionar y responder

1. ¿Cómo se diferencian los cometas de los planetas?
2. ¿Cuál es el propósito de las palabras en letras rojas en la parte superior de algunas páginas?
3. ¿Qué efecto tiene el **viento solar** en los cometas?
4. Si tú pudieras hablar con la autora, ¿qué le preguntarías? ¿Por qué le harías esa pregunta?
5. ¿Cuáles estrategias de lectura te ayudaron a entender la información en "Visitantes del espacio"?

Conoce a la autora

Jeanne Bendick

He escrito muchos, muchos libros. La lista llenaría dos o tres páginas. La mayor parte de ellos son libros sobre ciencias para lectores de tu edad.

No soy científica. Soy una escritora a quien le encantan las ciencias. Cuando conozco un tema nuevo, trato de explicarlo con palabras simples para que yo misma pueda entenderlo. Después escribo lo que entendí para que los lectores lo conozcan.

Con mis libros intento que los jóvenes se den cuenta de que las ciencias forman parte de la vida diaria. También intento que los lectores hagan preguntas e investiguen las respuestas. Siempre he pensado que las preguntas son más importantes que las respuestas porque el deseo de saber es un maravilloso tesoro.

Visita *The Learning Site*
www.harcourtschool.com

Hacer conexiones

Compara textos

1. ¿Por qué se incluyó "Visitantes del espacio" en el tema ¡Viva el mundo!?
2. ¿Por qué en esta historia de no ficción se usaron diagramas y dibujos en lugar de fotografías?
3. ¿Por qué el autor compara el brillo de la cabellera con una luz flourescente y el movimiento de un cometa con el de la luna?
4. Compara y contrasta "Visitantes del espacio" con "Ecología para los niños".
5. Después de leer "Visitantes del espacio", ¿qué más te gustaría saber acerca del sistema solar?

Escribe una canción

CONEXIÓN con la Escritura

"Visitantes del espacio" explica cómo se forma un cometa y cómo inicia su viaje alrededor del sol. ¿Que dirías acerca de un cometa en una canción? Escribe tus ideas y agrégales música. Planea tu canción en una red de palabras como la siguiente. Puedes escribir un poema y crear tu propia música o usar una tonada conocida, como la canción infantil "Estrellita".

COMETA

Da una demostración

CONEXIÓN con las Ciencias

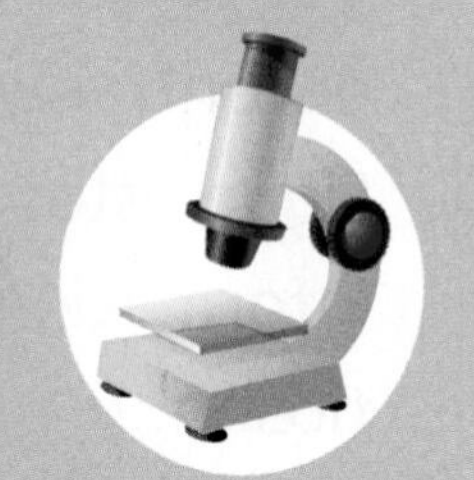

"Visitantes del espacio" describe cómo los cometas y la Luna parecen estar detenidos en el cielo, a pesar de estar en movimiento. Si observas el Sol por un día, creerás que se desplaza en el cielo, apareciendo en el oriente y desapareciendo en el poniente. Investiga si el Sol realmente se mueve. Haz un modelo del Sol y la Tierra para demostrar lo que aprendiste.

Haz una guía para Internet

CONEXIÓN con los Estudios sociales y las Ciencias

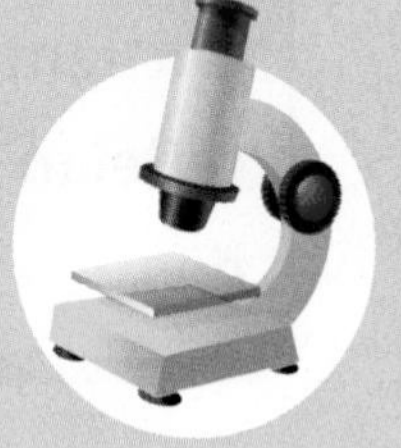

En "Visitantes del espacio" aprendiste que la última vez que el cometa Halley pasó por la Tierra fue entre 1985 y 1986. El cometa fue fotografiado desde el transbordador espacial *Giotto* y también desde la Tierra. Busca fotografías del cometa Halley en Internet. Haz anotaciones sobre las fotografías y una lista de los sitios web que hayas consultado. Luego, escribe una guía de Internet que liste las direcciones y describa cada sitio.

Localizar información

¿Por qué el hielo hace que brillen los cometas? ¿Cómo encontrarías la respuesta en "Visitantes del espacio"? Sigue estos pasos para practicar la búsqueda de información en libros de texto y otros libros de no ficción.

Observa la tabla de contenido. Busca en el índice el número de página en la que empieza "Visitantes del espacio". Abre tu libro a esa página.

El artículo se divide en secciones que son capítulos breves. Lee los encabezados. ¿En qué sección crees que encontrarías la respuesta?

Debajo del encabezado "¿Por qué brilla un cometa?", busca la información acerca del hielo.

Encuentra esta oración: "sus partículas de hielo reflejan la luz solar." Usa el glosario para verificar la división silábica y el significado de la palabra *partículas*.

Visita *The Learning Site*
www.harcourtschool.com
Ve Destrezas y Actividades

Preparación para las pruebas

Localizar información

El siguiente es un índice de un libro sobre los cometas.

Índice

Asteroides. 26, 30
Astrónomos. 3, 7, 14, 27
Coma. 10, 11, 29
Gravedad 5, 8, 25
Cometa Halley 2, 3
Núcleo 11, 12
Periodo 19
Sistema solar 1, 4, 9, 24, 28
Viento solar 14, 17
Sol 1, 2, 4, 16

1. Puedes encontrar información sobre el *viento solar* en las páginas:

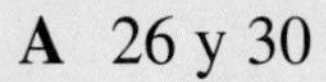

A 26 y 30

B 11 y 12

C 1, 4, 9, 24 y 28

D 14 y 17

Busca *viento solar* en el índice para localizar los números de página correctos.

2. ¿En qué parte de la lista agregarías la palabra *órbita*?

F antes de *asteroides*.

G entre *cometa Halley y núcleo*

H entre el *núcleo* y el *periodo*

J después de *Sol*

Recuerda que los índices se ordenan alfabéticamente.

Manual del escritor

Contenido

Planear tu escritura

Los propósitos para escribir 420
El proceso de escritura 422
Cómo obtener ideas 424

Usar referencias y recursos: Leer textos funcionales

Recursos en la biblioteca 426
Usar un diccionario 427
Usar un diccionario de sinónimos 428
Usar un atlas 429
Partes de un libro 430
Usar una enciclopedia 431

Organizar información

Tomar apuntes 432
Hacer esquemas 434

Pulir tu escritura

Características de la buena escritura 436
Usar criterios de evaluación 438
Conferencias con los compañeros 439

Presentar tu escritura

Hacer una presentación oral 440
Hacer una presentación en multimedia 441

Los propósitos para escribir

Hay muchas razones diferentes para escribir. Quizás escribas **para informar, para responder a algo que leíste, para entretener o expresar sentimientos** o **para persuadir.** A veces, escribes con más de un propósito. Por ejemplo, cuando escribes una carta amistosa, quizás escribes para informar al lector sobre un suceso y para expresar tus sentimientos sobre dicho acontecimiento.

La siguiente información te explicará más sobre cada tipo de escritura.

Escritura explicativa

El propósito de la escritura explicativa es informar. Este tipo de escritura explica algo. Ejemplos de escritura explicativa son los ensayos de cómo hacer algo, los párrafos descriptivos y los informes de investigación.

Consejos para la escritura explicativa

- Escribe una oración que presente el tema, que declare la idea principal o lo que estás explicando.
- Organiza la información en párrafos que cuenten sobre una idea.
- Organiza tus párrafos en un orden que tenga sentido.
- Resume la idea principal en tu conclusión.

Respuesta literaria

Cuando escribes para responder a algo que leíste, tu propósito es mostrar que entendiste el pasaje o la selección. Es importante usar ejemplos y detalles de la selección en tu respuesta.

Consejos para la respuesta literaria

- Escribe una oración que presente el tema que responda la pregunta.
- Usa tu propia experiencia y detalles de la selección para apoyar tu oración que presenta el tema.
- Vuelve a declarar tu idea principal en la conclusión.

Escritura expresiva

El propósito de la escritura expresiva es compartir tus sentimientos o entretener. A veces, la escritura expresiva describe cómo algo se ve, se oye, huele o sabe. Algunos ejemplos de escritura expresiva son las narraciones personales, los cuentos y los poemas.

Consejos para la escritura expresiva

- Preséntate o presenta a tus personajes.
- Usa tu voz personal para describir lo que estás escribiendo.
- Incluye tantos detalles como puedas sobre lo que tú o tus personajes ven, oyen, tocan, prueban y huelen, para atraer la atención de tu lector.
- Incluye un final que tenga sentido.

Escritura persuasiva

El propósito de la escritura persuasiva es persuadir a los lectores a estar de acuerdo con tus opiniones o animarlos a tomar acción. Piensa en la escritura persuasiva para intentar cambiar la opinión de alguien sobre algo.

Consejos para la escritura persuasiva

- Escribe un comienzo interesante que explique tu opinión.
- Da por lo menos tres razones sobre tu opinión.
- Ofrece tu razón más importante al final.
- En tu conclusión, vuelve a declarar tu opinión o pide a tu lector que tome acción.

Inténtalo

¿Cuál sería el propósito de cada uno de estos tipos de escritura: un mensaje telefónico, un chiste, una receta y un anuncio?

El proceso de escritura

El proceso de escritura tiene cinco pasos. Vas a repetir los pasos muchas veces mientras escribas.

Antes de escribir: En este paso, planeas lo que vas a escribir. Identifica tu propósito y audiencia. Luego, escoge un tema y organiza tu información.

Escribir un borrador: Escribe tus ideas en oraciones y párrafos. Sigue tu plan antes de escribir.

Revisar: Haz cambios a tu escritura para que sea más fácil de entender o más interesante para el lector.

Corregir: En este paso, corriges errores de gramática, de ortografía, de uso de mayúsculas y de puntuación. Haz una copia final de tu trabajo.

Publicar: Escoge una forma para compartir tu trabajo. Quizás quieras añadir fotografías o leer tu escrito en voz alta.

Aquí tienes un ejemplo, que muestra cómo Berta usó el proceso de escritura para escribir una narración personal.

Antes de escribir

A Berta le pidieron que escribiera una narración personal. Su audiencia sería los compañeros de clases. Ella se acordó de la vez que se rompió la pierna. Su próximo paso fue escribir todo lo que pudo recordar.

Se cayó de la bicicleta
Se rompió la pierna
Consiguió muletas
No se podía parar de una silla
No podía subir ni bajar escaleras
Luego aprendió cómo ir rápido con ellas.

Escribir un borrador

Berta escribió sobre los sucesos en el orden en que ocurrieron. También pensó en detalles que describirían lo que ocurrió.

Revisar

Berta hizo cambios para mejorar su escritura. Verificó para ver si sus ideas estaban en el orden correcto. Añadió detalles y eliminó información que no era necesaria. Convirtió una oración demasiado larga en dos oraciones separadas. He aquí su primer borrador con algunos cambios que hizo en **azul**.

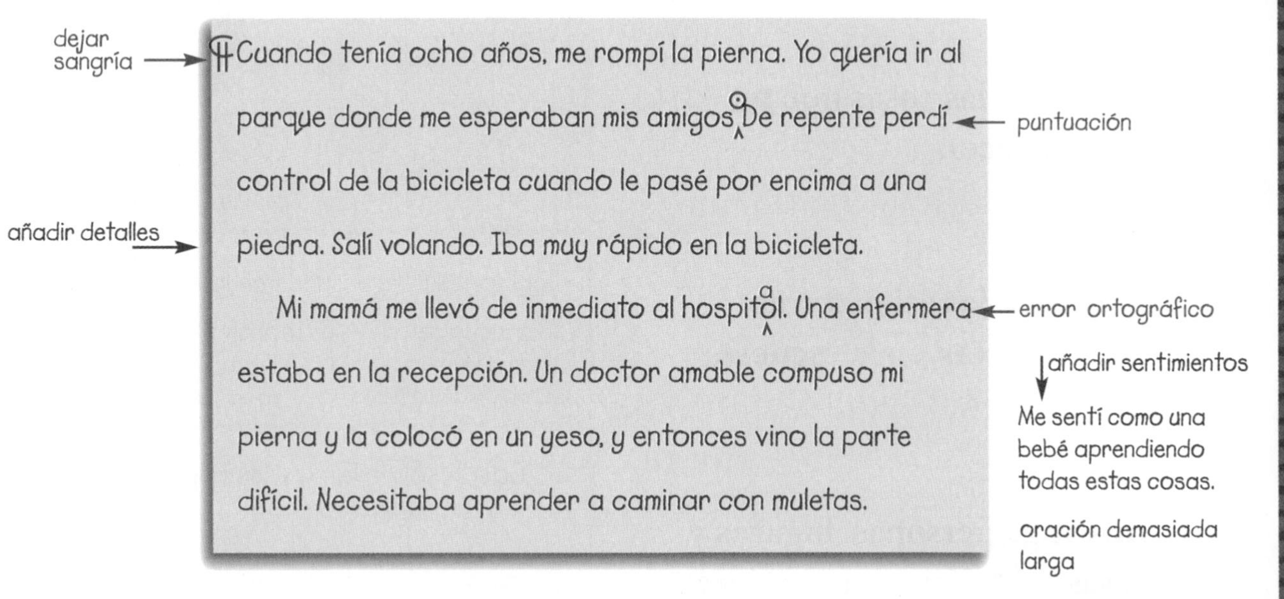

Corregir

Berta corrigió errores de gramática, ortografía, puntuación y uso de mayúsculas. Las correcciones que aparecen en **rojo** muestran los cambios que hizo mientras corregía.

Publicar

Berta decidió leer su cuento a la clase. Trajo sus muletas a la escuela. Mostró lo difícil que era pararse de una silla. Luego, contestó preguntas.

Inténtalo

Imagina que estás escribiendo un cuento sobre una ocasión en que intentaste hacer algo por primera vez. Decide cuál será tu propósito y quién será tu audiencia. Luego, piensa en formas interesantes de publicar tu cuento.

Cómo obtener ideas

Una vez que sabes tu propósito y cuál será tu audiencia, aquí tienes algunas formas de obtener ideas.

Guarda las listas en un Diario de lectura o banco de ideas.

- **Piensa en las cosas que te gustan hacer.**

> Cosas que me gustan hacer
>
> artesanías
> deportes
> juegos de mesa
> leer

- **Piensa en las asignaturas que te gustan en la escuela.**

> Lecciones interesantes en la escuela
>
> experimento de la presión atmosférica
> juegos de estimación
> simulación de un juicio en estudios sociales

- **Investiga personas, lugares y cosas sobre las cuales quieres aprender más.**

> Cosas sobre las cuales quiero aprender más
>
> pronosticar el tiempo
> París, Francia
> juegos de vídeo
> programa de arte en la computadora

Mantén una **lista cronológica** de las cosas interesantes que pasan en tu vida.

- Anota sentimientos y experiencias en un diario personal.
- Dibuja ilustraciones para recordar hechos memorables.
- Descríbete en diferentes momentos de tu vida.

Usa la **escritura libre** cuando no se te ocurran más ideas.

- Empieza con un tema o una palabra de sentimiento.
- Escribe libremente por varios minutos. No quites el lápiz de la hoja de papel.
- Escribe cuanto pensamiento se te ocurra. Nunca sabes cuándo te vendrá a la mente una buena idea.

Cuando identifiques una idea sobre la cual escribir, puedes explorar más usando una red de ideas. Juana creó una red como la siguiente para describir un elefante que vio en el zoológico.

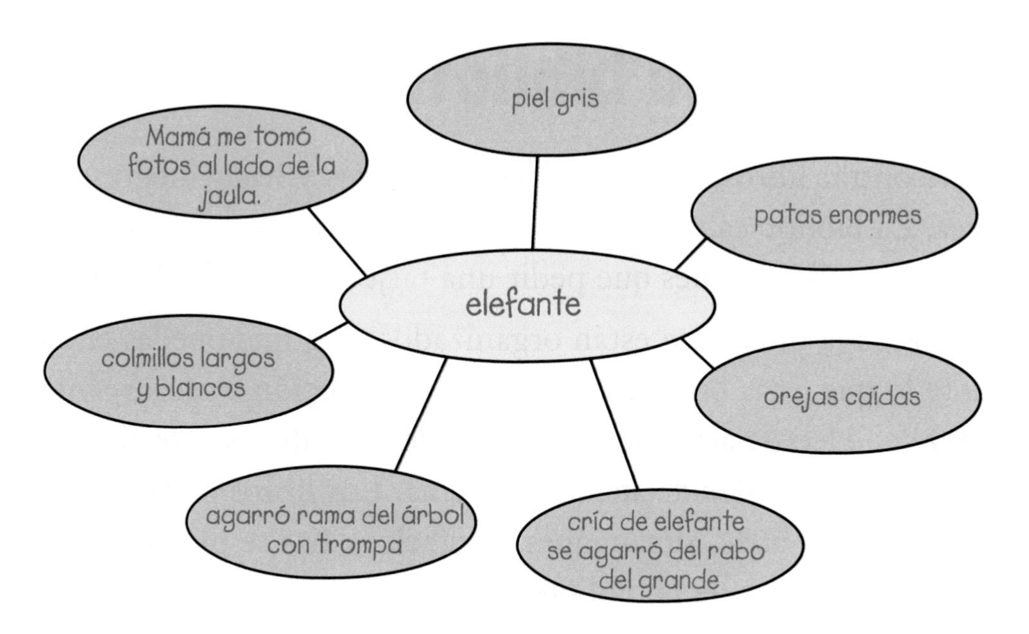

Pautas para crear una red de ideas:

- Escribe una palabra como punto de partida. Rodéala con un círculo.
- Alrededor de la misma, escribe ideas que te vengan a la mente.
- Rodea cada idea con un círculo.
- Dibuja flechas para mostrar cómo se relacionan las ideas.

Inténtalo

Elige un objeto que sea importante para ti. Imagina que escribes un párrafo sobre él. Crea una red como la de Juana, pero escribe tu objeto en el círculo del centro. En los círculos alrededor del centro, escribe todas tus ideas sobre el objeto.

Recursos en la biblioteca

Puedes encontrar libros, revistas, vídeos, cassettes y hasta juegos en la biblioteca. La biblioteca presta todos estos objetos a las personas que viven en el área. Sólo tienes que pedir una tarjeta de la biblioteca.

Los libros en la biblioteca están organizados para que puedas encontrar fácilmente lo que estás buscando. Los libros de ficción están organizados en orden alfabético de acuerdo al apellido de los autores. Los libros de no ficción están organizados de acuerdo al tema. Los libros de referencia, como diccionarios, atlas, almanaques y enciclopedias se pueden encontrar en secciones especiales de la biblioteca.

Las bibliotecas tienen ficheros para encontrar los libros con facilidad. Un fichero contiene una ficha para cada libro en la biblioteca. Las fichas están en orden alfabético en cajones. Un catálogo electrónico contiene la misma información, pero aparece en una computadora.

En la computadora, puedes teclear palabras clave, como el nombre de un autor, el título de un libro o el tema de un libro. La computadora entonces proveerá una lista de títulos. Cada entrada, o listado, incluye un breve resumen del libro.

1.J974.45.C

Chandler, Timothy.
Pioneer Life in America.
Nonfic.
Children's Room
©1990

Un análisis profundo de la vida cotidiana de los pioneros de este país.

2.J971.04F

Fellers, France.
Life in the West. Nonfic.
Children's Room
©1994

Las luchas de los fundadores de los estados del Oeste americano.

Usar un diccionario

Un **diccionario** es un libro de referencia donde aparecen las palabras en orden alfabético y se explican sus definiciones. Un diccionario también ofrece información acerca de a qué parte de la oración pertenece la palabra. Si es un nombre, se indica si es masculino (m) o femenino (f), si la palabra tiene más de un significado, se numeran. En muchos casos se indica la lengua origen de la palabra entre paréntesis. Si es un tiempo verbal, se indica el mismo y la forma del infinitivo.

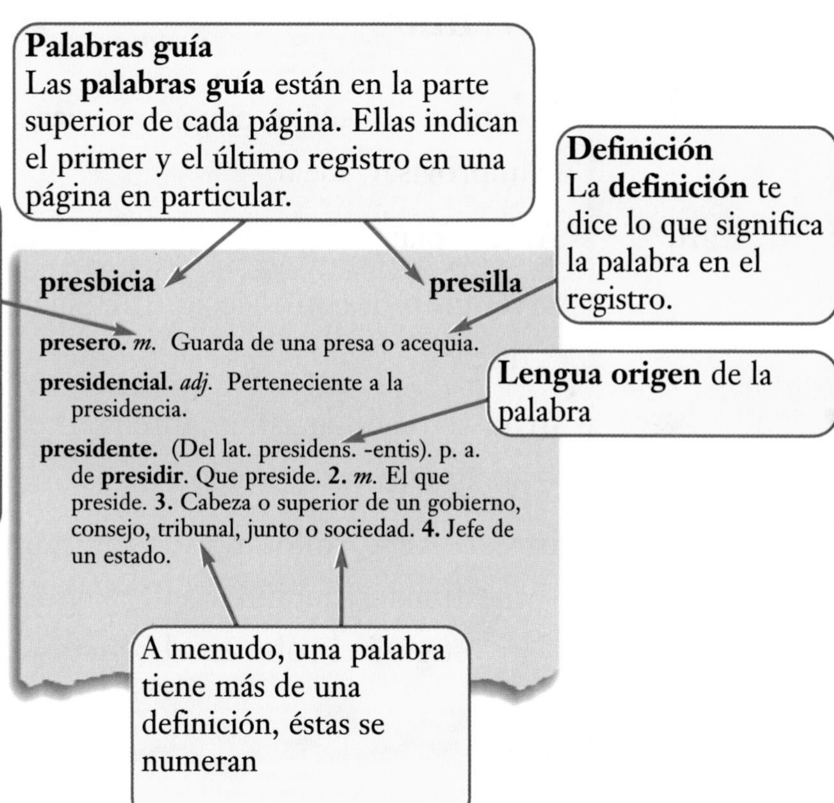

Manual del escritor

Usar un diccionario de sinónimos

Un diccionario de **sinónimos** contiene sinónimos, que son palabras que tienen el mismo o casi el mismo significado. Un diccionario de sinónimos también trae **antónimos,** que son palabras que tienen significados opuestos. Usa el diccionario de sinónimos para buscar palabras que harán tu escritura más interesante o más precisa. Por lo general, las palabras de un diccionario de sinónimos aparecen en orden alfabético.

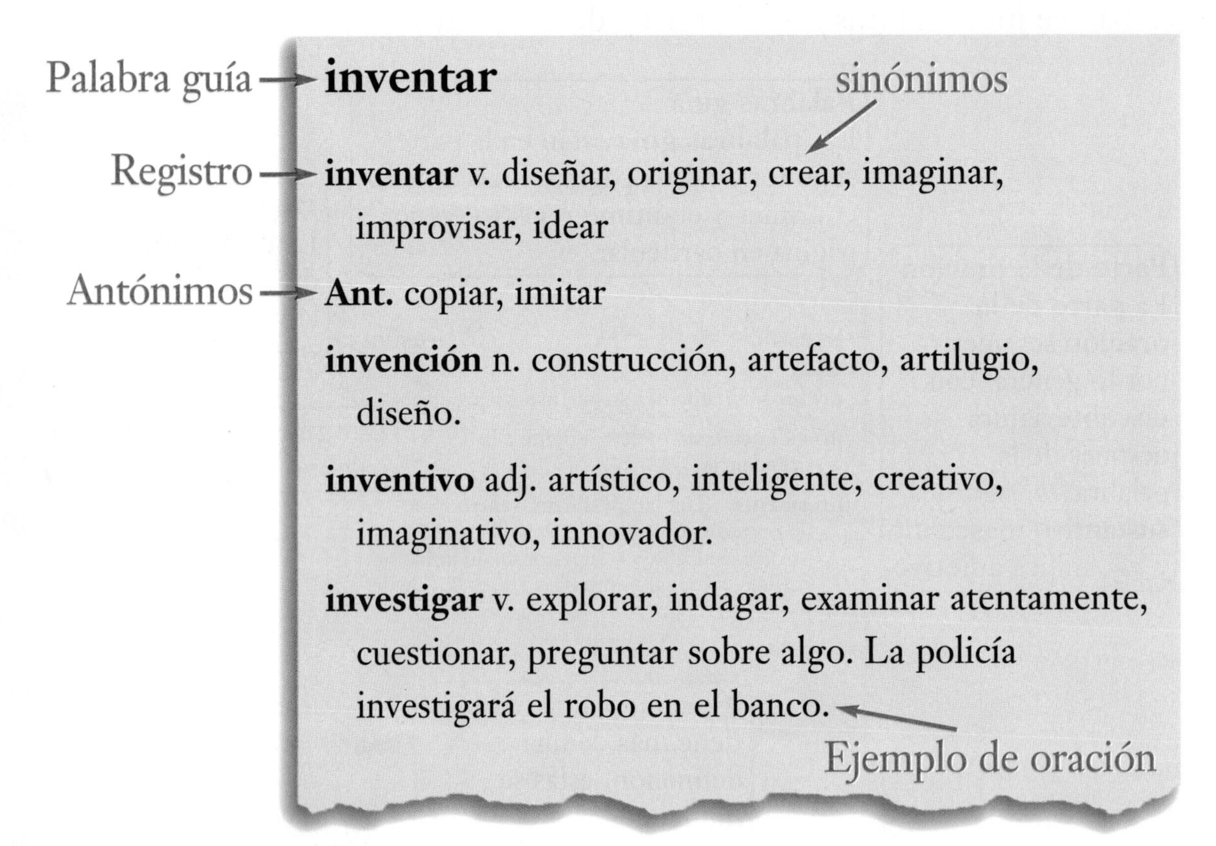

Inténtalo

Compara y contrasta en un diccionario y en un diccionario de sinónimos el registro para las palabras dibujar, caro y risa. ¿Cuál recurso usarías para encontrar la definición de una palabra? ¿Cuál recurso usarías para encontrar el sinónimo de una palabra?

Usar un atlas

Un atlas es un libro de mapas. Un atlas mundial contiene mapas de todos los países del mundo. Algunos atlas contienen mapas de un solo país. Los distintos tipos de mapas muestran datos diferentes sobre los lugares.

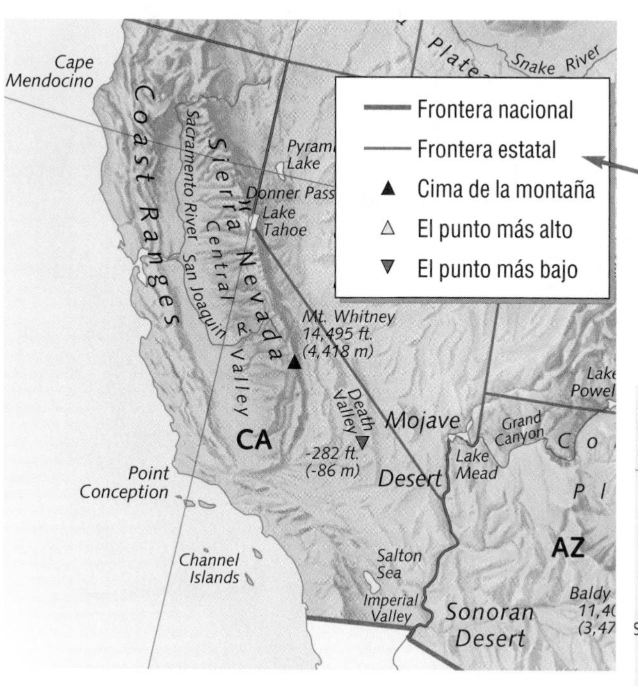

Éste es un mapa orográfico. Te muestra dónde están las montañas, los valles y las extensiones de agua en California. Se usan diferentes colores para indicar la altura del terreno. La clave te indica el significado de los colores. En este mapa, el color verde indica altas áreas montañosas. El color azul indica el agua.

Este mapa muestra los nombres de algunas ciudades de California. La clave, o explicación, indica que la ciudad que tenga una estrella al lado de su nombre es la capital de un estado. En el mapa, la estrella queda al lado de Sacramento, que es la capital de California.

Inténtalo

Busca en un atlas otros mapas de California con diferente información a la que muestran estos mapas. ¿Qué tipos de información presentan? ¿Qué utilidad tendría la información de esos mapas? Haz una lista de los diferentes tipos de mapas que encuentres y la utilidad de cada uno.

Partes de un libro

Los libros están organizados para ayudarte a encontrar información.

Principio de un libro

- La portada muestra el nombre del libro, el autor y el nombre de la casa que hizo, o publicó, el libro. También indica dónde se publicó el libro.
- La página de derecho de autor indica el año en que se publicó el libro.
- El contenido es una lista de los capítulos o unidades. Indica en qué página comienza cada capítulo o unidad.

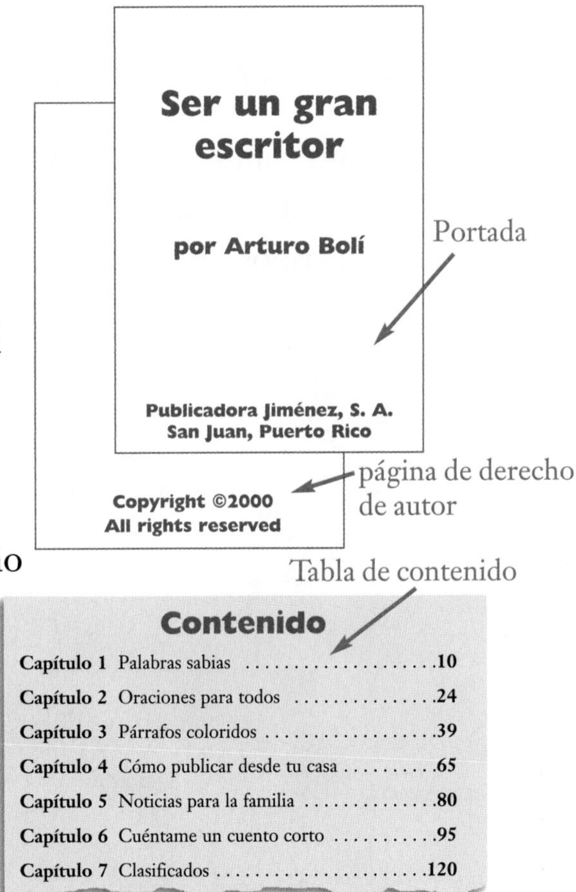

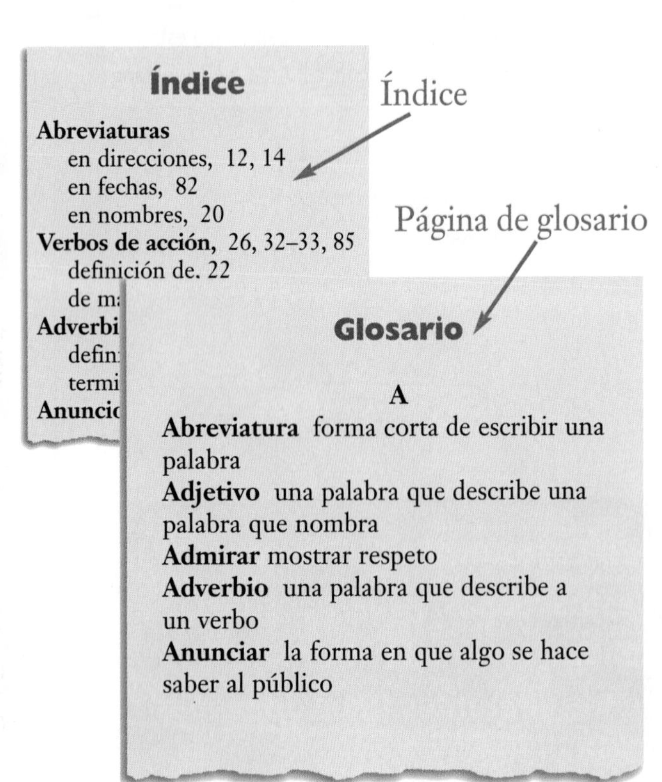

Final del libro

- El glosario provee los significados de las palabras importantes en el libro. El glosario está organizado en orden alfabético.
- El índice es una lista de los temas del libro. Los números de las páginas al lado de cada palabra indican dónde se puede encontrar esa información en el libro.

Usar una enciclopedia

Una enciclopedia es un libro o un conjunto de libros que contienen información sobre muchos temas diferentes. En un conjunto de enciclopedias, cada volumen, o libro, tiene una o más letras en su lomo (o lado). Hay letras desde la A hasta la Z. A veces, cada libro también tiene un número. Una versión en CD-ROM de una enciclopedia, en ocasiones tiene toda la información de todos los volúmenes ¡en un solo disco! Para encontrar artículos en una enciclopedia en CD-ROM tecleas una palabra clave y usas el comando de Buscar.

Todos los temas en cualquier tipo de enciclopedia están organizados en orden alfabético. Si quisieras investigar sobre estanques, en una enciclopedia impresa buscarías en volumen 3, E-F.

Los artículos proveen datos sobre los temas en una enciclopedia.

Esta palabra guía te dice el último tema en esta página.

estante

Un estanque es un pequeño y tranquilo cuerpo de agua tan poco profundo que la luz del sol llega hasta el fondo. La luz del sol deja que las plantas crezcan en el fondo del estanque de una orilla a la otra. En la mayoría de los casos, los estanques son el hogar de muchos tipos de animales y plantas. El viento y los arroyos trasladan huevos y semillas que crecen para dar origen a diferentes formas de vida. Los animales del estanque incluyen aves, peces, ranas, insectos y tortugas. Muchos estanques tienen plantas que crecen debajo del agua y plantas de hojas grandes que flotan sobre la superficie.
Vea también pantano, ciénaga

Las referencias te dicen dónde puedes encontrar artículos sobre un tema parecido.

Tomar apuntes

Tomar apuntes es una buena manera de recordar la información que leíste. Puedes referirte a tus apuntes cuando escribes un informe o cuando estudias para un examen.

Poner tus apuntes en fichas puede ayudarte a organizar las ideas y los detalles. Prepara una ficha para cada idea principal. Luego podrás organizar las fichas de diferentes formas si es necesario. Esto puede ser útil si estás escribiendo un informe.

Lorrie Lindstrom, Todo sobre las hormigas, páginas 54-64

¿Qué tipos de hormigas hay?

1. hormigas de ejército–viajan, cazan
2. hormigas del Amazonas–crean esclavos
3. hormigas de miel–recolectan jugos

Sobre la tarjeta, escribe el título y el autor del libro donde encontraste la información que vas a usar. Si es posible, incluye los números de las páginas.

Escribe la idea principal de la información en la parte superior de la tarjeta. Puedes escribir la idea principal como una pregunta, si quieres.

Debajo de la idea principal, escribe los detalles. Usa sólo las palabras clave que te ayudarán a recordar los datos importantes.

Tomar apuntes con organizadores gráficos

Cuando tomas apuntes, a veces ayuda usar un organizador gráfico. Una tabla S-Q-A es una buena tabla para tomar apuntes. La tabla tiene tres columnas.

- Escribe lo que sabes sobre el tema en la columna S. Hazlo antes de leer.
- Escribe preguntas sobre lo que quieres aprender en la columna Q.
- Escribe lo que aprendiste en la columna A. Hazlo mientras lees.

Hormigas		
S	Q	A
pequeños insectos de color rojo o negro	¿Qué tipos de hormigas hay?	hormigas de ejército: viajan por mucho tiempo
Viven en grupos grandes.	¿Cuáles son las características? especiales de cada tipo?	hormigas del Amazonas: hacen que otras hormigas trabajen para ellas
Son muy fuertes		hormigas de miel: recolectan jugos

Una red es otro organizador gráfico muy útil para usarlo cuando estás tomando apuntes. Una red muestra como los datos y las ideas están conectados.

Un diagrama de Venn te ayuda a comparar dos cosas. Este diagrama de Venn muestra en qué se parecen y en qué se diferencian las hormigas y el comején.

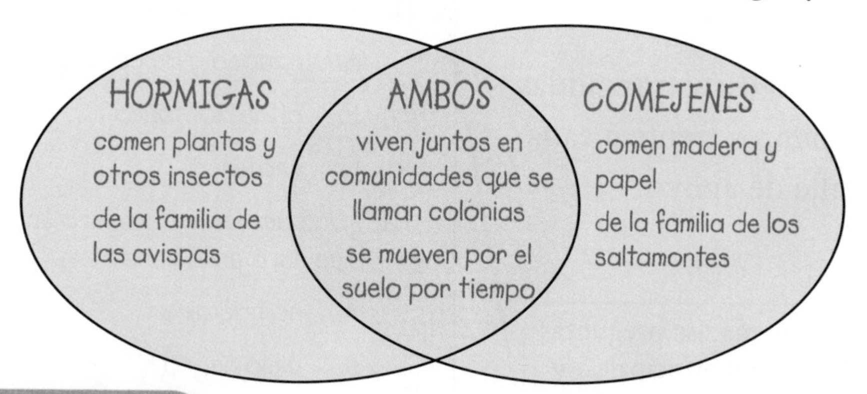

Inténtalo

Piensa en dos de tus actividades favoritas que te gusten realizar durante tu tiempo libre. Haz un diagrama de Venn en una hoja de papel, y úsalo para comparar estas dos actividades.

Hacer esquemas

Hacer esquemas es una buena manera de organizar tu información. Cuando lees, un esquema puede ayudarte a mantener un récord de las ideas principales y de los detalles de un artículo o libro. Cuando escribes, un esquema te puede ayudar a planear tus ideas en párrafos.

Consejos para hacer esquemas.

- Haz un esquema antes de escribir.
- Escribe el tema de tu esquema como su título en la parte superior de la hoja.
- Escribe una lista de las ideas más importantes, o ideas principales. Deja espacio entre las ideas para incluir detalles.
- Pon un número romano seguido por un punto frente a cada idea principal.
- Haz una lista de los detalles de apoyo debajo de cada idea principal.
- Usa mayúsculas seguidas por puntos frente a cada detalle de apoyo.

Este esquema usa preguntas para las ideas principales, y palabras y frases para los detalles de apoyo. Puedes crear un esquema de oraciones en el que todos los datos se escriban con oraciones completas.

La Luna

I. ¿Qué es la luna?
    A. un satélite que gira en su órbita alrededor del planeta Tierra
    B. el único satélite de la Tierra
II. ¿Cómo es la Luna?
    A. rocosa y de color gris
    B. altas montañas
    C. cráteres
III. ¿Qué ambiente hay para una persona que está en la Luna?
    A. no hay aire
    B. cielo negro
    C. temperatura
        1. hace mucho calor
        2. hace mucho frío
    D. poca gravedad

He aquí un informe sobre la Luna que fue escrito usando un esquema. Compara el esquema con el informe.

La Luna

Desde la antigüedad, el hombre ha contado historias sobre la Luna y le ha cantado. De hecho, una luna es un cuerpo celeste que gira, alrededor de un planeta. Algunos planetas tienen más de veinte lunas. La Tierra sólo tiene una.

La superficie de la Luna es rocosa y gris. Está cubierta con una fina capa de polvo. En la Luna, puedes observar altas montañas. Muchas de éstas fueron volcanes en algún momento. También hay cráteres, u hoyos, en su superficie. Algunos cráteres miden menos de un pie de diámetro, pero otros, pueden llegar a medir hasta setecientas millas desde un borde al otro. Estos cráteres se formaron probablemente por el choque de cuerpos volantes de materia espacial, llamadas meteoritos, contra su superficie.

Una visita a la Luna sería una extraña experiencia. Allí no hay atmósfera, o aire. Esto significa que el sonido no se propaga. En la Luna, el cielo siempre es oscuro, por lo que hasta durante el día puedes observar estrellas. La temperatura en la Luna es o muy caliente o muy fría. Un punto puede tener temperaturas superiores al punto de ebullición del agua, mientras que otro puede estar a cientos de grados bajo cero. Finalmente, la fuerza de la gravedad es mucho menor en la Luna. Si pesas 90 libras en la Tierra, pesarías sólo 15 libras en la Luna. ¡Piensa en lo alto que podrías saltar!

El primer párrafo explica qué es la Luna.

El segundo párrafo explica cómo es la Luna.

El tercer párrafo explica cómo es el ambiente en la Luna.

Inténtalo

Haz un esquema sobre lo que haces un sábado o un domingo. Divide el esquema en tres partes principales. Anota por lo menos dos detalles de apoyo debajo de cada idea principal. Recuerda usar números romanos y letras para separar las diferentes partes de tu esquema.

Características de la buena escritura

Escribir es como cualquier otra destreza o actividad. Toma tiempo, práctica y esfuerzo. Hay normas que tienes que aprender y características o rasgos, de la buena escritura que aprenderás a reconocer. Una vez que entiendas esas normas y características, escribir puede resultar divertido. Piensa en otra actividad que disfrutas. Cuando la realizaste las primeras veces, aprender sus normas era importante. Sin embargo, una vez que las aprendiste, podías concentrarte en disfrutarla.

Piensa en dibujar, por ejemplo. Para dibujar bien, un artista necesita poder imaginar lo que quiere dibujar, hacer un bosquejo de lo que dibuja y luego añadir detalles y quizás colores para hacer que el dibujo se asemeje a la realidad. Muy pocas personas pueden hacer esto bien desde el principio. La mayoría de los artistas tienen que entrenar su imaginación para ver las cosas en detalle, y entrenar sus manos para hacer que las marcas y formas que dibujan se parezcan a lo que imaginan. Crear imágenes mentales, hacer bosquejos y dibujar detalles son características de un buen dibujante. Éstas son destrezas que los buenos artistas practican y mejoran para poder dibujar bien.

La buena escritura también requiere practicar estas destrezas. Esta red muestra las características de la buena escritura.

Lista de control para los buenos escritores

Los buenos escritores ¡practican, practican y practican! Mientras practiques, hazte estas preguntas. Si respondes "sí" a la mayoría, ¡se puede decir que vas muy bien! Si necesitas mejorar en algunas áreas, usa las lecciones de este manual. Recuerda, ¡sigue practicando!

- ✓ **ENFOQUE/IDEAS** ¿Son claras mis ideas? ¿Sigo con el tema?
- ✓ **ORGANIZACIÓN** ¿Tengo un comienzo, un desarrollo y un final claros? ¿Aparecen agrupadas en párrafos las ideas similares?
- ✓ **DESARROLLO** ¿Uso detalles y razones para apoyar mis ideas?
- ✓ **VOZ** ¿Doy la impresión de que el tema me interesa?
- ✓ **ORACIONES EFECTIVAS** ¿Uso oraciones de varios tipos?
- ✓ **SELECCIÓN DE PALABRAS** ¿Uso sustantivos específicos y verbos vívidos?
- ✓ **CONVENCIONES** ¿Existen errores de ortografía, gramática y puntuación?

Inténtalo

Escoge de tu portafolio uno de tus trabajos de escritura. Usa la lista de control. ¿Cuáles son tus puntos fuertes? ¿Qué puedes mejorar? Apunta tus ideas en tu Diario del escritor.

Usar criterios de evaluación

Los criterios de evaluación son una lista que puedes usar para evaluar tu escritura. Ésta explica en detalle los puntos principales de una buena escritura.

Antes de escribir Usa la lista para recordar las características de la buena escritura.

Durante la escritura Usa la lista para ver cómo puedes mejorar tus borradores.

Después de escribir Usa la lista para ver si tu ensayo o cuento tiene todas las características de la buena escritura.

He aquí una lista de control que puedes usar para autoevaluar tu escritura.

Mi mejor puntuación

- ✓ ¿Presento mi tema y mis ideas claramente al lector?
- ✓ ¿Fluye mi ensayo desde el comienzo hasta el final? ¿Es fácil seguir el tema?
- ✓ ¿Apoyo mis ideas con razones específicas y detalles?
- ✓ ¿Muestran mis palabras mi interés y conocimientos sobre el tema?
- ✓ ¿Uso diferentes tipos de oraciones en mi ensayo?
- ✓ ¿Es específica y vívida mi selección de palabras y verbos?
- ✓ ¿Uso correctamente la gramática, la ortografía y la puntuación?

Conferencias con los compañeros

Puedes mejorar tu escritura leyéndosela a un compañero. Las conferencias con los compañeros son una buena manera de obtener comentarios y sugerencias prácticas.

He aquí algunas preguntas que le puedes hacer a un amigo cuando quieras ayuda con tu escritura:

1. ¿Encuentras interesante mi tema? ¿Puedes averiguar mi punto de vista?
2. ¿Entiendes el orden de los sucesos? ¿Me he olvidado de algo?
3. ¿Es importante este detalle? ¿Debo incluirlo?
4. ¿Puedes sugerir una palabra mejor para ______?
5. ¿Tengo oraciones que no fluyen bien? ¿Puedo combinar algunas oraciones?
6. ¿Tengo oraciones demasiado largas?
7. ¿Existen algunos errores de ortografía, de gramática o de puntuación?

Inténtalo

Escribe un párrafo sobre una visita a un lugar que te gustó mucho. Comparte tu párrafo con un compañero y realiza una conferencia.

Hacer una presentación oral

Una manera de compartir tu escritura con tus compañeros es haciendo una presentación oral.

Consejos para hacer una presentación oral:

1. Escribe tu informe en fichas con letra de tamaño grande.
2. Practica leyendo tu informe en voz alta frente a un espejo o a un amigo.
3. Cuando hables, mira a tu audiencia de vez en cuando y haz gestos con las manos. Esto mantendrá el interés de los oyentes en tu presentación.
4. Habla claramente y en voz alta para que todos puedan oír. Habla lo suficientemente despacio para que todos te entiendan. Cambia el tono de tu voz de vez en cuando para darle énfasis a las partes importantes de lo que lees.
5. Usa materiales visuales para hacer más interesante tu presentación. Podrías usar medios para describir tu tema, como pósters, dibujos o tablas.
6. Cuando termines, pide a tu audiencia que te haga preguntas.

Consejos para los oyentes:

1. Escucha cortésmente la presentación del orador. No hables con tus compañeros.
2. Mira al orador para mostrar tu interés.
3. Guarda tus preguntas para el final. Tal vez también quieras agregar información que tengas sobre el tema que pueda resultar de interés.

Hacer una presentación en multimedia

Cuando compartas tu informe con la clase, puedes usar diferentes medios de comunicación, como dibujos, vídeos, música o drama. Esto se llama una presentación en multimedia. He aquí los pasos a seguir:

1. Decide qué materiales multimedia corresponden mejor a tu informe. Por ejemplo, si tu informe trata canciones de los estados de EE UU, podrías traer a la clase un CD o cassette de música. Si tu informe trata sobre peces tropicales, podrías traer fotos, dibujos, vídeos o mapas.
2. Pide permiso para usar cualquier equipo que necesites, como una grabadora de música o una cámara de vídeo. Aprende a manejar el equipo de antemano. Si estás presentando tu informe en forma de obra dramática o de improvisación, pide a tus compañeros de clase que te ayuden representando roles.
3. Decide cuándo usarás los materiales multimedia en tu presentación.
4. Organiza la parte oral de tu presentación. Toma apuntes de lo que dirás. Practica leyendo los apuntes.
5. Invita a tus compañeros de clase a hacer preguntas sobre tu informe.

Inténtalo

Imagina que te han pedido que hagas una presentación oral sobre un pasatiempo que tienes o sobre un club al que perteneces. Haz una lista de los materiales que podrías usar en tu presentación.

Uso del glosario

Igual que los diccionarios, este glosario lista las palabras en orden alfabético. Para encontrar una palabra, sólo busca las primeras letras de la misma.

Para ahorrar tiempo, consulta las **palabras guía** al principio de cada página. Las palabras guía te dicen cuáles son la primera y última palabras de esa página. También indican si la palabra que buscas se encuentra entre ellas, siguiendo el orden alfabético.

Observa este ejemplo:

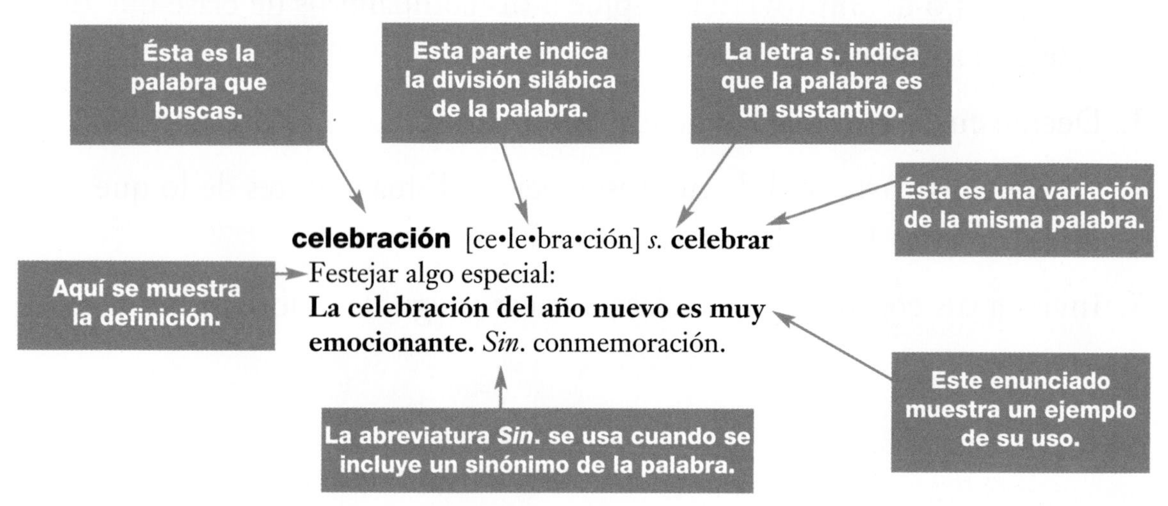

Origen de las palabras

En este glosario encontrarás notas sobre el origen de algunas palabras o los cambios que han tenido con el paso del tiempo. Estos datos pueden ayudarte a recordar el significado de muchas palabras.

Observa este ejemplo:

> **familiar** Término que proviene del vocablo latino *familiaris*. En un principio significaba "de la *familia*", pero su significado se amplió y ahora también significa "conocido" o "usual".

abundante [a•bun•dan•te] *adj.* Mucho, en gran cantidad: **Tomar *abundante* agua es bueno para la salud.** *Sin.* cuantioso.

afanó [a•fa•nó] *v.* **afanar** Hacer algo con gran dedicación: **María se *afanó* en su trabajo de fin de cursos y obtuvo cien de calificación.** *Sin.* empeñarse.

ambiente [am•bien•te] *s.* Conjunto de circunstancias que rodean un hecho, persona o cosa: **El *ambiente* era favorable para el desarrollo de las plantas.** *Sin.* ámbito.

apacible [a•pa•ci•ble] *adj.* Tranquilo, agradable: **Mi bebé tiene un carácter muy *apacible* y casi nunca llora.**

apreciaba [a•pre•cia•ba] *v.* Apreciar, estimar o querer: **Alberto *apreciaba* mucho a su amigo Ricardo.** *Sin.* valorar, estimar.

apretó [a•pre•tó] *v.* **apretar** Hacer fuerza: **Él *apretó* el tornillo de la bicicleta para que no se saliera.** *Sin.* estrechó, prensó.

astuto [as•tu•to] *adj.* Hábil para engañar o para evitar el engaño. **El zorro tiene fama de ser *astuto*.** *Sin.* artificioso.

atmósfera [at•mós•fe•ra] *s.* Capa de gases que rodea a la Tierra: **La *atmósfera* de la Tierra permitió que se desarrollara vida en el planeta.**

auge [au•ge] *s.* Punto de mayor importancia en un proceso o de una cosa: **La época de las computadoras está en pleno *auge*.** *Sin.* apogeo.

brillaba [bri•lla•ba] *v.* **brillar** Despedir luz; destacar: **Desde lejos vimos como *brillaba* la luz de la lámpara.** *Sin.* resplandecer.

cabalgó [ca•bal•gó] *v.* **cabalgar** Montar a caballo: **Toño *cabalgó* en un caballo tordillo.**

cantidad [can•ti•dad] *s.* Conjunto de porciones de una cosa: **¿Qué *cantidad* de tela necesitas para hacerte el vestido?** *Sin.* suma

carreta [ca•rre•ta] *s.* Vehículo, por lo general de madera, que se usa en el campo: **Antes, en el Oeste, la gente viajaba en *carreta*.** *Sin.* carruaje.

celebraciones [ce•le•bra•cio•nes] *s.* **celebración** Lo que se hace para recordar algún acontecimiento: **Las *celebraciones* de la Navidad en Guatemala son muy solemnes.**

cerrojo [ce•rro•jo] *s.* Barra de hierro con una manija para cerrar puertas y ventanas: **Por seguridad, debo pasar el *cerrojo* en la puerta de mi casa.** *Sin.* pestillo.

combinaciones [com•bi•na•cio•nes] *s.* **combinación** Mezcla de materiales diversos: **Tuve que hacer muchas *combinaciones* para conseguir el tono de violeta que necesito para la pintura de un atardecer.**

condado [con•da•do] *s.* Territorio de una comunidad, que en la antigüedad era gobernado por un conde: **En el *condado* vecino se detectó una fuga de desechos tóxicos.** *Sin.* comarca.

consejo [con•se•jo] *s.* Recomendación u opinión que se da a alguien a quien se estima y aprecia: **Ben acostumbra pedir *consejo* a todos sus amigos.** *Sin.* sugerencia.

contemples [con•tem•ples] *v.* **contemplar** Observar con mucha atención: **Puedo *contemplar* por horas los cuadros de Van Gogh.**

continente [con•ti•nen•te] *s.* Enorme porción de suelo firme: **En el *continente* africano se han descubierto los restos humanos más antiguos.** *Sin.* territorio.

continente

coronel [co•ro•nel] *s.* Cargo militar: **Ser *coronel* es un grado de mayor responsabilidad que el de teniente.**

corral [co•rral] *s.* Sitio de una granja donde se guardan aves y otros animales: **El caporal guardó a los caballos en el *corral*.** *Sin.* cerco.

decidir [de•ci•dir] *v.* Elegir, tomar una decisión: **Ellos van a *decidir* sobre la compra de la casa.** *Sin.* determinar.

dedicados [de•di•ca•dos] *adj.* **dedicado** Que se ocupa de una cosa determinada: **Desde hace una semana estamos *dedicados* a limpiar el granero.** *Sin.* apegado.

descarriado [des•ca•rria•do] *adj.* Que se ha apartado del rebaño: **Sergio anda persiguiendo un cerdo *descarriado*.** *Sin.* extraviado.

dispersó [dis•per•só] *v.* **dispersar** Separar lo que estaba reunido: **El viento *dispersó* las semillas.** *Sin.* esparció.

encantado [en•can•ta•do] *adj.* Que está lleno de gusto y felicidad; que está bajo la magia de un hechizo: **Mi hijo estuvo *encantado* en el Museo del Niño.**

enloquecer [en•lo•que•cer] *v.* Perder la razón: **Ellos son capaces de *enloquecer* por los juegos de vídeo.**

enmendar [en•men•dar] *v.* Modificar el comportamiento o corregir un error: **La tarea es *enmendar* las respuestas incorrectas de nuestros exámenes.** *Sin.* rectificar.

escoger [es•co•ger] *v.* Seleccionar una cosa entre varias: **No sé qué película *escoger* para verla en mi vídeo.** *Sin.* elegir, optar.

esfera [es•fe•ra] *s.* Cuerpo redondo: **La Tierra tiene la figura de una *esfera*.** *Sin.* bola, globo.

esfera

esparcen [es•par•cen] *v.* **esparcir** Separar y extender algo que estaba junto: **Los vientos *esparcen* la basura que no levanté después de barrer el jardín.** *Sin.* propagan.

establecer [es•ta•ble•cer] *v.* Organizar, formar, fijar o iniciar algo con la intención de que permanezca o continúe: **Tuvimos que *establecer* el campamento en este mirador.**

estiradas [es•ti•ra•das] *adj.* **estirada** Que ha sido alargada jalando de sus extremos con fuerza: **Las niñas hicieron un círculo con las manos *estiradas*.**

eventualmente [e•ven•tual•men•te] *adv.* Que puede o no puede ocurrir, ya que depende de las circunstancias: ***Eventualmente* iré a esa panadería porque el pan negro que venden es de lo mejor.** *Sin.* casualmente.

exhausto [ex•haus•to] *adj.* Muy cansado: **Antonio terminó la carrera *exhausto*.** *Sin.* agotado.

F

felicidades [fe•li•ci•da•des] *s.* Expresión que se usa para felicitar a alguien por algo: **¡*Felicidades* por el nacimiento de su hija!**

fiadas [fia•das] *adj.* Que se ha vendido algo sin que el vendedor cobre en ese momento el dinero: **Hice un buen negocio porque estas mercancías son *fiadas*, y tendré que pagarlas a fin de mes.**

fluorescente [fluo•res•cen•te] *adj.* Que tiene la propiedad de ser luminoso: **Compré unos focos *fluorescentes* para la lámpara de la cocina.** *Sin.* fosforescente.

frágiles [frá•gi•les] *adj.* **frágil** Que se rompe con facilidad: **El equipaje que es *frágil* debe llevarse en la mano.** *Sin.* quebradizo, débil.

fuerza [fuer•za] *s.* Intensidad con que algo se manifiesta: **La *fuerza* del huracán puede causar muchos daños.** *Sin.* energía, poderío.

G

ganancias [ga•nan•cias] *s.* **ganancia** Beneficio que se obtiene de algo: **Mis *ganancias* en los negocios fueron muy abundantes durante la temporada de verano.** *Sin.* utilidades.

H

hábil [há•bil] *adj.* Que tiene facilidad o talento para hacer algo bien: **Este basquetbolista es muy *hábil* para evadir a sus adversarios.** *Sin.* diestro.

huellas [hue•llas] *s.* **huella** Marca o rastro de algo que queda grabada en algún sitio: **El cazador vio unas *huellas* de oso en este bosque.**

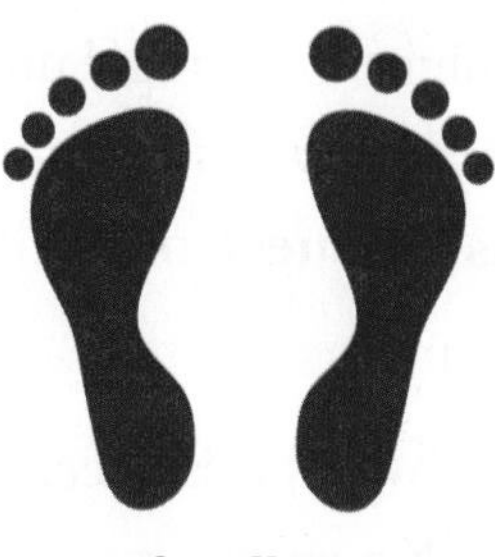

huellas

húmedas [hú•me•das] *adj.* **húmeda** Que está impregnada de agua, de algún otro líquido o de vapor: **En las zonas *húmedas* hay muchos mosquitos.**

intruso [in•tru•so] *adj.* Alguien que está en un lugar sin derecho o permiso: **El vigilante encontró un *intruso* en la sala de cine.**

machacar [ma•cha•car] *v.* Aplastar o deshacer con golpes: **Hay que *machacar* los chiles para hacer una buena salsa.** *Sin.* quebrantar.

machete [ma•che•te] *s.* Especie de cuchillo, pero más grande: **Será necesario llevar un *machete* para abrirse paso en la selva.**

manivela [ma•ni•ve•la] *s.* Pieza de metal doblada en ángulo recto que gira y sirve para mover algo: **Esta *manivela* sirve para extender el toldo de esta tienda.**

matorrales [ma•to•rra•les] *s.* Conjunto de vegetación espesa y de tallos bajos: **Los *matorrales* abundan en las llanuras.** *Sin.* maleza.

matorrales

mercado [mer•ca•do] *s.* Lugar donde se venden comestibles y otros productos; *Fig.* Conjunto de operaciones de compra y venta: **Iré al *mercado* para comprar flores, dulces y unos tornillos.**

mercante [mer•can•te] *adj.* Relacionado con el comercio que se realiza por el mar: **La marina *mercante* está compuesta por los buques que se dedican a comerciar.**

mineros [mi•ne•ros] *s.* **minero** Persona que se dedica a extraer minerales de las minas: **Los *mineros* durante la Colonia trabajaban de doce a dieciocho horas diarias.**

molino [mo•li•no] *s.* Máquina que se usa para moler o triturar: **Las aspas del *molino* giran constantemente.**

molino

negocio [ne•go•cio] *s.* Local donde está un comercio: **En esta esquina hay un *negocio* de computadoras.** *Sin.* tienda, establecimiento.

normal [nor•mal] *adj.* Que se halla en su estado natural o que se ajusta a ciertas normas. **Es *normal* que haga frío en invierno.** *Sin.* común, corriente

núcleo [nú•cleo] *s.* Parte central o principal: **El *núcleo* de nuestro planeta es muy caliente.** *Sin.* centro.

O

obra [o•bra] *s.* Lo que se hace: **Esas *obras* artísticas son realmente admirables.**

oferta [o•fer•ta] *s.* Lo que se vende a un precio más bajo que el normal: **Para ahorrar dinero, David compró la cámara que estaba en *oferta*.**

organismos [or•ga•nis•mos] *s.* **organismo** Ser vivo: **Los *organismos* microscópicos no se ven a simple vista.** *Sin.* cuerpos.

orgullo [or•gu•llo] *s.* Satisfacción por algo que se tiene y que se considera bueno: **El *orgullo* del maestro son sus alumnos de tercer grado, porque aprenden muy rápido.** *Sin.* satisfacción

orificios [o•ri•fi•cios] *s.* **orificio** Abertura más o menos redonda que hay en alguna superficie: **Está coladera tiene unos *orificios* muy grandes.** *Sin.* agujero

oscurecer [os•cu•re•cer] *v.* Empezar a faltar la luz del día: **En esta época del año tiende a *oscurecer* más temprano.** *Sin.* anochecer.

P

partículas [par•tí•cu•las] *s.* Parte muy pequeña de una materia: **Las *partículas* de polvo se acumulan todos los días sobre los muebles.** *Sin.* fragmentos

parvada [par•va•da] *s.* Conjunto de aves que se mueven juntas: **Pronto verás en el lago una *parvada* de patos canadienses.**

protección [pro•tec•ción] *s.* Lo que sirve para evitar un daño: **Mi portafolio me sirvió de *protección* en la lluvia.** *Sin.* cuidado, resguardo.

pulpa [pul•pa] *s.* Parte blanda de una fruta: **La *pulpa* es la parte comestible de una fruta.** *Sin.* carne.

R

rancheros [ran•che•ros] *s.* Persona que vive en un rancho: **Los *rancheros* modernos usan camionetas en lugar de caballos.**

recibir [re•ci•bir] *v.* Aceptar algo que se da: **Mi mamá deberá *recibir* flores el día de su cumpleaños.**

reducida [re•du•ci•da] *adj.* Pequeña en tamaño, cantidad o fuerza: **Se acomodaron muchas personas en un área muy *reducida*.** *Sin.* estrecha, limitada.

regatea [re•ga•te•a] *v.* **regatear** Negociar el precio de un producto: **El vendedor pone un precio y el cliente *regatea* para que lo baje.**

repartió [re•par•tió] *v.* **repartir** Dividir algo en varias partes: **La mamá de mi amigo *repartió* el pastel de chocolate.** *Sin.* distribuyó.

repentinas [re•pen•ti•nas] *adj.* **repentina** Que ocurre de pronto, sin que se espere: **Aquí suelen caer lluvias repentinas.** *Sin.* súbitas.

revoloteando [re•vo•lo•tean•do] *v.* **revolotear** Volar dando giros en poco espacio: **Este pajarillo anda *revoloteando* porque está aprendiendo a volar.**

sartén [sar•tén] *s.* Recipiente de cocina, circular y poco profundo: **La *sartén* se utiliza para freír toda clase de alimentos.**

sensacional [sen•sa•cio•nal] *adj.* Que causa sensación o admiración: **El libro que estoy leyendo es *sensacional*.**

señalar [se•ña•lar] *v.* Poner o hacer una seña para indicar una cosa: **Me bastó con *señalar* una página del libro para que ella encontrara lo que estaba buscando.**

silvestres [sil•ves•tres] *adj.* **silvestre** Que vive naturalmente en la selva o en el campo: **Las moras silvestres son deliciosas.** *Sin.* salvaje, agreste.

soldado [sol•da•do] *s.* Persona que forma parte del ejército de un país: **El *soldado* hace guardia de honor junto al monumento de Abraham Lincoln.**

sollozos [so•llo•zos] *s.* **sollozo** Llanto interrumpido por suspiros breves y violentos: **Ella quería hablar pero los *sollozos* no se lo permitían.** *Sin.* gemidos.

soplido [so•pli•do] *s.* Aire que se saca de la boca de una sola vez: **Con un buen *soplido* podrás apagar las velitas de tu pastel.**

soporto [so•por•to] *v.* **soportar.** Sufrir algo con paciencia: **No *soporto* que llegues tarde.** *Sin.* tolero.

subastador [su•bas•ta•dor] *s.* Persona que se encarga de vender algo a quien ofrezca más dinero: **El *subastador* puso a la venta la pintura de Picasso.**

surcos [sur•cos] *s.* Marca o abertura que se hace en la tierra con un arado: **El campesino abre *surcos* para sembrar las semillas.**

terrible [te•rri•ble] *adj.* Que causa terror. Difícil de tolerar; *Fig.* muy grande o muy fuerte: **La tormenta de anoche fue *terrible*.** *Sin.* horrible, espantoso.

tierna [tier•na] *adj.* Que expresa fácilmente cariño o amor; que está fresca: **Esa niña es muy *tierna* con su abuela.**

tropecé [tro•pe•cé] *v.* **tropezar**. Atorarse los pies en algo al ir caminando: **Me caí porque me *tropecé* con una piedra.** *Sin.* trastabillé.

universo [u•ni•ver•so] *s.* Conjunto de todo lo que existe: **Nuestro sistema solar sólo es una pequeña parte del *universo*.** *Sin.* infinito.

Origen

Universo Proviene del latín *universus* que significa "completo" o "entero".

urgente [ur•gen•te] *adj.* Que hay mucha prisa en ello: **Tengo un recado *urgente* que darle a María.** *Sin.* apremiante

valor [va•lor] *s.* Precio de algo: **Quiero comprar un televisor nuevo pero no tengo ni idea de su *valor*.**

viento solar [vien•to so•lar] *s.* Flujo de partículas que emite el Sol. **El *viento solar* tiene un gran efecto en la superficie terrestre.**

Datos importantes

viento solar En la Tierra, los vientos huracanados pueden tener una velocidad de 100 millas por hora. En el espacio, la velocidad del viento solar es aproximadamente 310 millas por segundo. Sin embargo, las fuerzas magnéticas de la Tierra evita que las partículas del viento solar alcancen la superficie terrestre.

visible [vi•si•ble] *adj.* Que puede verse: **El camino no era *visible* debido a la neblina.** *Sin.* perceptible, palpable.

yacimientos [ya•ci•mien•tos] *s.* **yacimiento** Lugar en el que hay minerales: **Descubrieron varios *yacimientos* de petróleo frente a San Francisco.** *Sin.* depósitos.

zanates [za•na•tes] *s.* **zanate** Pájaro de plumaje negro, que vive en México y Centroamérica: **En mi pueblo, los *zanates* llegaban al kiosco de la plaza al atardecer.**

zarzas [zar•zas] *s.* **zarza** Arbusto espinoso con flores blancas o rosas, que produce frutos de color morado llamados zarzamoras: **Mi tía espera que sus *zarzas* den muchos frutos para hacer mermelada para toda la familia.**

Índice *de* títulos

Los números en color indican la página que contiene más información sobre el autor.

Albert, Richard, E., 326, 341
Appelbaum, Diana, 224, 254
Arana, Federico, 350
Baylord, Byrd, 302, 318
Bendick, Jeanne, 402, 413
Brown, Mary, 342
Canción al trabajo, 256
Cherry, Lynne, 372, 392
Coyote acomoda las estrellas, 38
deSpain, Pleasant, 136
Ecología para los niños, 350
El armadillo de Amarillo, 372
El cuervo y la jarra, 86
El poni de Leah, 148
El regalo de Alejandro, 326
Esopo, 86
Friedrich, Elizabeth, 148, 162
Gibbons, Gail, 170, 187
Helado de chocolate, 224
Howard, Elizabeth Fitzgerald, 16, 31
Jacob, Eva, 120
La ciudad más antigua de nuestra nación: San Agustín, Florida, 216
La pegatina perfecta, 292

y autores

Levitin, Sonia, 196, 215
Lon Po Po, 96
López de Mariscal, Blanca, 62, 85
Los pájaros de la cosecha, 62
Mapas del mundo, 394
Muirden, James, 52
Noche oscura y estrellada, 52
¡Oh, Susana!, 188
Papá cuenta una historia a Chita, 16
Paulsen, Gary, 256
¡Qué ruido!, 120
¡Qué ruido!, Un cuento judío, 136
Reaves, Austin, 216
Schwartz, David M., 264, 290
Semillas dormidas, 342
Si ganaras un millón, 264
Taylor, Barbara, 394
Taylor, Harriet Peck, 38, 51
Un pueblo en auge, 196
Visitantes del espacio, 402
¡Yipi yei! Un libro sobre vaqueros y vaqueras, 170
Yo estoy a cargo de las celebraciones, 302
Young, Ed, 96, 113

Acknowledgments

For permission to translate/reprint copyrighted material, grateful acknowledgment is made to the following sources:

George Ancona: Photographs of money by George Ancona from *If You Made a Million* by David M. Schwartz. Copyright © 1989 by George Ancona.

Atheneum Books for Young Readers, Simon & Schuster Children's Publishing Division: I'm in Charge of Celebrations by Byrd Baylor, illustrated by Peter Parnall. Text copyright © 1986 by Byrd Baylor; illustrations copyright © 1986 by Peter Parnall.

Jeanne Bendick: From *Comets and Meteors: Visitors from Space* by Jeanne Bendick. Text © 1991 by Jeanne Bendick.

Boyds Mills Press, Inc.: Leah's Pony by Elizabeth Friedrich, illustrated by Michael Garland. Text copyright © 1996 by Elizabeth Friedrich; illustrations copyright © 1996 by Michael Garland.

Candlewick Press, Inc., Cambridge, MA, on behalf of Walker Books Ltd., London: "Starry, Starry Night" from *Seeing Stars* by James Muirden. Text © 1998 by James Muirden.

Children's Book Press, San Francisco, CA: Los pájaros de la cosecha by Blanca López de Mariscal. Text copyright © 1995 by Blanca López de Mariscal.

Chronicle Books: Alejandro's Gift by Richard E. Albert, illustrated by Sylvia Long. Text copyright © 1994 by Richard E. Albert; illustrations copyright © 1994 by Sylvia Long.

Editorial Everest S.A.: "Haz el mapa del mundo" (Retitled: "Mapas del mundo") by Barbara Taylor from *Biblioteca de los experimentos: experimentos y hechos geográficos*, edited by Sue Nicholson, translated by Blancaluz González and Angelina Lamelas. Text copyright © by Grisewood & Dempsey Ltd., and Editorial Everest, S. A.

Editorial Planeta Mexicana, S.A. de C.V.: From *Ecología para los niños* by Federico Arana. Text © 1994 by Federico Arana; text © by Editorial Joaquín Mortíz, S.A. de C.V.

Harcourt, Inc.: The Armadillo from Amarillo by Lynne Cherry. Copyright © 1994 by Lynne Cherry. Stamp designs copyright © by United States Postal Service. Reproduction of images courtesy of Gilbert Palmer, the National Aeronautics and Space Administration, the Austin News Agency, Festive Enterprises, Jack Lewis/Texas Department of Transportation, the Baxter Lane Company, Wyco Colour Productions, Frank Burd, and City Sights. *Worksong* by Gary Paulsen, illustrated by Ruth Wright Paulsen. Text copyright © 1997 by Gary Paulsen; illustrations copyright © 1997 by Ruth Wright Paulsen.

Kalmbach Publishing: The Crowded House by Eva Jacob from *PLAYS: The Drama Magazine for Young People*. Text copyright © 1959, 1970 by Plays, Inc. This play is for reading purposes only; for permission to produce, write to Plays, Inc., 120 Boylston St., Boston, MA 02116.

Steven Kellogg: Illustrations by Steven Kellogg from *If You Made a Million* by David M. Schwartz. Illustrations copyright © 1989 by Steven Kellogg.

Little, Brown and Company (Inc.): Yippee-Yay! A Book About Cowboys and Cowgirls by Gail Gibbons. Copyright © 1998 by Gail Gibbons.

McIntosh and Otis, Inc.: Lon Po Po by Ed Young. Copyright © 1989 by Ed Young. Published by Philomel Books.

Monte Avila Editores Latinoamericana, C.A.: "¡Oh, Susana!" from *Si canto…soy un cantueso* by Josefina Urdaneta. Lyrics and music © 1995 by Monte Avila Editores Latinoamericana C.A.

Scholastic Inc.: Cocoa Ice by Diana Appelbaum, illustrated by Holly Meade. Text © 1997 by Diana Appelbaum; illustrations © 1997 by Holly Meade. Published by Orchard Books, an imprint of Scholastic Inc. *Boom Town* by Sonia Levitin, illustrated by Cat Bowman Smith. Text copyright © 1998 by Sonia Levitin; illustrations copyright ©1998 by Cat Bowman Smith. Published by Orchard Books, an imprint of Scholastic Inc.

Charlotte Sheedy Literary Agency, Inc.: If You Made a Million by David M. Schwartz. Text copyright © 1989 by David M. Schwartz.

Simon & Schuster Books for Young Readers, Simon & Schuster Children's Publishing Division: Papa Tells Chita a Story by Elizabeth Fitzgerald Howard, illustrated by Floyd Cooper. Text copyright © 1994 by Elizabeth Fitzgerald Howard; illustrations copyright © 1994 by Floyd Cooper. *Coyote Places the Stars* by Harriet Peck Taylor. Copyright © 1993 by Harriet Peck Taylor.